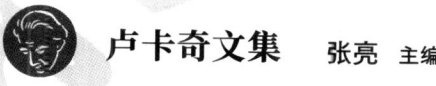 卢卡奇文集　　张亮 主编

海德堡艺术哲学手稿

［匈牙利］格奥尔格·卢卡奇　著

秦佳阳　译　刘健　校

江苏人民出版社

图书在版编目(CIP)数据

海德堡艺术哲学手稿 /（匈）格奥尔格·卢卡奇著；秦佳阳译. —— 南京：江苏人民出版社，2024.6（2024.11重印）
（卢卡奇文集 / 张亮主编）
ISBN 978-7-214-28414-3

Ⅰ.①海… Ⅱ.①格…②秦… Ⅲ.①艺术哲学-研究 Ⅳ.①J0-02

中国国家版本馆 CIP 数据核字（2023）第 185651 号

卢卡奇文集
张　亮　主编

海德堡艺术哲学手稿
［匈牙利］格奥尔格·卢卡奇　著；秦佳阳　译；刘　健　校

项目统筹	贺银垠
责任编辑	薛耀华
装帧设计	言外工作室·林夏
责任监制	王　娟
出版发行	江苏人民出版社
地　　址	南京市湖南路1号A楼，邮编：210009
照　　排	江苏凤凰制版有限公司
印　　刷	江苏凤凰新华印务集团有限公司
开　　本	890 毫米×1 240 毫米　1/32
印　　张	8.125　插页 4
字　　数	181 千字
版　　次	2024 年 6 月第 1 版
印　　次	2024 年 11 月第 2 次印刷
标准书号	ISBN 978-7-214-28414-3
定　　价	52.00 元（精装）

（江苏人民出版社图书凡印装错误可向承印厂调换）

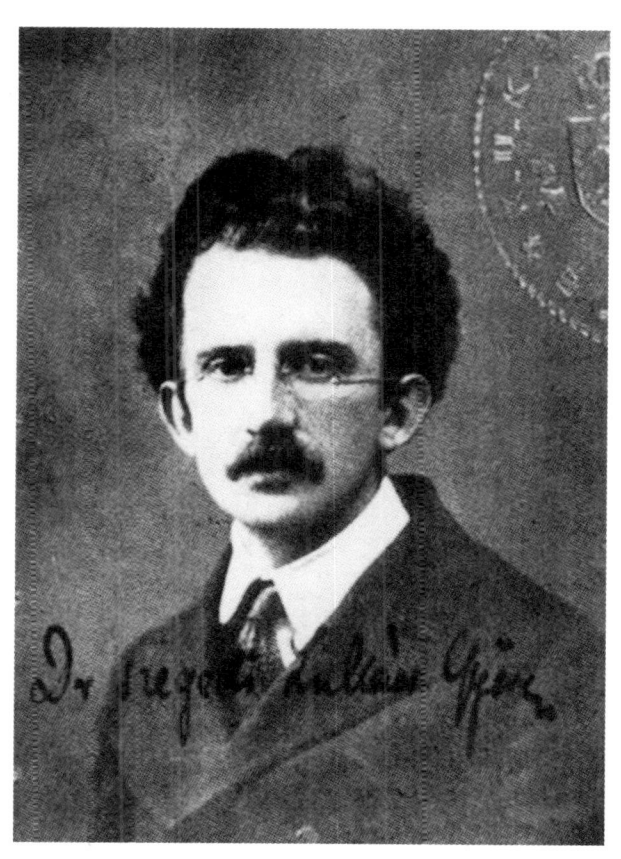

摄于 1917 年

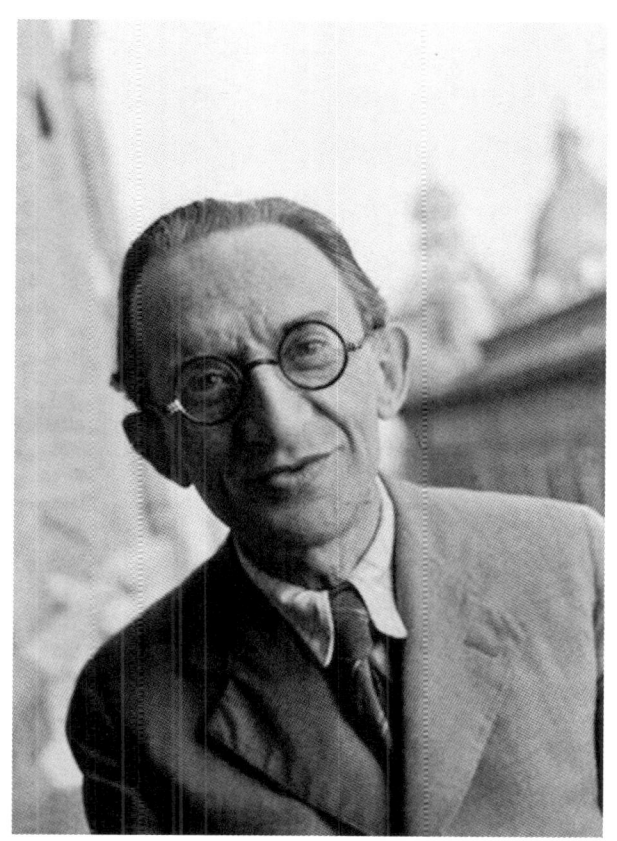

摄于 1945 年

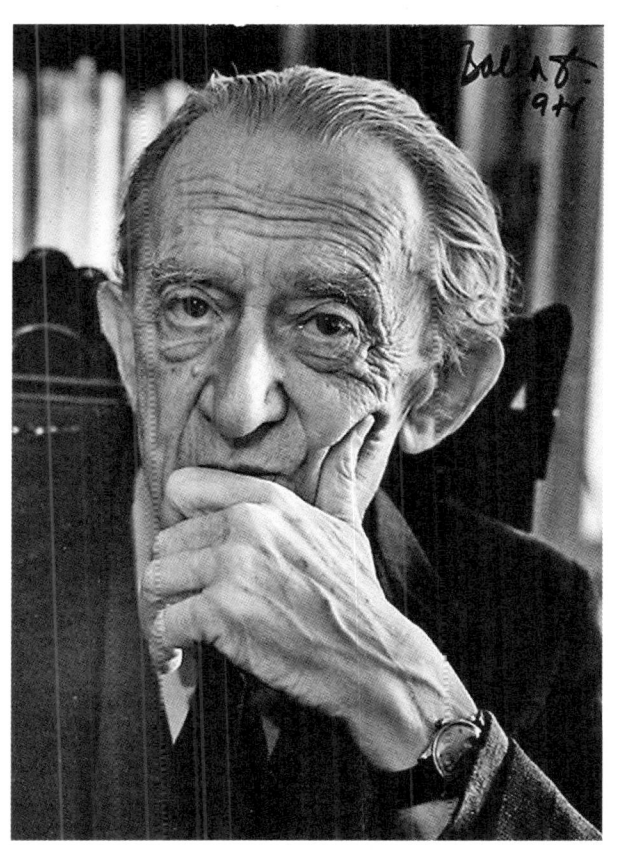

摄于 1971 年

写在前面

改革开放以来，20世纪西方思想开始大规模进入中国，深刻影响了当代中国知识界思想世界的构成。进入21世纪后，走向成熟的中国学术界开始用编译全集或多卷本文集这种隆重的方式，向那些曾经深刻影响过当代中国的20世纪西方思想大师致敬。在最应当致敬的名单中，显然不能缺少格奥尔格·卢卡奇。但目前市面上，尚且缺乏卢卡奇的全集或选集。

格奥尔格·卢卡奇是匈牙利著名的哲学家、美学家、文学理论与文学史家，也是20世纪最重要的西方思想家之一、最重要的马克思主义理论家之一。1935—1944年、1955年以后、1978年以后，卢卡奇分别以现实主义文学理论家、"修正主义"代表人物、"西方马克思主义"创始人三种不同的理论身份经由译介进入中国，产生了不同的思想效应，在学术界激起层层涟漪。与改革开放后被引入中国的其他20世纪西方思想家不同，在这一时期卢卡奇的著作与思想深刻参与了中国马克思主义理论形态和学术形态的当代重塑，像盐溶于水般，成为当代中国马克思主义理论与学术传统的有机组成部分。就此而言，卢卡奇是西方的，也是中国的。

如果将1935年《译文》杂志第2卷第2期上刊载的《左拉与现实主义》一文视为卢卡奇及其思想进入中国的起点，那么，中国的卢卡奇翻译史就已有近90年，翻译总量亦已超过德文版《卢卡奇全集》的一半。这是一个不容小觑的成就。不过，由于早期翻译的历史局限性及各种主客观原因，当前卢卡奇著作编译的选目与质量显然已不再能满足当今中国学术界的需要。这是因为：第一，相关出版物相对分散，缺乏系统性，有些图书甚至已近绝版，导致对卢卡奇著作的使用存在诸多不便；第二，翻译的时间跨度很长，译者群体较大且彼此缺乏交流与沟通，导致此类出版物中译文的统一性、规范性不强；第三，卢卡奇不同时期著作的翻译量不均衡，总体上呈现早期少、后期多的格局，与研究需求的匹配度不够高；第四，堪称精良的译本不多。

当前中国的卢卡奇研究正处于复兴的前夜，规模适当、选目精当的关于卢卡奇著作的文集将有利于推动研究的复兴和走向深入。鉴于此，《卢卡奇文集》应运而生。本文集秉持"书是用来读的"理念，将自身定位为可用、好用的学术普及版文集，努力以高质量的文献考订工作为基础，精选能够代表卢卡奇哲学、美学、文学理论的经典著作，进而有效覆盖卢卡奇思想发展的每一时期、每一侧面，以期完整呈现卢卡奇一生的丰富思想历程，让读者能够形成全面的认识，有效满足当代中国学术界尤其是青年研究者的阅读和研究需要。

张　亮

目 录

第一章
作为"表达"的艺术和经验现实的
传达形式 / 001

第二章
创作与接受行为的现象学提纲 / 044

第三章
艺术作品的历史性与非时代性 / 157

译后记 / 245

第一章 作为"表达"的艺术和经验现实的传达形式

思想是对象的张扬（Lautwerden）。这些对象可以是异质之物的盲目交错与混合，是不恰当形式的任意组合，是无计划的半成品，或是令人错乱的内容。我们在经验中习惯将上述对象之主观—自反的统一体称为"生活（Leben）"。它将纯粹地回归自身，并在哲学实现体系完善的发展过程中，找到其自身家园。基于此，体系不再是这样一种建构，即一切都以对象的内在逻辑发展为思想基础，且物（Dinge）的位置是既定的：位置必然是决定性的，就像严格的湿壁画或者戏剧的建构原则一样，地点和关系能帮助物表达出它所要表达的一切。这些思考也是在物中获得的，如果物回溯至其纯粹状态，它就将脱离出简单给定对象的错误联系与无效分类而进入体系，思想由此使物回到其天生的纯粹性，思想不赋予物任何东西，因其缺乏纯粹性的力量。每一种哲学都势必有这种追寻意义的意志，这种对意义的坚信就成了哲学自身所需的可靠前提，对意

---

* 本译文以德文版（Georg Lukács, *Heidelberger Philosophie der Kunst*. *Werke 16*, Neuwied und Berlin: Hermann Luchterhand, 1971）为主要参照。

义的追求则要求哲学成为思考与领会意义的行为。

所谓意义，就是以某种方式向某物内在同质性的回归，在这一过程中，与意义一致的同质范畴被表达和提升为可领会的对象，概念由此产生。人们也能够且应该从物中得到一些什么，这意味着人们其实并不是在概念的束缚中认识物，而是物应使概念自行昭示。这就说明，概念世界只有在其既成体系的完善整体性中才能实现统一（Einheit），而作为抵达顶峰之前必要且无法撤销的阶段，统一之物当中包含概念独立且同质的范畴；这意味着否定一切一元论的方法论，即一元论曾经有幸发现且可能在某一领域十分有效的方法，将终极认知关系的统一性鲁莽且激进地理解为相互独立的同质范畴的均质化，而这种均质化有可能剥夺一元论自身的结构。相对而言，自为复合整体（für sich bestehender Komplex）的认知可能性以同质范畴的独立性为前提，并且为认知过程规定了任务，即揭示范畴独特的、包含被视为问题对象的结构，认定其自我统一且完善的特征，因而每一种成为认知对象的物就只能回到其原初的内在本质当中。由此，认知的双重责任被确定下来：一方面是对于物的责任，即认知应当找到带有不同结构关系的同质领域；另一方面是对体系的责任，即认知应以问题的方式把握前一种活动的最终结果，如一种更高秩序的事实、一种当下已经产生的新关系的实际和现实等。这些具有独特结构的被要求成为一种真实认知前提的范畴，不仅与在体系中实现统一这一意愿一致，更是其唯一可能的前提。当一种认知体系不只是要成为一个渐成且多余的思想结构，即它凭空产生且无所复归时，这一体系就必须经受一个过程：基于给定性知晓其方法论塑型（Gestaltung），作为第二阶段重新获得的纯粹化给定性，这一塑型将在其所置身的关系中得到理解。由此，认知由日渐清晰的自我复归、由通过方法论塑型重新回到更高关系现实的组合整体，走向一种学习的双重过程。更高级关系对形而上学的单个同质范畴的方法论进行完善，将其描述为决定性的体系，这对我们而言的最高价值体现为两点：其一，这是由一个范畴到达另一个范畴的对对象和概念的超越；其二，这是内在持存，其自身范畴中既存概念的完善被视为家园，这就是归家。每一种科学都取决于对基础概念和最本己对象的超越，以及内在持存的方式和程度。因为只要每一种概念具体一致的思想在它到达完全本己的范畴之前实现超越，作为科学出发点和核心的对对象或其整体的发现，便会成为生死攸关的问题。因为只有如此，我们才能确定一种科学在认知体系当中存在的位置与方式，也就是说，它能否自成一体，或者它所要处理的问题与作出的裁决是否适用于其他领域。专有名词的严谨性就以上述两点为基础，它一方面要求实现基本概念的永不持存（Nie-stehen-bleiben），也就是持续超越（Immer-höher-transcendieren），直到人们为了不使其成为理所当然的停滞，而将其发展到理应达到的位置为止，另一方面要求严格性以实际需求的内在性为导向，故人们只要发现任意一种倾向超越了或者说减弱了某一领域的存在以及结构的基本概念和基本事实，他们就有义务选择这些概念和事实，为这一领域提供最符合其自身要求的结构。如果对于法哲学的一切敏锐且深思熟虑的尝试是为了详尽论述判决权限中的罪责问题，且为法律确保一个内在固有却不超越伦理的范畴，那么它只是实现了一种通过酌情减刑（mildernde Umstände）和陪审团制度（Geschworenengerichtsbarkeit）等源于个人道德的动机，以及依赖"政治罪行"范畴本身的社会道德的动机。反之，如果源自双重道德或纯粹依据宗教动机发生的暴动违反了法律，无法再从法律的意义上得到理解，那么基督与苏格拉底也只能在法律的意义上被认为有"罪"。所以，就需要预先设立一种确定的情况作为普遍体系中法哲学和伦理学之间的结构关系事实。然而，实际情况是，很多由历史走向历史哲学的、以超越为方向的虚假主流趋势，最终都会进入唯物主义世界观，其自以为是地确立的"法"的概念——在这个结构和历史世界的建构中——则被取代。

所以，每一种对某一领域的认真研究，无论是有意识的还是无意识的，都以康德那句既深刻又具引领性的对方法论的革命性提问"……何以可能？"为基础。这个方法论基础中有一个表面上的循环（Zirkel），即首先提出需要证明的"事实（Tatsache）"，其本质只有在认知过程的终点才能获得，而其以自身为基础（Auf-sich-beruhen）的属性只能通过重回（Wieder-erreicht-werden）被确定为其存在范畴的最终概念，这一循环以此在依据这种方法所产生的"既存之物（Gegebenen）"的概念中找到其存在的正当性。上述思想的双重责任和双向严谨性，以及永恒真理和对物的献身（Hingebung）的结合，只能以这种方式实现。因为只有沿着这条道路走向终点，塑型和事实、既存和伴随之间的矛盾，也就是形式和物质的最终界限，才不会被排除，不会"失效"，而是被理解为一种必要的、相对的矛盾，并被归入体系建构当中。我们已经认识到，对我们而言，只有塑型是给定的，在一个完善且合适的形式体系中，那种充盈世界的整体性矛盾是不存在的。当呈现在我们眼前的结构多样性是合适形式下的一个体系，我们在形式的对立原则中就无法获得任何内容，也无法获得实现目的的可能性。席勒那种以形式摧毁质料的理想为思考提供了方法，而"……何以可能？"指明的道路是对根本概念和关系的探索。提问中，康德指出了需要被发现的要求和思想。以及在现实的无数多样性中对塑型的理解，以既存和问题的形式作出的阐释，就要以对与物相关的概念的内在一致性的猜想，以及其相互关系中的内在逻辑为前提。由此，就可以针对结构，依据其现实性，首先提出"这何以可能？"这个问题。我们则在这个同质化过程中，同时受到两种内在力量的影响、推动、限制。这样一来，这个二律背反的循环在一开始就消解了：因为通过向开端回归，我们获得了一个新的世界，这个世界的存在的可能性（Bestehen-können）成为其自身存在的基础，最终抵达的开端也是这一必然过程中必定达到的顶峰。因为开端的实际特征（Tatsachecharakter）永远不会被塑型和给定性的一切相对性在一个方法论片段中扬弃，它在任何方法论范畴中都不会被扬弃。最终，由于在方法论最高概念（Gipfelbegriff）中一切既存都在概念建构中消失了，在最终结局和结构联系中，超越和内在持存之间的关系则被确立为最高秩序纯粹完整的新现实，以及最终体系形成之前的任务。也只有在这个最终结局中，二重性才终止，由此假设和对开端任意性的印象则是：这条路能将一切送至罗马，或者更确切地说，正因为这条路通向罗马，它才能被认知和承认。最初通过任意选择和预先假设确立的既存足够实现对一个范畴的无争议建构，并使之被确立为体系之前的第二重力量的既存，这两点只能提供一种任意性的方法论辩护。而这一任意性只是一种显现，只是由于我们预先的审慎推测，这一显现被理解为实现体系完整性的选择和任意性，这是在通向终点的道路上进行回溯的结果。立足于已经形成的体系，这个理性的冒险会通过公认的整体，从体验的、自反现实的异质性超越这一复合体中的具体范畴，达到体系中最终真实性的完善且根本的同质性，通往飞跃（Sprung）的实际必要性。当一切完成之后，就只剩下一种能实现两个领域的内在决定性特征的方式，这两个领域能确定可行性道路，并通过这一道路找到可能的起点，而这一切过程的终点也只是一条道路与一个起点。由此，我们对于"……何以可能？"这一问题，只能回答"这是必然的"。当问题和方法未被否认，通过对必要性的尊崇，开端的冒险就变得合法。就像为王位而战的雇佣兵，在他治下的子孙后代的心中，当初他那不确定的大胆冒险和征服已不复存在，他仅仅是一个祖先。对某种结构进行研究而提出的具有假设性和任意性的事实，只能由体系的这种自我确证来提出。我们无法找到更坚实的理论基础，我们也并不需要它。

康德将数理自然科学（mathematische Naturwissenschaft）置于认识论之前，将自我立法的事实放在伦理学之前。但是，不仅康德没有提过美学，那些追随康德且以类似方式进行思考的人，也没有提过，他们只是涉及相关领域的探讨，我们可以想见，其理论体系的粗略和纯粹经验性带来的局限不言而喻，这就好像在知识中将自然法的明确性，或者说作品的自成一体（In-sich-Geschlossenseins）和内在静止（In-sich-ruhen）视为事实。我们接受这一既定事实，但仍会问：艺术作品存在，这何以可能？[①]

[①] 发现于卢卡奇遗物的这一部分是《海德堡艺术哲学手稿》第一章开篇的初稿，后续部分皆以此为基础。——译者注

美学不应当以不合法的前提条件为建构的基础,所以首先应当提出:"艺术作品存在,这何以可能?"不过对于这一提问,目前还不可能作出回答。艺术对于我们而言的存在方式,尚不能通过承认提问的事实和必要性得到澄清。其中起到决定性作用的是,艺术作品的定在(Da-sein)是阐明美学的首要且唯一的事实,它为之后其他问题的提出指明了方向。当我们由此反思艺术作品的存在究竟意味着什么时,我们可能会得出:这是某种人造的构成物(Gebilde),但是,即使它承载着创作者的性格特征,它仍是独立的,它通过其自身内在的形式—材料复合体(Form-Material-Komplex)直接产生效应;依赖这一复合体的经验性本质产生的效应与一般经验现实的效应之间没有明显差异,在我们认识的这一阶段,这一效应将规范态度(normatives Verhalten),即一种关系(Beziehung)的元素导向一种价值。与艺术作品的确定性相反,作品建构的内在自成(In-sich-Vollendetsein)及其直接而规范的效应类型都是本质性的,这几乎是毋庸置疑的,仅有在作品中,才能显现出美学这一事实,并通过康德式提问,尝试进行美学的建构。当下我们必须关注另外两个重要的可能性。其一,可想而知,人们并未重视艺术作品中的美学价值,或者说从未承认其中这一最高或唯一本质性的实现。人们只是在形而上学维度有意或无意地在美的概念中揭示这一价值,并且倾向于在艺术与自然维度考察其客体化。由此,对于艺术作品而言,审美价值的实现是其唯一的意义,然而问题在于这一意义是否具有代表性。其二,可以从人们对"美丽之物(das Schöne)"(或者说对艺术)的态度类型(Verhaltungsart)出发,试图从中发现规范性内容(das Normative),并将每一个作品的总体

（Totalität）视为艺术作品，"美"的概念则正是针对规范态度合法产生的。我们的目的并不在于针对上述分歧进行辩护以证实我们提问的正当性；接下来的阐释包含了对正当性的证明与论战，并将其视作内在固有的界限，仅有在对单个问题的阐释中偶然涉及另一个观点时，我们才会作出相应论述。这里所提到的只是对后文的引入。

毫无疑问，"美"的概念源于形而上学。因此，在总体存在（das gesamte Sein）的一种形而上学体系中，完全可以根据这一概念与排列在它之上或之下的概念之间的等级关系来对待它，并从中推断出它的具体客体化（自然美或艺术美）。问题只是在于，这个体系是否并未引领艺术实现扬弃，也就是说，内在独立且由人类劳动产生的作品，最终只是一些临时存在甚至受到批判的东西。依据形而上学，这一观点只能在另一种关联中被决定。在这里必须要强调一种立场（Standpunkt），即作品存在的事实还没有得到澄清，只是受到评判（或者确切地说受到谴责），而对我们来说最关键的是，要知道艺术作品何以可能，所以我们必须以方法论为基础，排除每一种无法自证其实际特性的观点，由此才能像之前强调的那样，只依据对可能性和本质的领会，理解艺术的形而上学问题。如果对美这一概念（和由此产生的艺术）的体系形而上学推断未被接受为美学研究的方法论准备，那么就必须提出：将美的价值（Schönheitswert）置于中心地位的美学，究竟如何得出明确的概念？由规范态度推断规范（Norm），这显然是一种循环，因为人们正是依据这一法则（Recht），选出能实现某种价值（我们尚且不知道也无法确定具体是何价值）且符合这一法则的态度类型作为准则而忽略其他所有，那么当这种价值是使选择得以可能的前提，这一价值自身又源自何处呢？更何况这一方法也是行不通的。每一种新的美学在理解艺术的事实（Faktum）时，都更依赖于对总体性（Gesamtheit）的领会，而较少依赖终极形而上学观点，但这种美学却在美的概念随历史而深化的多样性中，面临着日益加剧的困难。首先，美丽之物（das Schöne）只是审美活动中的一个要素，此外还有许多其他要素与之并置，例如崇高、滑稽等。其次，这种（自身具有多样性的）美学核心价值的效应范畴，应当不仅与艺术的态度有关，也要与自然相关。为了澄清这一点，有两条可行的道路：一是在选择中无意识地将美的形而上学概念作为指引；二是对历史公认的艺术作品所呈现出的态度类型进行研究，自然中与之类似的态度类型也被纳入美学。在第一种情况下，人们要在被遮蔽的形式中回归演绎—形而上学美学（deduktiv-metaphysische Ästhetik），就只能依赖本质上并不清晰的方式中不明确的前提条件；在另一种情况下，我们的起始问题同样不甚清晰。要指出究竟是否存在一种自然美，仅有如下可能：要么当面对自然，必然合法地呈现出一种与接受艺术作品完全等同的接受态度之时（在这一点上，这些态度是一种普遍前提），要么当自然美和艺术美客观的内在结构在本质上同一之时。（上述两种方式仅用于在一种形而上学的自然哲学中进行论证，并不适用于艺术作品。）

可见，艺术作品或者美丽之物是否处于美学方法论的中心（Mittelpunkt）这一问题，在整个美学的命运中瞬间凸显出自然美问题的决定性。纯粹就方法论而言，这个问题可以被表述为：是否必定存在某种与审美经验（从康德开始，这种经验的特征就是一种普遍预设了）纯粹内在性一致的客体？若答案是肯定的，那么就有两种可能性：其一，自然美必定作为一种本质性元素，从美学中分离出来，因为在这种情况下，内在性（Immanenz）[即康德所说的"无功利性（Interesselosigkeit）"]仅仅是主观行为，它与作品预期和达成的内在性必定一致，并且从中产生。不仅如此，一种与之相似的"自然"行为，只能以使这种相似性成为可能的，但无法保证偶然性的"幸运的偶然"为基础。对于审美—规范态度而言，最多存在一种与自然相关的经验，但并不存在作为艺术美学对立面的自然美学。其二，由于自然美是一种以自然为目标的客观力量的产物，其目标在于对自然本质的彰显，换言之，也就存在一种自然美学，由于它涉及自然的客观结构，并且产生出规范—审美结构，其范畴便既是自然哲学的，也是美学建构的，这也意味着美学和自然哲学是共存的，或者共同拥有至少一个对于双方而言都十分关键的领域。然而若答案是否定的，这就意味着艺术作品的客观内在性与审美态度的主观内在性是偶然共存的；自然和艺术都能召唤经验的内在性，但是这种内在性对于自然和艺术而言，都不是必要的。如此，艺术便失去了其自身全部的价值：艺术所产生的，并非艺术的必然产物，而其带来的效应，也并非仅艺术产物才能实现。关键在于，经验的主观内在性本身就是完整的，它并非产生于客体，客体只是将其唤醒；所以对于主体而言，决定性的关键在于态度本身，只要它不是永远处于独立自足的状态，它就能成为其他主观态度的准备，比如伦理态度。尽管如此，若客体在此同样获得了一种意义，那么这一客体应当是自然，而非艺术。康德说："但是理性（理性在道德情感中对它们产生一种直接的兴趣）也具有客观实在性，即大自然至少会显示某种痕迹或提供某种暗示，说它在自身中包含有某种根据，以假定它的产物与我们的不依赖于任何兴趣的愉悦有一种合规律性的协调一致，既然这一点也引起了理性的兴趣；……因而内心若不是同时对此感兴趣，就不能对大自然的美进行沉思。"① 经验的内在性是否以及如何能由此得到扬弃，在何种程度上它不再要求一种与之相称的客体（艺术作品）用以保留这一内在性，这些都可以之后再研究。而这里需要强调的是，绝不能废除对艺术事实性（Faktizität）的提问：艺术作品（以及一种创作过程）的存在是一个事实，但其产物却不一定具有必然性。我只能指出这种不经意的方法论飞跃，尽管每一个注意事项都十分精确，但这种方法还是脱离了《判断力批判》中奠基性的论述天才（Genie）的那一章。

至此，这个问题的正当性几乎已经显现出来：即使目前还没有什么能证明美学只有以此为基础才不会产生矛盾（这个证明应在我们完整阐述之后才能获得），所以看起来好像艺术的本质只能以这种方式理解（还需要证明的就只剩下整个美学如何由此终结）。当我们将注意力集中于艺术就能发现，要将艺术作为既存事实进行阐明，还需要清除一种方法论的危害，然后我们才能在此基础上继续前行。这个危害就是将艺术理解为艺术意愿（künstlerisches Wollen）的表达（Ausdruck），将艺术效应理解为恰当的传达过程（Mitteilungsprozess）的相应终点。艺术事实上包括两个方面，即它产生于人们以作品为对象的意志（Willen），并

---

① ［德］康德：《判断力批判》，邓晓芒译，杨祖陶校，人民出版社2017年版，第109—110页。——译者注

且它受到经验现实的直接影响。如果上述两个方面没有对与作品的定在同时出现的创作与接受类型，还有由创作到作品产生再到享受的过程进行详细研究，艺术的事实（Faktum）就无法在现实维度进一步得到阐明。一方面，如果不去思考作品的内在完整性的存在在何种程度上归功于人类的（也就是破碎且不完整的）创作行为（Schaffensakt）；另一方面，接受行为作为一种体验，应在不消解直接性的前提下以长效准则为依据，而接受行为的特性尚未被意识到，如果不对这一特异性加以了解，也就是未能在上述诸多事实中凸显其内在的矛盾性特征，那么便会在方法论层面产生巨大的风险，即太过接近艺术的经验现实，而忽视艺术的原本特质。其危害在于，这一过程是对经验现实中传达过程的一种简单的也可能是高度的完善与发展，而作品作为表达的单纯方式，也在对其内在自成性的扬弃中，再次成为其定在的首要事实。因为艺术的本质存在于同时接近又远离经验现实的悖论当中：我们由此承认艺术的定在，也必须清楚地认识到这种定在的不确定性，我们既不使艺术接近会引起混乱并掩盖其真实构成特性的其他价值领域，也不应使艺术和经验现实之间的密切关联变得令人困惑，以至于二者的本质都变得模糊不清。由于我们现在的任务是尽可能澄清艺术的事实，所以我们必须如同艺术难以置信地直接从一般经验现实中升起一样，尝试完成这一任务，并且尽可能只以艺术和经验现实的定在为前提，揭示两者之间的关系。

　　但我们诞生于经验现实这种不可撤销之物，而仅仅成为可感受的理所当然（Selbstverständlichkeit Erlebbares）。所以对于这种朴素的思考，仅有那些在现实中呈现于我们面前的历史给定的充足内容,才能从头至尾澄清整条脉络,现实(Wirklichkeit)无法在其真实本质中得到理解,一切由人类既定过往历史所创造之物产生于一种自然必要性的氛围中,由此远离一切怀疑。针对这种思考和相应的直接经验,定在从某物中消除了一切真实或可设想的疑难。这样一来,艺术作品就显现为一种对我们而言先天的、友好的、毫无疑问的理所当然:在一种适度且易于实现的先定和谐(harmonia praestabilita)中,随处可见针对我们一切情绪(Stimmung)的或高或低的刺激。我们以批判性洞察力对作品没有完全实现的完整性进行有效检验,当其全然完成,我们付出的情感也与之悄然融合,从家具到大教堂、从连载小说到神曲,都是不间断和未被中断的历史体验连续性(Continuität)之流的延续。高级价值的确定性使低级价值得以存在于连续性当中,而正是由于这种稳定的关系,我们与即使最高级或最清冷孤傲的作品之间,也必定存在共性。从哈曼①的神秘主义宣言,即诗歌应是人类的母语,直至远行者最乏味的歌唱,其中都贯穿着我们坚定信仰(Glaube)的整个经验现实,信仰将人类联系起来,这是艺术所蕴含的使人互诉衷肠与得到宽慰和释放的力量。也是在这种关系中,艺术作品不再孤立绝缘:在持续不断的笔直延续(Geradlinigkeit)中,流动着艺术家关于作品的表达,这些表达成为联系我们和艺术家的媒介,成为围绕着我们的世界,其中沉重的混乱和恼人的沉默消失了,这个世界变得清晰明朗,一切

---

① 哈曼(John George Hamann,1730—1788)是德国宗教思想家,德国文学中狂飙突进运动的发起人之一。生于哥尼斯堡。与康德交好。他坚持内在经验对于宗教的重要性,宣扬每一个体的人格的价值,攻击启蒙运动的理性主义倾向。——译者注

都变得理所当然。人类对传达（Mitteilung）的最大需求，只是对相互之间共性与统一性的深切渴望的弱化形式，这种需求再次找到了存在于生活中的充盈（Erfüllung），以及对生活的肯定。人与人之间的亲缘关系回答了这个无法表达的问题，这个答案为他提供了世界、全人类和整个自然，也打破了时空的界限；人从社会、国家、当代史的孤立中，乃至从沉迷（Gebanntheit）中脱身，进入其诞生且从中获得直接经验的世界。艺术人性化的自明性便获得了一种高级的，但同时在很大程度上由其自身产生的意义：人与人之间普遍且彻底的可传递性（Mittelbarkeit），在这种自明性中彰显，并由其存在得到确证，由此，艺术自身就只是传达的众多手段之一。艺术只是一个机体（Organ），它使天才完成真正传达的命定心灵（prädestinierte menschliche Seele）得以发声，但重要且具有决定意义的却是表达方式与内容。艺术作品仍在，但它已经消失在由心灵到心灵的涌动当中；其独立的自为（Für-sich-sein）轮廓在涌动中日益被冲走，最终只剩下中介的一种类型，而这种类型还是模糊的。这是塑型的决定因素：艺术作品在涌动中是传达的一种工具，这种涌动必定产生于作品自身，它超越纯粹经验的快适而产生的意义，消除了其生成之路上唯一的现实保障——艺术的作品。

由这种体验的真实性（Tatsächlichkeit）对艺术进行确定会产生极大危害：由于艺术成为实现统一这一愿望的推理法（Organon），它便不再是其自身，而是被置于一种产生于艺术且将其扬弃的新的关联之中。由渴望到实现的过程中，精神伟大又轻率的行径大致掌握了决定一切的净化过程，以及源自渴望的自我认识，而它也由此无法确定这一可能发生的对渴望的实现。对谢林而言，艺术是一种最高存在，"正因为如此，艺术对于哲学家来说就是最崇高的东西，因为艺术好像给哲学家打开了至圣所，在这里，在永恒的、原始的统一中，已经在自然和历史里分离的东西和必须永远在生命、行动与思维里躲避的东西仿佛都燃烧成了一道火焰。"① 所以，同样以实现渴望为导向的整个哲学和宗教也融入了艺术的最初目标。曾经分离之物必须整合起来，作为先驱和引路人出现于艺术辉煌成果之前的思想的乌托邦目标，也在哲学中自我实现。这样一来，艺术便通过提问的内在逻辑而非思想家的意志，实现了自我扬弃：它对渴望的一切实现只是朝向统一的分散片段，就仿佛大海中一个个小小的岛屿；当产生于思想的对整合的呼吁增强，最终汇聚的洪流就会冲毁单薄的临时大坝，并消除其以孤独的自为持存（Für-sich-Bestehen）为方式的存在（Existenz）。而这种统一总的来说是可能的，它这种不可撤销的存在便是独一无二的标志和唯一可能的证明。

由此，我们必须离开现实，与之保持距离和陌生感，这样就能将那种对统一的渴望和实现视作纯粹真相，同时理解其现实结构和相互之间真正的关系，而对于这种渴望及其实现，唯有艺术才能展现出其中最高雅且独一无二的现世真实（irdisch-real）内容。首先便是人际沟通的完整性和适当性，这两个特征在立足点的转变中是质朴的，但这无从证明，它只能展示可被证实的前提。这一前提表明，一旦完整性和适宜性超越那些不仅仅以成为客体为目标的纯粹

---

① [德] 谢林：《先验唯心论体系》，梁志学、石泉译，商务印书馆1977年版，第276页。——译者注

经验性或实践性行为，成为更加质朴且站不住脚的教条主义，它们还成了纯粹经验现实的结构组成（Strukturelement），具有决定性、关键性的领域范畴（Gebietskategorie）意义。因为世界的"现实"正是在于什么都不会发生，它并没有在当下吸收那些虽然对于客体而言是主观—自反的，但是对于现实主体而言只是决定性的那些"被体验的（Erlebte）"和"可体验的（Erlebbare）"特征。将这一领域与所有其他领域（不仅包括向来循规蹈矩的认知，也包括伦理或宗教行为等）区别开的深刻差异在于，这一领域不包含面对客体的规范态度准则，也就是说，这一领域依据其原则，在各色人等的各种"经验"之间，没有展现出任何价值或真理差异（Wahrheitsdifferenz），它更倾向于保持纯粹主观性，而非明确地接近一个以某种方式确定的普遍客体。这是质（Qualität）和强度（Intensität）的差异，因而是无法相提并论的，只有离开纯粹经验，才有可能尝试对不同人的不同经验进行排序和相互对比。

这一领域的无限性和一致性（Gegensatzlosigkeit）是如此强大，以至于"非经验（Kein-Erlebnis）"也只能以经验的形式显现出来，二者断定出这一领域之可行中介性中的徘徊与疑虑。因为经验的本质只能通过质性唯一（qualitative Einzigartigkeit）被定义，就这一点而言，一切表达方式必定都是苍白、抽象、虚假的，它们恰好脱离了所有本质性的内容。表达的质料（Stoff）和形式之间的差异产生于规范行为不可避免的缺失：能使人们抵达同质性领域的一切准则（Maxime），都预设了某种决定性的同属性，以及质料和形式之间的有机结合。由于人们已经在原则的统治之下进入了相关领域，那么对于他们而言，这一领域当中必定存在一种绝对的明确性，且必定不存在误解。早期希腊的怀疑论，比如高尔吉亚①的第三个命题，否定了认识的明确中介性，由此也贬低了认知的同样可疑的可能性，将其视为绝对的毫无价值，这样的怀疑论终究只涉及经验现实，而非知识。这只是因为它与古希腊精神的结构相距甚远，为了严格区分经验和认知，并使主体与客体从经验领域的认识途径中脱离出来，对经验现实结构的精准描述必须以可认知性的怀疑论为方向。因为描述中所使用的符号的差异，比如由想象中的"颜色"产生的单词"颜色"，只与经验现实有关：逻辑领域中传达的"颜色"不再与其意义的经验相关，更无法显示出其之于不同个体的质的差别。通过对真理的意志，也就是主体对逻辑准则的遵循，产生了一个领域，其中"颜色"这一概念作为逻辑形式的材料，失去了其可感受性的一切质性差异；这种失去是必然的，因为逻辑主体是与逻辑的意愿（Wollen der Logik）同时确立的，这与源自不同经验主体的质的区别无关。相反，当某一个体想向另一个个体表达他对某种颜色的体验时，就涉及高尔吉亚提出的符号和描绘之间的差异：符号是一种抽象和提炼，它能从体验到的内容中发掘经验特征，但不能对其独特品质进行概括。符号也不能确保或掌控那些想要表达自身经验的人真的可以实现表达，而且其表达能够被理解。因为就最质朴的情况而言，当一个个体向另一个个体指出引发经验的客体时，实际发生的是，两个个体对同一个或同样的客

---

① 高尔吉亚（Gorgias，约前483—前375）是公元前5世纪古希腊哲学家和修辞学家，著名的智者。早年随恩培多克勒学习修辞、论辩、自然哲学和医学。其思想受到芝诺的影响，但主要来源于普罗泰戈拉。公元前427年为请求联合反对叙拉古而出使雅典，晚年在特萨里亚的拉里萨居住。——译者注

体都有了一些体验,且他们有可能用同样的语言来表述其体验。但这些语言并非与经验质性(Erlebnisqualität)完全一致,且无法证明双方境况相同,还是只是各自有着相似的体验。只有有意识地放弃对质性的传达,并且倾向于相对而言抽象的、概念性的表述,表达才能实现明确性和无歧义性;此时便出现一种由准则确定的明确且同质的领域。从经验的角度来看,每一种具体准则(比如牛顿的三大力学定理和几何学假设)都存在一定的任意性,有时候看起来甚至有一些保守和传统,比如在经验方面那些不受重视和备受歪曲之物。一种与逻辑追求完全相反的反应使其前提条件、组成部分和相互关系在可体验性的标准(Kriterium)与相互对比中保持自由。这两种情况所涉及的,是领域的必要的自我调解,也就是其具有任意性的倾向,这两种情况中所出现的,都是遵循其自身结构进行加工,而将一切反抗都视为(相对其自身而言的)不存在(nichtseiend)。由此,纯粹经验在质性方面的不可比性与每一种可设想的表达(如果它应当成为一种表达,这就已经在交流的双方之间预设了共通性,这种共通性就是双方交流的基础,并被视为这个领域的本质特征)之间必不可少的对立,将在领域内自然永远处于黑暗之中,难见天日。

　　导致模糊的原因却是多种多样的。一方面,现实的经验中的大部分都与日常实际行为联系在一起,最寡淡无味和最抽象的术语便足以对其进行表达。因为转化为行动的经验在此远比它本身重要得多,所以我们无法也根本没有必要去研究:在一个经验主体意图的产物(Consequenzen der Absicht)中,另一个主体的相应行动真的就是在以动机为导向的意图中,对经验主体本质性内容的理解。

在此，意图和结果完全实现了一致，只有失灵的时候才会出现相互之间无法理解的情况；由于有许多其他实际上更为接近的动机（恶意、无能等）可供使用，并且主体十分关注其意图是否能获得实际的成功，所以在实践层面，失败的原因并未得到足够思考。另一方面，在经验现实中，已经被同质化处理的现实中的各种元素，出现于丰富多彩的混合和无限的弱化之中，单个的规范行为（美学或宗教行为等）也要求某种可体验性，而这种体验性似乎存在于经验世界的无缝延伸之中。不仅如此，每一种草率的、毫无阻碍且急切实现目标的唯理智论（Intellektualismus），只出现于能以概念表达的本质性内容当中，而纯粹质性的领域则发展过于迅速且不顾尚未完成的部分，我们便也只能在研究中忽视量的问题。因此，对现实的研究几乎总是让位于作为自然科学却不属于世界本己的任何组成部分，且对世界发展的目的没有任何助益的心理学；心理学还无法表达我们由这一领域的结构产生的问题，因为对心理学而言，对经验的合适表达是一种必要且有益的方法论前提。其决定性原因在于经验现实自身的本质：经验现实对于人而言是一种"自然的"状态，人们若要进入某一种同质领域，例如规范—伦理态度领域，就必须强制脱离在万有引力那样的定律之下会持续重回原点的这种状态；为了弱化这一领域与其他领域的对立，人们进一步模糊了差异，即便是不由自主地。这样一来，纯粹体验的人几乎难以意识到其自我封闭性（In-sich-eingesperrt-sein）。他们为了掩饰表达方式和内容之间不相适宜，总是会充分利用那些最出色、最令人着迷、最精巧的辅助手段。首先是人类交往中的手势和谈话重点的细微差别（Betonungsnuancen），例如在对话中，差异可能存在于各个方面，且十分细致具体，这些差异能够灵活且广泛地在本质性与独特性维度深入其他个体。但与印象相反的一切易感性（Reizbarkeit）并未证实这些存在于印象背后且由其产生并表达的经验，是否真的被理解了；无论符号体系可以变得多么繁复精巧，这种如提纯一般的做法也永远无法克服交流的基本悖论。

抽象、自在的概念与可以准确切中本无法言说之物的直觉，在理论上是对立的。对唯一决定性力量的强调会摧毁其中介性，但这一问题一直都被忽视。换言之，越是将概念贬低为抽象并轻视其异于"本质"的特性，相关的语言手段似乎越无法表达"本质内容"，而只能近似地暗示其实际内容。而被判定为沉默的直觉，对于所有人而言都是一样的，也就是说，这种直觉将外部世界的这种形而上学实质（Essenz）视为客体，而将拥有同类品质的不同个体视为主体，直觉的这种同一性被抽象表达方式的模糊媒介遮蔽，所以只能被判断而无法得到证实。可见，质朴的生存本能中的一切都尽数用于掩盖这一深渊。在只削弱但不消除经验纯粹性的机制之下，实际现实亦迎合这一目标：虽然现实的强度不够，但一切似乎都能完美运作，而且经验现实的人们很少能在失去所带来的悲痛时刻意识到这种内心的矛盾，即使这同样是主观的、"体验的"，而非领悟的。"一切物，都是他物，言辞，那些我们需要的言辞，也是他物"[①]，霍夫曼斯塔尔的女主人公这样说道。

物的这一情况在何种程度上会对伦理或宗教行为产生影响，不是我们在此的研究任务；这里唯一重要的是：在最广泛和最全

---

① Hugo von Hofmannsthal, *Die Hochzeit von Sobeide. Erste Verwandlung*.

面的意义上，符号是否能够表达经验的质（Erlebnisqualität）。如果这个问题的表述已经足够明确，也就是说，如果人们在表达中，理解了表达方式完整的明确性及其在质料与内容之间绝对的相称性，以及同样不容置疑的可控性（Kontrollierbarkeit），即所表达的实际上正是要表达的，那么当问题提出时，可能性必定受到否定。但不得不说，我们没有任何办法对此进行检验，也无法确定在表达和感知这两种体验的质（erlebte Qualität）之间，是否存在某种等同甚至同一的关系。产生不可能性（Unmöglichkeit）的表达方式的悖论在于：要么这一方式具有一种明确性和控制力（Kontrollfähigkeit）倾向，所以它十分抽象且以概念呈现，并且与纯粹质性内容不相适宜；要么这种表达方式与内容相适宜，它便带有质的色彩，是完全以质的表达为目的的符号和暗示，这样一来，即便这种表达方式明确、不易混淆且准确无误，仍无法断定它是否真的能传达其真正想要表达的东西。相互反应的和谐表象，也就是不同的人在其各自生活情境中所产生的情绪的共振，不能成为此处的论据，因为它们缺乏可证明性与可检验性；然而，个别的质性经验主体将相同质性的，也就是最终经验性且可体验的实体视为对适当的可传达性的澄清，这一观点便预设了一种存在于这个领域但永远无从证实的形而上学，因为内容和形式的悖论在这一形而上学与非形而上学研究中没有差异，并且不能通过在概念世界背后简单放置一个统一实体来消除。宗教的，或者朝向宗教的经验也不能作为证明，因为心灵的宗教态度是一个具有规范—普适准则（normativ-allgemeingultige-Maxime）的同质领域，这几乎与伦理、逻辑或美学态度一样；所以它同样具有其真正内容独特且明确的可传达性，只不过传达的内容和形式只能通过对其具体结构的分析来决定,而在纯粹经验现实中设想一种会被发现且能被证实的传达类型,更是绝不可能的。

被我们在此视为结构关系的事实并进行理解的是:对传达的不可消除的愿望,一种普遍的信念。人们传达的实际上是他们想要的(Gewollte),更确切地说,他们所接受的,是无处不在且逐渐清晰的恐慌。而表达的所有方式都是不恰当的,并且存在想要弥合由此产生的差距或遗忘的一种强烈渴望。相反,与纯粹质的关系相比,同样存在表达方式的明确悖论,而一切所表达内容的总和却聚合为自然而然的连续性(Continuität)和连贯性(Cohärenz)。沟通的事实也许会迫使我们形成一个新的形式概念作为经验的表达手段。因为不言而喻的适当性和表达形式的内在同质性都被证实是虚假的,所以我们首先必须分别通过表达和印象,对这些概念的前提条件作出充分说明,然后才能认识其真实结构。从接受的时刻,也就是对符号进行理解的时刻来看,表达形式被证明是暗示性的设置。每一种沟通都能在我们之中召唤出一种源于纯粹质性的、主观上无法比较的类型的确定经验,而因为这一经验由外界的表达者及其对我们的表达形式唤醒,我们便以他们为起点将自身投射进这种表达,并重新体验(Nacherleben)他们的经验。这种重新体验的强度越高,上述投射过程的自发性就越强,在那种纯粹的实际—情感的反作用中,原则上并没有被考虑到的唯一例外在于,在接受的层面,这种强度是主体进行理解的标准。一种相似的以心理暗示和情感强度为目标的前进方向,同样将形式呈现为经验的表达;在此只有对其他更为纯粹的情感特性之效应的渴望。一方面,沟通的完美程度取决于随之生的感觉，即一个人真正地表达了自己由原始经验与表达过程中情感体验之间的强度关系所决定的感觉，另一方面，这种感觉通过接受者对其所产生印象的反作用特征强度，对沟通进行检测与控制。可见，自我表达能力（Sich-mitteilen-können）和得到理解（Verstanden-werden）的本质经验取决于直接效应和反应的自发性和强度，其功能和暗示力量则体现于表达的形式当中。从经验领域直接且不间断的特征中产生了一种必要的幻觉（Illusion），即强烈的、丰富的、自发的印象是真正交流的标志和保证。

另一种更加实在且对于直接体验（Erleben）来说更加强有力的意识呈现出纯粹经验世界的连续性。一切（甚至包括缺乏经验的时候）在某种程度上都是一种经验，因而产生了一种不间断的稳定性（Stetigkeit）和坚固性（Dichtigkeit），它似乎通过存在能力（Bestehen-können）发挥功能，以此为其基本结构的确定性提供保障。然而，就像一切实用性证明一样，这里所说的发挥功能同样无法提供证据，也就是说，它只能表明在纯粹经验现实中，存在经验形式的结构条件，这些条件能够确定这一领域实践和经验的稳定性；但是，这些真实的经验内容及其决定性的质的可传达性，只能作为基础或被视为后果，它永远无法得到证明。托格鲁尔·贝伊（Togrul Bey）和他的孩子们的深刻而雅致的东方童话（来自《四十维齐尔之书》）可以彻底阐明上述言论。故事是这样的：东方统治者官廷中的基督教高级教士会用手势提出问题，而这些问题最终只有苦行僧同样使用手势才能回答；他们相信彼此已经相互理解，尽管他们赋予其手势符号完全不同的内容。但是，由于符号对应于各自的期望，所以每个人都在对方的符号中看到了自己的问题的答案（尽管内容完全不同）。通过由自身经验的质对每一个陌生符号的填充，以及在符号载体中作为真实基础的投射，连续性出现。这种连续性通过内容的流动性和形式的短暂易逝来维持自身：只要这种连续性没有被粗暴打断，与主体的期待相矛盾的一切对象还是可以被吸收的，因为在新的经验发生之后，过去的期待或多或少会平稳地转移并适应变化后的状况。因此，经验现实的连续性之所以成为可能，正是因为其特定的、可确定的内容在不断流动，这种流动性关系着主体直接经验的主观质性；只要这一连续性是可能的，经验中体验着的主体便也是如此。这种未决的直接性是经验主体自然生活的组成部分，这种连续性似乎足以实现其存在：主体对一个广阔多彩的外部世界的所有印象都可以直接被接受，他对其自身经验的质之外的东西的无能为力，并不会使其在其个体性中感受到被封闭或被囚禁。事实证明，这种经验之质越是精细和差异化，它对个体的封闭性就越低，主体也就更难意识到，他终归需要超越唯我论的纯粹经验领域的直接性，以此抵达一个直接的共同性（Gemeinsamkeit）领域。

但呈现出经验的外部现实一再撕裂这种连续性，即使是其中想要逗留的最强意志，也被外部世界进程（Weltlauf）打乱：连续性可以被如此激烈和残酷地撕裂，以至于无法再维持从期望到记忆的平稳过渡，反之亦然，体验者开始意识到，体验的自反性没有任何对象，它只是表达主体性的经验本质类型，对体验者而言，连贯的世界消失了，留下的只是一个变得空洞和无意义的现实。经验连续性的最强烈和最明显的中断是死亡：这就是为什么人们永远不会离开经验现实的连续性，以便在一个相互联系的平等的主体世界中，在一个共同性和同质形式的世界中自我拯救。所以叔本华才会说："死亡是真正激励哲学，给哲学以灵感的守护神……没有死亡，人们很难进行哲学思考。"① 但在此，对我们而言重要的并不是知道自己的死亡对体验主体有何影响，我们关心的是会给一个主体的生活带来一切质性扭曲的其他个体的死亡。在我关于理查德·比尔-霍夫曼（Beer-Hofmann）的那篇文章的引言中（见《心灵与形式》），我尝试勾勒出这种经验稳定性（Erlebnisstetigkeit）断裂的现象学：在他人的死亡中，突然显露出一种陌生性，"因为有关于对他人理解的幻想只有通过新的奇迹和持久共在的意料中的惊喜才能得以滋养……只有通过连续性才能保持鲜活，如果连续性断裂了，就连过去也会消失；人们对另一位他者所了解的一切只是期待、只是可能性、只是愿望或担忧、只是一场梦，这场梦只有通过后来发生的事件才能获得其现实性……而每一个裂缝……所撕碎的不仅仅朝向一切永久性的未来，它也摧毁了整个过去。"② 故这种死亡并非独一无二或孤立之物：因为仅在强度和决定性维度，它就超过了"一切对话的千沟万壑"③。

因为世界的连续性在经验现实中只对经验主体来说是必要的，而它只由面对经验可能性（Erlebnismöglichkeit）时质性先验中的

---

① Schopenhauer, *Die Welt als Wille und Vorstellung. Sämtliche Werke*, Hrsg. von E. Griesebach, Leipzig, Reclam. 2. Abdruck, Bd. II S. 542.
② Georg Lukács, *Die Seele und die Formen. Essay*, Berlin: Fleischel, 1911, S. 232–233.
③ Georg Lukács, *Die Seele und die Formen. Essay*, Berlin: Fleischel, 1911, S. 234.

广度和灵活性来保证；主体所真正实现的经验的世界只在某种程度上是相称的，它并不一定能为对对立面的接受提供坚实的保障。所以一切个体都一再被迫离开经验现实；当连续性中断，经验现实看起来就像一个梦，而共同的世界则像是真正的现实。但这种觉醒是直接性（依照准则的逻辑思想、伦理态度等）的中止，而直接性将永远被主体视为其真正的家园。

艺术似乎注定为了填补这个空白而存在：它已将纯粹经验领域的所有短暂性和流动性抛诸脑后，将其自身提升至一种远远超越人和时间的客体性，并在其直接效应维度与独留其间的主体相遇并共存。艺术似乎是这样一个领域，其中效应的直接性不是以牺牲其明确性为代价的，而是使主体意识到他对个体封闭性（Eingesperrtsein）的所有恐惧和忧虑：这看起来似乎只是表达能力的欠缺，是一种将不同主体相互区分开的经验性的、可克服的障碍；完美的人，或者说艺术天才，在艺术中冲破这些壁垒，相互之间完全可以充分交流。"当人因痛苦而沉默时，还有上帝能让我说出我承受了什么。"对此必须形成一种艺术的愿望，这是可以理解的，但这一观点还不足以为这一希望提供基础和依据。如果我们把艺术看成交流过程的直接表达行为，那么它在其真正表达重点的明确性和可控性方面，与经验现实的其他传达形式有何不同？艺术的符号也只是符号，它带有符号存在（Zeichen-sein）同样令人困惑的诅咒，并且从经验现实的角度来看，其效应仅在强度方面优于其他形式；而艺术通常不能保证能够将存在于其背后的它所"表达"的经验"本质"真正真诚地传达出去。相反，其效应越直接、越深刻，就越能确定艺术作为表达经验与其他经验无异，尤其是在内容明确性的确定性方面：足够深刻的艺术效应的本质标志（Wesenszeichen）正在于，体验主体在效立中最深刻地感受到自身，也就是说，艺术中所彰显的，正是主体最具个性的本质的显现，而要实现这一点，这种个性（Persönlichkeit）似乎将自身拓展为整个世界。这种深刻的经验在质甚至仅仅是内容上，都无法证明其与作品中的经验相同。这种深刻而真实的感知（Empfindung）不可能是无对象的，但它有可能是欺骗性的，这种感觉使艺术的效果更加接近于经验现实的交流过程，在那里，幻觉（Illusion）是活生生的，交流形式的暗示力则是实际交流能力的保障。由于经验的持续性，幻觉并不被认为是一种幻觉，而是在暗示力量中被视为交流的一种真正载体，这样一来，艺术的效果就几乎可以顺理成章地被理解为自然而然产生的易感性（Beeindruckbarkeit）的直接延续。因此，人们不得不像赫姆斯特惠斯[①]那样，认为美是在最短的时间内给我们最多想法的东西。也是在这一观点之下，艺术被理解为对共同的、可交流实质（Substanz）的充分表达，仅仅作为这种交流过程的载体的真正的艺术作品进一步被忽视，艺术被降级为创作者和接受者之间的交流过程。

只有当这种幻觉被认为是一种幻觉，同时又被视为是经验交流中普遍且不可缺少的元素时，我们才有可能掌握形式的概念。如果无法证明内容的传达是否恰当，那么人们就必须为这一确定的事实和一直以来所运用的表达类型的效应寻求另一种保证。所以人们便

[①] 赫姆斯特惠斯（Hemsterhuys，1721—1790）是荷兰哲学家和美学家，其作品影响了德国浪漫主义思想家荷尔德林等人。他试图协调理性主义和感性主义，认为在可感知的宇宙中，所有事物都提供了一种统一的力量或精神的证明。

要仔细研究传达形式,并且从中找到一种模式(Schema),虽然在这一模式中,只有一个抽象而不恰当的符号,但这仍然是一个表达经验的符号,所以它仍然具有唤起新的经验并对其强度进行暗示的力量。这个模式的本质决定于其尽可能质性的、直接的特征,这样一来,这一模式中一切普遍的、抽象的、概念性的内容都只是一种必不可少的弊端,其构造越具体,它就越能发挥出印象功能和表达功能。无论是这种相对较高的主观确定性,即它能使表达中最微小且完全无意为之的细节,似乎最明晰地描绘并呈现出个性[勒莫利夫(Ivan Lermolieff)在面对不确定的画作时,确定作者的整个方法便基于这一前提],还是人们对这种同属感(Zusammengehören)与相互理解(Sich-Verstehen)的倾向和强烈信任,这种同属感与相互理解并不依据交流形式中理性和可理性化的组成部分,而是同样源于信任。而抽象的、有目的的且可控的交流形式仅适用于纯粹实践性的目的,只是实现了经验领域最低和最弱的功能。由此,形式这种直接以质性表达为终点,却尚未达到这一目标的特征得以被认知,而这一特征必定使所有的表达都产生内容上的误解。

这一模式的悖论性结构在于,它完全满足实现内容沟通的幻觉所需要的条件,却又消除了实现这一幻觉的一切可能性。它之所以具有这种特性,是因为体验的质性先验,以及经验所表达的个性,在模式中以质、强度或某种具体之物发挥效应,强度能以之发生转变,经验的质也能由此被唤醒。然而质和强度属于传达经验的那个人,接受者从中所体验到的质和强度与他所表达的有着根本差异。与纯粹经验相比,每一种表达都是不充分的:它是一种模式,这个模式在不同体验个体身上体现出不同的质,这实际上就是体验主体的主体性在其经验"载体"上的投射，是其作为个体的直接的"世界观"，是着色（Färbung），是印鉴（Cachet），这全部来自主体的体验世界。由于这事关经验的先验性，这一模式尚未成型的力量相对于经验显现出：每个人对于他人的经验，只能直接联系他们自己行动、感觉之类的可能性进行理解。对于在精神上完全不熟悉的动机，无论是质性的还是可能性的，在没有相关经验的情况下，除非个体能凭借极高的智力并尽可能脱离自身经验对其进行想象，否则是无法理解的。当然，这种模式的广度和强度因人而异，但每个模式都包含了相关主体的整个可体验世界；对于主体而言，这一模式改变了一切。这就是为什么（对于经验主体而言）模式的宽度就意味着世界的广度，它的强度则意味着经验可能性的极限。因此，例如，当一个人谈到他最深刻或最强烈的感觉时，他指的是他能体验到的感觉的最大强度，而深度、力度（Stärke）等则是指由他的模式所预先确定的相应的经验的质。当主体被一些远离他日常本质的经验打动，并不意味着模式的失效：只要主体的模式仍然有效，这些经验"载体"便由与经验的质相距更远且更隐蔽的可能性组成，因而这一载体总是在体验主体的先验质性中直接重现。对于那些无法直接解释的状况，经验现实主体则会以"病理的"、病态的、精神错乱的等状况进行体验。[其实病态作为不可重新体验（Nicht-Nacherlebbar）的同义词，它在这里的含义仅与直接进行体验的主体有关，与该术语在医学—心理学上的意义无关，这应当是显而易见的。]

主体对交流的冲动由其动机决定，只是它必然以不同的方式表现出来：自我表达的主体不由自主地通过与其质性先天经验更相关的方式,努力表达对他来说在他的经验表达中至关重要的具有质的独特性的东西,而不是通过来自共同领域的语言、手势、情绪、对细节的强调等方法。这就进一步强调了误解的必要性。第一,通过这些质性的表达方式,人们只能表达或暗示经验的质,为了表明它的内容,相比之下更为抽象且不充分的词,仍是必不可少的。第二,表达中,这些质性和非质性的部分相互混合,形成一个无可挽回的新统一体,其中抽象符号与以表达为目标的质之间的关系,对于接受者和传达者来说,必然是不同的;例如特意选择一个词来表示一种自身经验,对于说话者来说,这个词充满了与他的经验相关的记忆,但对于听者来说,这个词要么完全不包含经验,要么只能使他联想起其自身经验,这一状况就为这个词赋予了与预期完全不同的倾向;因为对词语及其表达核心的统一是接受者必须完成的事情,所以他的解释便联系着其自身经验。第三,质性表达手段的效应永远只能是一种印象、一种经验(这也正是说话者的意图);与听者经验相反,与说话者经验相关的一切都发挥着决定性作用:每个人只能体验到其自身经验的质。经验的强度尽管是对其自身经验之质的主观投射,它仍然可以转达(übermitteln),这似乎表明,体验主体的孤立并不像我们的分析所显示的那样绝对。如果我们在此只能反复强调强度经验(Intensitäterlebnis)只是自身强度的经验,那么在此似乎就能确定某种共性,它表明,体验的条件完全或至少部分是具有普遍性并适用于所有主体的。必须牢记,强度的可转达性只是一种暗示而非交流,它受实际经验强度(Erlebnisintensität)的影响是有限的,它更多地取决于几乎独立的表达方式中促发情感并唤醒经验的力量;这种转达具有一种有限的能力,它在经验中微不足道，只能暗示出强度的大小，而当它不具有任何促发情感的力量时，它又无法基于人为造的质暗示出真正的经验强度。此外还要考虑表达方式的不透明性（Undurchdringlichkeit）：当一种强度起作用时，几乎无法判断这一强度是源自经验，还是产生于表达方式；对体验者而言，接受的经验与传达过程本身是密不可分的。因此，这种转达的可能性只能指向一个完全抽象的类共同体（Gattungsgemeinsamkeit），这对于单个的作品领域的建构非常重要（例如，美学强度促发情感的暗示的合法性），但在纯粹的经验现实中，主体真正的共同体是难以确立的。表达方式的这种几乎完全自由浮动的特性，通过经验现实的连续性及其主观等价物和机体，致使记忆被显著弱化并修正：如果这个领域的一个主体从另一个人那里获得的印象似乎形成一个直觉性的全貌（Gesamtbild）（这一印象既可能是智性构建的，又可能是情绪上表达的，例如，由预感产生的感觉等，就像特定情况下某种性格特征产生的行为），那么便能从中看到扬弃孤立的某种东西。而之前对这种连续性的分析足以让我们确信，自身个性（也就是直接体验）的转达能力（Übermittelsfähigkeit）在此是有可能实现的。我们已然知晓真理中依据感觉所形成的聚合（Convergenz）是多么的不稳定、徘徊、流动。不仅如此，即使是最完整的聚合也只能证明，质的先验经验有能力囊括全人类和错综复杂的整体，它能借助其自身的质和强度传达出去，而其自身的主体则被其他主体的相关反映填充。但这一切都只能依靠其自身的质，它们无法从先验经验损坏的、遭遇异己本质的直觉得到实现，而仅能凭借自身先验性：即便个体的限制已经扩展为一个世界，但这一锁链仍是存在的。［我们自然不能在此反对宗教直觉的可能性。我指的是宗教领域的客体,以及在我们自身的状况之下触及个体的"心灵";然而,"心灵"与经验现实直接给定的主体是否一致,至少目前尚无法证明。即使有一种宗教将心灵的概念与体验主体的概念完全等同,它也只是宗教形式内部、宗教之下直接传达明确性(Eindeutigkeit)的一种证明,在经验现实的传达过程中只具有客体,而没有相应结构。]经验传达中的悖论呈现为,每一种表达方式都自成一体并具有自己的合法性:在经验中传达直接内容的唯一可能性是传达形式的暗示力量,这一可能性由此得以存在。它获得唤醒经验的能力,但不能由此为自我表达解除个体性的束缚,因为他们的经验强度只为自身创造独立形式,但没有突破限制。这种可能性只能丰富接受者自身的世界,但永远不能借助异质内容的涌入来扬弃其自成一体的存在(Abgeschlossensein)。

　　这就是经验现实的人的深刻痛苦和不可消除的孤独。在表达中,每一次对"普遍之物(Allgemeines)"的接近从一开始就使这种所谓的普遍难以实现,真正的本己之物(Eigene)则在真实的表达中,获得了在意愿与本质上独立于表达内容本身的解放的形式,这种形式有其自身的辩证、独立的影响因素,还有一种不可穿透的内在性。因为这种形式残忍狡猾的手段恰恰在于,它在纯粹的质性中将表达的冲动发挥到了最大的强度,为表达赋予具备直接效应的激烈且具有蛊惑性的力量,而效应本身、起效过程和效应后果则正是由于效应的载体(即质的无与伦比性),永远不会联结起来,也不会真正实现,相反,它让人在一个近似之物(Beinahe)永远不会完全被照亮的明暗对比中,备受折磨。由上述分析可知,唯我论是对经验现实内在结构的抽象表达,任何产生于经验现实或意图回归它的逻辑,都不得不将唯我论的逻辑可能性视为无可辩驳的,即使这同样是徒劳的。按照叔本华的表述,唯我论是"一个小堡垒,虽然它永远不会被占领,但它的驻军仍不会撤离,所以人们从它身边经过,不会有丝毫危险"①。这种闪烁的观点只能被由其自身力量和实质性(Substantialität)所确定的概念权威消除,而这一概念已然从经验世界中分离出来。作为一种逻辑形式及其可验证且普遍确定的手段,概念的这种独立意义是否强调了方法论或形而上学,在此是无关紧要的。重要的是,这既不是符合逻辑的普遍有效性不遗余力地克服主体的这种异质性,也不是人们基于已经实现普遍性和明确性的元主观逻辑媒介在经验现实中得见一种对主体的分离起连接作用的媒介。一方面,这两个领域由此相互融合,一切压力都转嫁给了逻辑(因为问题的产生并不与这两个领域的本质相关);另一方面,经验现实真正的结构因此变得模糊不清,与可体验性相关的同质作品领域(例如美学)从一开始就承载着一种徒劳迷惑前提之下的错误经验概念。然而,经验现实与规范领域之间鲜明和精确的区分,未能对规范科学(Normwissenschaft)与寻求明晰性的个体(也就是说既不是现象学,也不是心理学的)提供任何帮助,经验现实的状态在直接性的引诱和孤独的危险之下,对于一切体系而言仍是一个永恒的问题。而至于这种与其自身保持距离是一种面向逻辑和伦理的宗教—形而上学逃遁,还是以完全与之无关的逻辑和伦理为保障的作为美学与

---

① Schopenhauer, *Die Welt als Wille und Vorstellung*. *Sämtliche Werke*, Hrsg. von E. Griesebach, Leipzig, Reclam. 2. Abdruck, Bd. II, S. 157.

宗教哲学基础的和解，在此并不重要。不过我们还是提出了一些解决方式，只为了让美学与经验现实之间的关系更加清晰。

对于希腊理性主义来说，这一逃离的感觉是如此清晰和强烈，以至于对这种感觉而言，一种不再基于误解的真正的可传达性与其中形而上学部分的善共同产生，因为如果没有更高的帮助，人类似乎不可能从直接感性世界的孤立性中得到解救。因此，在心灵所属的概念中，出现了一种新的、同质的、恰当的可传达实体（Substanz）；对这一实体的接近，也就是可传达性的发展，已经成为一种伦理—形而上学的等级制度，其中，体验的和非存在的闪烁、摇摆不定和虚幻部分越少，它们为人们带来的孤立和分离就越弱，真正的共通则由此发展起来。柏拉图主义者由此指出，"正因如此，纯洁之人与至善之人之间的关系要密切得多"①。康德清楚地认识到"被动的"感性的异质性，以及它由此无法进行表达的特征。他将逻辑和伦理建立在相应行为的"主动性"和"自发性"之上，并在鉴赏力（Geschmack）概念中寻找一种作为规范世界和经验世界之间共通感的媒介，以其作为美学的基础。对一切附于感性之物迅速背离的过程，也就是对被玷污之物的充满渴望的回归（Heimkehr），以及并非纯粹孤立形成的以概念的统一为方向的心灵，与康德细致缜密的洞察力相比似乎显得有些轻率（leichtfertig），又有些过度。他考察的是，人们是否不会也无法"对每个人都提出（无理）要求（jedermann ansinnen）"，所以只能对此进行预设，或

---

① Sechste Enneade, *Buch 7*, Kap. 27, Übersetzt von M. Fr. Muller, Berlin: Weidmann, 1880, Bd. 2, S. 395.

者通过其定在进行证明,"因而是针对那种我们可以在所有的人中都(作为一般可能的只是所要求的)预设的主观的东西"①。这种提问方式的必要性依据康德的体系便能得到理解,由此,我们的问题,即使不像柏拉图主义那样显著,也是由来已久且仍未解决的。因为康德从这种模棱两可的解释中尝试澄清的,不是体验者的行为,而是对某一经验群体进行判断的人的态度:这是一种逻辑态度。如果他还将"鉴赏"定义为"使我们对一个给予的表象的情感不借助于概念而能够普遍传达"②,那么这个"不借助于概念(ohne Begriff)"便只刻画出这一阶段进一步致力于自我明晰(Sich-zur-Klarheit-ringen)的暂时性,而非实证(Positivum)。其确定性、明确性以及由此实现的可传达性,无意识但坚定地努力指向真正的纯粹性,即逻辑和伦理,并由其判断特征(Urteilscharakter)和普遍有效性的假设得到保证;因为前提条件是"一般认识的可能性的主观条件"③,这对所有人来说必定都是"同一的(nämlich)"。由此开始的循环也许就可以最简单地被描述为:这种能指出每个人的无理要求(Ansinnen jedermann)的行为,其一般可传达性由表达的判断形式及其必定普遍明确的(也同样必然是合乎逻辑的)条件证明;"行为"本身与对它的判断的对等(Identifikation)则会使一般可传达性归属于行为本身。然而相反,我们不禁要问:如果审美判断

---

① [德]康德:《判断力批判》,邓晓芒译,杨祖陶校,人民出版社2017年版,第101页。——译者注
② [德]康德:《判断力批判》,邓晓芒译,杨祖陶校,人民出版社2017年版,第105页。——译者注
③ [德]康德:《判断力批判》,邓晓芒译,杨祖陶校,人民出版社2017年版,第103页。——译者注

的类型同样囿于判断材料而有细微差别,那么所谓审美判断的普遍有效性是否与逻辑基于不同的基础?如果这个对我们来说不可避免的问题必须遭受否定,这意味着:首先,鉴赏判断中所呈现的行为已经以价值为导向了,即它已经离开了经验领域,又凭借产生于这种放弃的确定性重回其中,那么奠基的词汇(begründenden Worte)的效用范围就过于普遍化了;其次,即使鉴赏经验和鉴赏判断十分接近,二者仍是无法等同的;最后,"对每个人都提出(无理)要求"只有通过尚未实现的伦理—逻辑阐释才显得更可证明,这种可证明性超过了我们之前所分析的在孤立消除后的什么都不包含且什么都不会包含的渴望,以及被扬弃的存在(Aufgehobensein)的幻象。在康德那里,表达形式的误解只能通过有意或无意地离开经验世界并将其结构理性化(Intellektualisierung)来实现。我们的问题专业地说应该是:对于鉴赏判断的普遍可传达性是否能够像我们一直理解的那样,以某种方式为它作为基础的经验相似性提供保证,这也意味着对我们来说似乎是必要且决定性的误解,在此还无法得到改善;康德思想中传达的可能性不在我们解决这个问题的考虑范围之内。

康德的这些表述毫无疑问为经验现实的有效结构分析提供了最重要的开端。我们总是强调可传达性的否定意义(negative Accent)很少如在此处一般保持着其否定性(Negativität),必须弄清楚这个领域积极的、有凝聚力的结构条件是什么。〔例如,质性先验经验与经验性人格的关系;其连续性及其与记忆相关方面发生变化的可能性等。而首要的是,由人格构成的先验性(Aporität)能否解释不甚确定甚至抽象的共同性,它又能否阐明经验现实的连续性等。] 所以我们的问题不只在于传达为何没有实现，更在于思考传达如何才能实现。然而对我们来说，关键却在于：我们并没有分析经验现实当中衰达与理解的可能性，而是发现了其作为美学基础的关系（Beziehung）。毕竟，美学在哲学体系中的地位，以及艺术在宇宙中的形而上学角色，都在很大程度上由这种关系决定：艺术的效应似乎直接与接受经验相关，这会有助于构建起十分清晰明确的创作理论，否则创作便仅仅被视为对传达的某一纯粹且具体形式的呈现。但随后出现了一个从经验世界无缝生长的价值领域，而在作品中，这一领域不仅有客观且普遍的有效性作为支撑，而且由于作品这一使传递得以完成的自足完善载体具有适当的传达过程，它具有超越所有主体性且可以直接掌握世界意义的机体。只需回顾一下谢林、黑格尔和叔本华的美学，艺术这种形而上学激情（Überspannung）就会显现出来；归根结底，柏拉图和普罗丁的艺术观也是基于类似看法（这一点将在别处详细论述）。这里唯一重要的是，艺术塑造（Gestaltung）的最终决定性和独立性以及由此产生的审美自主性（Autonomie）被废除了。如果美学本身是一门自为存在的科学，而不是形而上学或宗教哲学的前期准备，那么它必须从前提条件开始，也就是说要寻找这样的条件，使美学的最终价值，也就是艺术作品，得以具有独立且自成一体的意义。只要这是有可能的，美学就必须坚持其领域的内在性，只有当可以证明，除了那些将艺术仅仅视为辩证过程中的一个决定因素而非某种自成之物（Fertiges）之外，没有任何其他前提，美学才只是作为一种超越性而非内在性的学科存在，因为它放弃了其可能的内在性。更何况这种终极价值本质中的内在性，对于艺术作品而言，也许比其他规范领域的任何其他核心价值更具有决定性；随着作品的内在性被消除，它作为作品的定在也被消除了。至此，我们对经验现实中传达过程进行研究的方法论意义逐渐显现：如果在这个过程中，传递能够具有适当的内容，那么可以想象，在直接的经验表达到直接终极认识（Gotteserkenntnis）的过程中，一种逐渐递增的等级制度的建构实际上是有必要的，艺术充其量只是其中的一个过渡阶段；但如果这个过程对于任何传递和共同体都不适用，那么把握"真谛"的机体则与之完全不同，艺术被赋予了悖论性的体系地位，即一种规范且普遍的直接性，具有客观的、超越个体的价值，一方面，艺术必然与其得以实现的主观过程相关联，但另一方面，这些影响永远不会触及艺术的本质。艺术作品，也就是永恒误解这种矛盾而独特的地位，首先使美学的独立性和内在性成为可能。它在核心价值的永恒性、普遍性和客观性方面与经验现实有着鲜明的差异；作品规范效应的自发性和经验性，在不超越经验世界模糊和孤立的直接性且没有克服误解的趋势之中，从一开始就排除了接近其他价值领域的一切可能。艺术作为一种"表达"，需要一种以自身为基础且具有超越性的美学，基于误解且产生效应的作品则需要一种内在的审美。（这种美学的方法论立场是否以及在何种程度上影响艺术的形而上学，不能也不应该在此进行考察。）

艺术家和对作为艺术的直接呈现的定在感兴趣的研究人员创造的一切美学，都沿着这一方向寻求解决问题的方法。无论是森佩尔[①]

[①] 戈特弗里德·森佩尔（Gottfried Semper，1803—1879）是德国建筑师、作家、画家、教育家，自视为意大利文艺复兴艺术理念在欧洲的传播人，新文艺复兴建筑在德国及奥地利的代表人物。——译者注

在材料（Material）条件下看到艺术的本质，李格尔①在"绝对的艺术意志"中看到艺术的本质，还是费德勒②—希尔德布兰德③一脉在"艺术工作"生产性的均质化力量中看到艺术的本质：这些努力总是基于本能确定性，即只有将艺术作品与通常完成的任何"表达"坚决而鲜明地分开，美学的自主才可能实现；也就是说，为了能够理解作品的定在，必须赋予其自身独立的合法性。但他们有意要排除的只有接受过程中非艺术性的内容，这种成见仿佛是将接受情感的内容充实理解为艺术家的意图，并以另一种方式信仰一种充分的可传达性，也就是艺术意志的传播性，或者也可能是材料本身固有的规律性（Eigengesetzlichkeit）。所以对他们（主要是费德勒）来说，创作过程变成了绝对的规范：作品是纯粹艺术意愿的实现，而接近经验现实的接受行为在内容方面只能是错误且混乱的，因为接受者并未理解艺术家的真正意图。一方面，接受性的本质被误解了（verkannt），人们对艺术的那种渴望，即重新找寻生活中没能实现的完美世界的意愿，不过是一个错误，是一个暂时的行为，由此，通过美学的教化手段，接受者"正确"的行为、鉴赏力、对艺术家意图的领悟力都进一步发展起来，但艺术却被降格为一种工作坊的隐语（Atelier-Esoterik）。另一方面，创作过程由此变得极具决定性，美学唯一可能的起点，也就是美学"事实"，被消除了。对

---

① 阿洛伊斯·李格尔（Alois Riegl，1858—1905）是奥地利历史学家、艺术史学家。——译者注
② 康拉德·费德勒（Konrad Fiedler，1841—1895）是德国哲学家，极力主张将美学和艺术学区别开来，因此被称为"艺术学之父"。——译者注
③ 阿道夫·冯·希尔德布兰（Adolf von Hildebrand，1847—1921）是德国雕塑家。——译者注

费德勒而言，过程即永恒，作品只是一个阶段，是一种客体化、碎片化的呈现；"艺术的任务，"他说道，"……总体上一直以来都分为未解决的和不可解决的两类，只要人类存在，就必定一直如此。"[1] 过去的清晰性便只能依靠对立的征兆（Vorzeichen）得到恢复：有一些东西是可以传递的，艺术只是这种"表达"的载体，只是在内容方面出现了一些问题，它不太普遍，且对于人们而言不太具有共同性。艺术的"事实（Tatsache）"仍然是一个未澄清的既存（Gegebenheit），因为艺术作品的定在虽然是以艺术过程为前提的，但仅凭这一点，艺术作品是不可能获得意义的，甚至会失去其单纯的实际特征。如果艺术活动（Tätigkeit）是唯一且最终能为我们解释"事实"的因素，它便仍需要如从前一般作为给定之物且具有附加属性。但是，这个"事实"中必须完全被把握的意义，在于非艺术的人对艺术的深切需要，在于艺术神秘的定在，在于艺术事实（Faktum）体系性且形而上学的意义，而这些都产生于艺术活动。由于这个动机变得唯一，这些理论的困境和美学性就产生了。值得注意的是，有一些人创作动机的构成方式与所有其他人都不同，他们就是艺术家，依据他们的创作心理才能理解艺术。但如果只有通过艺术家的理解才能使艺术真正发挥作用，那么作品产生历史效用的这一事实又当如何解释呢？一种或一类文化历史精神为何能包含一个时期的所有表现形式？而人们若不深入了解艺术意愿，又如何对作品产生强烈的感受？李格尔及其学派在对艺术意志的进

---

[1] Konrad Fiedler, *Über den Ursprung der künstlerischen Tätigkeit. Schriften über Kunst*, Bd. 1, Hrsg. von H. Konnerth, München: Piper, 1913, S. 328.

一步领悟中,却混淆了费德勒对特殊艺术意愿与"世界观"之间差异的正确区分,并从另一条路径回到了恰当传递与表达的旧有理论。但在这两种观点中,误解作为必要的不恰当传达,都被包含在内,这两种观点均无法明确否认艺术是"表达":因为李格尔在历史哲学—艺术的整体观念(Gesamtauffassung)中,只考察了作品中(对哲学家而言)所表达的整体意愿(Gesamtwollen),并没有深入到这个体系的构造与基础;而由于费德勒将正确认识的艺术创作原则假设为美学的唯一内容,他便在接受者的不恰当的经验中只呈现出一个需要在教育方面克服的事实,而不是美学的结构元素。然而,在这两种情况下,美学建立的唯一事实(Faktum)已经失去了确定性,它已经成为(本身存在问题的)传递的手段,消融在过程之中。这些重要的趋势当中,没有哪一条能发展为一种美学:李格尔的思想中包含了艺术的历史哲学的重要方法,费德勒的论述则涉及艺术家的现象学,而由于这些成果并非有意为之,所以其中尚存一些不清楚和矛盾之处。这在费德勒身上表现得最为明显,他只是扭转了过去的"表达"美学,而非将在内容方面产生误解的接受经验投射到艺术家身上,由此出现的恰当传达进程使创作者的技术—艺术意愿成为接受者对应实现的(adäquat realisierbar)应然(Sollen)。我们已经认识到,这一应然违背了一切可能的美学规范,它无法澄清作品,且不仅在接受者与作品之间,也在创作者与作品之间存在一种矛盾的、不恰当的关系,这体现在方法论的结果当中,而这对于费德勒来说必不可少;这还体现在对作品存在的放弃,以及对其不可实现性的强调当中。对此,费德勒将创作过程与作品分开,但依照他的方法,他不得不将作品视为不可实现的,而不是强调一个悖论，即虽然作品在创作过程上无法实现，但实际上已经实现了。显然，表达活动的异质性在产生性方面和在接受性方面一样，几乎不会被消除，就作品思想而言，以作品为目标的意向的异质性有一个必要的前提：误解。

只有当这种误解被视为唯一可能的直接传达形式时，我们才有可能以一种纯净的方式理解作品的定在：这只是一个有待解决的问题，而非不可理解之物，就像世界从双重误解（"表达"和"理解"的误解）中产生，但它与二者中的任何一个都不一致，可它又与二者都处于必要的规范关系当中。因为经验现实的人从来没有实际意识到其表达模式的真正特性（Beschaffenheit），他最多只是忍受它，然后试图通过其悬而未定特性的模糊渴望将其解除，但人的每一种其他行为，都通过恰当且明确的可传递性消除了表达模式质性的独特性，以其他概念手段取而代之，正是这种图式的基本要素凝结成艺术中的唯一实体。独立于意志和效应的这种模式及其表达方式自身的辩证法，在以内容的适当性为目标的传达中，造成深度混乱，它在此变得完全纯粹，并获得了自成一体且静止的同质性。这种模式所带来的近与远、统一与分离之间令人困惑的近似，在此成为独自跃出生活而凸显的艺术作品与人们对它充满渴望的熟悉行为之间差异鲜明的双重意义。列奥·波普尔（Leo Popper）的伟大成就在于，他清楚地认识到艺术这一基本事实，并将其转化为美学，尽管他充满疾病的短暂人生并没有使他能够以深刻的艺术性和细腻的散文性方式来完成对这一思想的详尽阐释，尽管这与他本质上更倾向于艺术而非体系哲学的个性相去甚远。他却清楚地洞察了作品的本己生活（Eigenleben），也同样清楚地认识到创作者和接受者这两种不相称的态度与作品之间的必要联系。由此,所有片面性都被克服了:对于波普尔来说,技术理论与物质理论是艺术形而上学的真正先导;因为在他看来,技术意愿和物质法则是作品意志的元主观载体,它被迫超越自愿和自我牺牲的主体以实现自身,并在作品中得到证实,由此建立一个人们渴望的、由其创作产生的,但就他们的意志和经验而言无法实现的人间天堂。

通过对作品这种独特而矛盾的特性的认识,其定在的概念已经变得清晰起来。我们必须向既存这一概念推进,以便能够从这里看到并理解真理中作品定在的真正本质,且不会将其与其他对日常生活的加工混为一谈。

第二章　创作与接受行为的现象学提纲

我们虽然通过分析得出了"既存的"作品这一概念，但这仍是空洞且没有内容的；而我们所能知晓的与其本质相关的事情，也纯粹是否定性的。唯一能确定的是，无论是创作经验，即创作者的"表达（Ausdruck）"应当是依照某种价值观形成的作品，还是接受①经验，即作品意义得到"传达"与"理解"的过程，都不能给出任何合适的表述。由于我们认识到产生这一现象的原因、本质和必然性，所以这种无知不再仅仅是知识的缺乏，而是一种博学的无知（docta ignorantia）；即使我们同样无法直接认识作品的本质，但间接的线索却更加清晰明确。因为创作和接受经验的无能（Incompetenz）已经不再仅仅是一种抽象的否定性，两者中的任意一个都可以被定义为面向作品的一种非常具体且独特的定向存在（Gerichtetsein），而作品本身并没有以其真实形态显现于直接的体验面前；但其结构的概念性知识绝不是无法企及的。只须认清既存

---

① 卢卡奇在此使用的德语词是 genießen，意为"享用、享受"，在此意指带有愉悦的接受。下同。——译者注

作品的具体化阶段，以及创作者和接受者通往作品的方向，使由此获得的现象学类型凸显并最终完成；作品的定在由此上升至更高层面，我们则由此得以实现其内容，并只需稍作分析便能清楚其结构。就这样的作品而言，现象学维度的两个方向似乎只是审美行为单纯的后建构（Nachkonstruktion），相对于创造和接受的经验—心理过程，后建构在准则与作品实现的要求中，具有规范效用。所以对于美学建构中的纯粹性，现象学和后建构之间出现了重大区别，其间差异暂时只能被描述为识别作品前的审美相关行为与识别作品后的审美行为的差异。我们将在后续研究中进一步指出强调这种方法差异的重要性。

至此，现象学研究已经成为我们现阶段认识领域的核心问题。鉴于这种方法的含混性及其对于特定美学范畴的不适用性，我们有必要对其更准确地进行定义。最重要的是，我们必须强调，在同质行为的任何领域中，所有现象学研究都以定在为前提，也就是需要首先预设以现象学为导向的核心价值的某种确定性和指向状态。认为在简单给定的心灵现实中——它是经验心理学的材料和对象——通过"现象的内在流动（immanenter Fluβ der Phänomene）"借助"检视（nachschauen）"便可以发现形式，或者哪怕是对形式、对超越个体的主体关系以及对客体的弱化了的预知和经验，只是自欺欺人。我们完全可以将其认识和理解为，在心灵现实未解决且异质的过程中，既能超越这个现实，又能在其中得以实现的价值理想的符号。如此，我们便必须首先以某种方式拥有这个理想。既然这个理想以其真正的含义被预先给定，那么所有与之相异的东西实际上就都不需要再考虑了。与经验的随波逐流始终分离且弱化的指向目标的模糊暗示，能够得到彰显；指向价值实现的暗示、指向和预示，也能被清晰识别。然而，以这种方式提炼的现象学片段的意义是有限的：我们在这里发现的都是断章、残片，甚至可能更少。我们将康拉德·费德勒的直觉视为第一个也是迄今为止唯一一个艺术创作的现象学，他将同质化"可见"现实的这一阶段描述如下："那种认为我们从物的可见（sichtbar）形态中获得的只是一个还算丰富、连贯和发达的想象世界的想法，是一个巨大的错误；我们在视觉意识中认为可见的，是杂乱无章的片段，是转瞬即逝的显象，当我们日益要求进入视觉之物（zu Sehendes）变得可见，我们则变得孤立无援。"[1] 所以我们应当清楚，现象学的尝试和由此产生的艺术作品，既非无前提的直觉，也不是一个已完成的明确状态。更确切地说，它只能从相互间毫无关联的碎片中重构性地完善和建构起来。

专门以现象学为对象的方法论研究，目前为止仅仅出现在哲学中。我们在美学中从事的，一部分是接受过程的心理分析，这一部分是迫于理论的压力所做的，对于实现我们的目标来说助益不大；另一部分是艺术家对于创作问题的自我审视（Selbstbeobachtung）、工作笔记和论战记录，这些内容在运用中也需要十分谨慎。甚至费德勒（以及他之后的希尔德布兰德）的出色研究也源于一种方法论偏见，即人们可以通过对创作过程的充分理解来理解艺术的本质，也正因此，这些描述会呈现出现象学行为特征和作品范畴之间的混

---

[1] Konrad Fiedler, *Über den Ursprung der künstlerischen Tatigkeit. Schriften über Kunst*, Bd. I, Hrsg. von H. Konnerth, München: Piper, 1913, S. 258.

淆。相比于逻辑学,现象学对于美学建构而言更为重要,而且它本身在美学中表现出更大的内在复杂性。这种内在相关的差异性产生的原因,在于逻辑和美学中"形式"概念不同:一方面,形式与其对立面(内容、实体、质料)之间的关系在每个领域都不同,另一方面,形式还与体验主体有关。逻辑上的形式是明确的,不需要任何现象学辅助结构的帮助。毫无疑问,这些可以使逻辑的本质,尤其是其细节部分更加清晰可辨;没有现象学基础的逻辑学,其自身也是完全可能的,最多不过是无法实操。因为这个领域的本质价值和构成价值都与其从中实现的主体一样,与现实中一如既往纯粹的主体没有必然联系。对于经验主体来说,逻辑主体的价值存在是一种绝对的应然,这一事实只是针对价值的关系构成,而非价值自身。对逻辑的本质和表达而言,经验主体表达的内在结构只是一种模糊且虚假的媒介;这一领域必须完整地从其总体当中取出,这样一来,通向逻辑的入口就能显现出来,并且也没有任何可以使逻辑得到恢复的与本质相关的净化或内在发展过程。逻辑预设了一切主体的内在相似性。事实上,作为一个限制性概念,它只能承认同一个主体,即纯粹的逻辑(认识论)主体。在所有声称是合乎逻辑的思想行为中,只有这一主体得以实现。由此,对人们具有连接与隔断作用的沟通模式及其引起的误解被消除。不仅如此,在逻辑过程中,表达与接受在原则上是相同的,一切不适当性,也就是形式的内容性充实中的一切差异,都只能被理解为未能完全实现逻辑理想。但审美行为并没有扬弃主体的本质差异,而是以这种差异以及对无法实现的同一性的渴望作为必要前提;构成美学作品的形式概念正是来自传达的范式,而不是对它的废除。

由此产生的逻辑现象学和美学现象学之间最重要的区别，可以简述如下：美学不仅与逻辑一样，了解与其最终价值（作品）的规范关系，还熟知尽管并行且相互协调，但本质上却完全不同的创作与接受之间的关系。然而，与经验现实的形式之间更为密切的关系，也为审美现象学提供了价值实现与经验之间的更紧密联系。虽然逻辑的最终价值对于经验主体而言只是一种应然，其实现对于该主体也只是一个限制性概念，但任何经验的可及性（Zugänglichkeit）似乎都非常值得怀疑，当然这对于逻辑来说不是绝对必要的。对被体验能力进行假设，依据的是最高审美价值的本质。这种经验必然是不充分的，而且只在完全非本质的意义上"影响"作品，这是一个现象学与作品领域之间关系的问题，而在现象学自身，唯一的结果是体验的概念变得非常复杂，但差异仍然清晰可见。在比较这两种现象学与心理学的关系时，这样的划分可能最为清楚。很明显，逻辑现象学必须与所有按照以往认知被分类的心理学保持绝对分离的状态，它的不同阶段和元素不是按照心理学分化的，它的发展进程在原则上也与心理进程没有任何共同之处。逻辑规范（Norm）的应然所表达的命令不能涉及任何心理现实。即使现象学和心理学在美学中和在逻辑中都是严格区分的，心理学也被剥夺了对美学进行陈述的全部能力，这里的应然仍指向经验本身。审美规范从心理学中分离出来一个本可以在心理学中进行研究的领域，它虽然根据自己的概念对其进行建构和同质化，并从中创造出一些与心理学相比全新的却永远无法由心理学实现的东西，但它仍未解决心理学没有解决的问题。这个共同体也是高度边缘化且不稳定的：因为尽管美学现象学中直接给出的一切都可以在心理学学科中找到，但它在那里与异质元素混合在一起，并被它们覆盖，以至于无法辨认且没有用处，不仅如此，其纯粹性是通过心理学的加工产生的，这使得它在美学上完全没有价值。不过可以肯定的是，与完全非心理学的逻辑相反，审美现象学必须被称为心理学，即一种经验形式的理论。当然，它不是一门经验心理学，而是一门理性心理学规范和方法论，不是一门没有价值的自然科学，而是与其领域最终价值有关的对既定经验现实的完整重建。（这一对照指的是现象学与重构的统一：现象学本身原则上是不完整的，只有在对作品的重构中才能完成。）所以，在一般思维中，规范的应然和存在、现象学的准则和工作领域的范畴之间存在着由来已久且极具迷惑性的混淆，对美学的危害和误导甚至比对逻辑学更严重。因为很容易发现，要在思维过程中有意识地实现逻辑的最终形式是不可能的，而且尽管逻辑的基础由此被引向错误方向，其本身的结构也不会永久被掩盖。与之相对，整个美学的本质数百年来都被误解了，因为作品的根本范畴被视为艺术家的行为准则。因此，人们不仅看不出创造态度和欣赏态度之间的区别，创造的过程也必定遭受毫无意义且不够严谨的合理化。然而，对本来就不可合理化的东西草率地进行合理化，不仅会导致在创作过程中对真正创造性的误判，也会使得作品本身，也就是美学逻各斯的"场所"，变得不合理。它必须远离这种肤浅且自反的混合概念，因此它看起来仿佛一个绝对的谜语，一种不可理解的东西，甚至简直就是一个秘密。

这种混淆必然会威胁到美学知识的发展，因为正是在这两种现象学序列与作品的关系中产生了美学中最晦涩的问题——误解。由于对真相的渴望，每一个逻辑行为都离开了经验现实范畴；对逻辑的态度则预设了这种与逻辑的分离已经发生。逻辑的结构之所以如此笔直、简单和清晰，是因为它突然切断了与生命的所有联系，烧毁了它背后的所有桥梁，飞跃作为其方式，即从生命到绝对的唯一可能的活动，当它开始生效时，这一活动就已经完成，背后只剩下一条乏味的道路，目标则在这条道路的另一端。然而，经验世界与美学之间的界限却是流动的，只有在从终点返回到起点的回溯时刻，这一界限才能牢固而稳定地被划定出来。在美学中，断裂且模糊的交流模式并没有被抛弃，而是导致了其自身内在的同质性，由此，主体的行为从表达模式到艺术作品的过渡似乎是一个缓慢且循序渐进的过程。但是因为这种行为本身必须始终具有某种经验性的东西，所以它永远无法完全达到绝对，而这一领域的绝对，即作品，正是建立在把分裂的东西变成实体这一基础之上。因而，在美学上已经同质化的世界中有一道无法逾越的深渊，这个深渊以严酷无情的方式，将已经彻底纯粹化的主体与其为之努力的对象分开。虽然在逻辑上主体与终极价值之间的任何距离都只能意味着目标尚未实现，但这里的飞跃就美学的本质而言是独立且必须在美学内部完成的。无论是寻找作品创作者的意志，还是完全朝向作品并已准备就绪的接受者的行为，都不能使我们走向作品：二者之间总有一道深渊，人们只有通过必要且可理解的神秘飞跃的辅助，才能克服它。

逻辑的建构与美学相比就显得没有那么复杂，它在形式与材料的关系中，作为与二者必然协调的对立项，最为清楚地呈现出来。至于对这一关系的定义，无论是科恩[①]和他的学派将其定义为作为以形式自身的力量为基础的内容创造方式，还是文德尔班—拉斯克

[①] 赫尔曼·科恩（Hermann Cohen，1842—1918）是德国新康德主义哲学家，正统新康德主义哲学奠基人，德国马尔堡大学哲学教授，马尔堡学派主要人物。理论主要特征为反对心理学，对现象学和逻辑实证主义产生影响。——译者注

一脉（Windelband-Lask）①将其定义为无法通过形式展现的材料的封闭，在逻辑上，这种对比总是有条件的。柏拉图式体系的概念金字塔，例如爱德华·冯·哈特曼②认为：一种"有条件的内容……自身也只是一种形式的复合体，只不过尚未被以这样的方式认清，也没有被视为其纯粹的形式组成部分得到分析"③，是基于这样的假设，即逻辑的世界在从指向内容的形式（zu Inhalt werdende Formen）到适应形式的内容（zu Formen durchgearbeiteter Inhalt）的过渡中，从纯形式的在（ἕν）延伸到纯物质的先在（πρώτη ὕλη），但两者对于不以成为形而上学为目标的纯逻辑而言，都只是边缘概念，完全没有考虑实际的方法论。结构的这种单纯性，将逻辑归于形式—材料对立的同质相对性，但它在美学领域却完全不存在。美学结构是由已发展为作品的模式的状态和性质决定的，这种模式是一种充满内容并唤醒内容的形式，它将这两个现象学主体置于规范的相互联系中。从误解概念可以得出，现象学主体通过形式对内容作出了加工，这种被利用的形式既存在相互差异，也与普遍核心的形式构成物（Gebilde）在原则上存在区别。此外，由"表达"自

---

① 威廉·文德尔班（Wilhelm Windelband，1848—1915）是德国哲学家，新康德主义弗莱堡学派的创始人。早年在耶拿、柏林和哥丁根等大学受教于K. 费舍和R. H. 洛采。先后担任过苏黎世大学、弗莱堡大学、斯特拉斯堡大学和海德堡大学教授。埃米尔·拉斯克（Emil Lask，1875—1915）是德国哲学家，新康德主义西南学派成员之一，曾在弗莱堡大学师从德国著名新康德主义哲学家海因里希·李凯尔特，是海德格尔的师兄。1915年战死于一战战场。代表作有《哲学逻辑与范畴学说》《判断学说》等。——译者注
② 爱德华·冯·哈特曼（Karl Robert Eduard von Hartmann，1842—1906）是德国哲学家，主张宇宙本体是"无意识"，在伦理学上坚持悲观主义，主要著作为1869年的《无意识的哲学》（*Philosophy of the Unconscious*）。——译者注
③ Kategorienlehre, *Ausgewählte Werke*, Bd. X, Leipzig: Haacke, 1896, S. 246.

行发展到接受的对信息的传达，虽然必须经过所有这些阶段，并且吸收那些由它决定的形式，但这一领域中朝向最终目标的被简易化的进程从一开始就被排除了。这就是为什么审美价值的每一次尝试或实现，都有条不紊地规定了通过作品从一种现象学到另一种现象学的过程，而不是像在逻辑学中那样，从现象学的初步工作导向一个唯一最终的价值。这个特定的方向及其必经阶段的异质性，使这里发现的每一种形式—物质关系成为一种自身完整和绝对的关系。即使这显示出形式—内容关系的某种相对性，它也只能成为传达的绝对化阶段的单个终端；这对于我们以后的研究而言将会是一个非常重要的问题，即它以何种程度在单个形式原则中显露出作为质料的其他已经完成的形式，以其为基础建构自身，并再次对其产生影响。我们当下渴望得出美学世界三分这一原初结构（Urstruktur）尽可能简洁且原始的建构（Aufbau），而这一结构并不会由此发生改变。所以我们在此也没有发现统一建构的同质性，有的只是三个相互不同，并且分母也不同的构造。

这样一来，我们就可以开始进行现象学分析了，因为我们现在已经可以知晓对作为前提条件的作品之具体化程度的要求。当然，不能过分强调的是，作品所有的真正艺术原则都只隐含在其已然实现的概念中，既没有被认清，也没有被理解，而对我们来说，它现在更像是一项待完成的任务，而非已完成的分析基础。作品明晰性（Deutlichkeit）中的本质要素当下已经不同于单纯的传达范式，而是与概念同时产生的时长，以及要求实现的效应普遍性。随着传达进一步无意识（unwillkürlich）的或强迫性的客体化（例如书信），客体化的可能性，也就是实现一种超越纯粹个体特征的效应的可能性，便纯粹是偶然的，它并不基于表达的本质。尽管在必然和偶然的客体化之间存在明显的区别，这些寻常生活半成品般的表达方式，最轻易地显示出从模式到作品的路径。还是以一封信为例，也就是说，离开了纯粹个体性传达的领域，它仍然可以在没有引导，也没有可靠的可理解性前提（一方面完全了解外部环境，另一方面了解写作个体的基调、重点等）的情况下产生效果，这是信的自我完结（Sich-innerlich-Abschließen）与内在完善（Sich-innerlich-Vollenden）所必不可少的。寻常信件只包含所要传达内容的粗略样式，所以为了理解它，这一样式必须包含作者经验及其个性评价，这些内容是信件所要表达的，但这些与信件本身无关。造成误解的唯一原因是，这些内容与表达意图在原则上存在差异。为了让一封信在效果上能够超越这个只是从一个特定个体延伸到另一个特定个体的世界，那么在源于这种形成模式的暗示关系中，就应当形成一种自由漂浮却自成一体的体系，这种体系可以随时给人一种个体经验综合体的印象。表达元素的相互结合越完美，表达的个性就隐藏得越好，但同时，它却更难预设人们能超越这种独立于表达形式的经验对信件进行理解。因为信件无法实现作者的经验和性格的绝对分离，它只是表达模式和实际作品之间的一个中间阶段；而正是由于它所缺乏的、并非源于其自身缺陷的功能，当二者在必要前提中具有压倒性的相似之处时，它仍然可以清楚地指出这两种形式之间的界限，辅助阐明作品的真正本质。那么现在对我们而言，这部作品似乎是经验不恰当调适的范式中产生的一个体系，它如此完美且自足，以至于其被认为具有普遍性和必然性的效果，且仅以其组成元素之间的内在关系为基础。

在生活的单个交流形式中,对作品或多或少清晰的指向能向我们揭示其结构的另一些元素。在每一个使交流形式客体化的过程中,我们看到了尝试的一种类型,即不再让表达模式停留在其直接给定的、无意识发挥作用的形态当中,而是使其更加清晰,使其风格化。在风格化中,其目标和动机、手段和结果对我们而言都很重要。如果我们在反思目标和动机的时候,丝毫不考虑二者是否被认为是心理学的,那么我们就会面临一个问题,即在这个范畴中,个人与超个人之间的对比以何种形式呈现。对于这个问题,逻辑现象学找到了比美学更简单、更清晰的答案:对个体的超越同时也是对个体的放弃,超越人格之人(das Überpersönliche)也就等同于非人格之人(das Unpersönliche)。对作为表达的语言进行逻辑研究所得出的全部观点,比如拉斯克的元语法判断理论(metagrammatische Urteilstheorie),倾向于尽可能清除理解障碍,试图从纯粹(代数模型)符号中构建一种逻辑,就比如莱布尼茨的逻辑演算或库图拉特的数理逻辑学所清晰呈现的内容,这些为我们的目标提供了充分的证据。然而,在艺术作品和生活中,虽然被削弱但仍朝前发展的交流形式的每一种客体化所呈现出的风格化,实际上是对纯粹个体性的悖论性夸大,以及同样悖论性的破坏;可能已不再需要特别强调的是,经验现实同样具备其他凭借抽象表达方式和社会学普遍性实现的以实践为导向的客体化,但由于要实现这样的客体化,目前只能以作品为导向,且必须远离生活,故我们并未将其考虑在内。传达形式的风格化过程于我们而言意义重大,其动机是对单一表达可能性的不满,因为这似乎并不适合经验中实际的人格,其目标则是发现在对经验进行表述时,能够使最个性化的内容得到清楚明晰的彰显的一种形式。

设定这个目标的基础是一种晦暗的感受,它与经验现实的所有"事实(Tatsachen)"相矛盾,却又永远不会消失,换言之,当完全纯洁的人格摆脱了一切来自日常生活的束缚,将一切纷乱和断裂的脉络延伸到其自身的终点时,一个普遍的、共同的世界就会呈现出来;而造成误解的表达模式既是一个将人们分开的原则,也是一个将他们联系起来的原则,它将最深刻和最本己的个体性包含在内,并且在形式上显现为一个包含了共同体的现实。艺术作品作为一个理想世界,与经验现实中人们的渴望形成鲜明对比。在这里,这种情绪似乎获得了充分的证明:即使个体性(Individualität)在日常生活的抑制下甚至无法适宜地进行人际交流,而只能不声不响地消失,在表达人们最具人格性内容的天才作品中,经验还是唤醒了永恒生命,它超越时代更迭与物是人非,在习以为常的符号中变得清晰明了。无法适用于其他人的生命表达的或极成问题且苍白的表达方式,在此却能实现:传达模式已经克服了作品中一切碎片化的内容,包括空洞抽象的内容,也包括纯粹个体性内容,不仅如此,个体与超个体(überindividuelle)似乎通过在作品中的结合,以一种对立统一的方式实现了绝对统一。对于最具人格性的生活表达而言,尚缺乏之物,也就是那些依照其他牵强附会的元素无法进行补充的东西,都在作品中表达了出来:建构的经验仅仅通过其自身产生作用,它并不需要任何知识或先前的经验作为辅助。

但现在问题出现了:在这种建构的经验中是什么在发挥作用,我们现在又在何种程度上对艺术作品有所领悟,其中表达的个性化元素又是什么?而由于这些碎片化的、基于其单个元素直接力量而亟待完善的人格表达（Persönlichkeitsäußerung）还未客体化为作品，它们凭借自我表达的人格中逐渐完整的思考，拥有趋同聚合的可能性。这样的可能性建立在史学的基础上，但由于作品的概念，也就是自成一体的（In-sich-geschlossen-sein）概念，这一可能性并不明确。我们可以从任意一个伟大艺术作品的效应史中发现，人们的"理解"会客体化为相互之间完全不同的内容，且源源不断地得以充实。这不是经验—历史的巧合。史学必须从以下观点出发：单个个体性的"概念"中出现的所有分歧都是它们相互之间缺乏理解的结果，科学工作的进展更有可能使这一概念接近"真实（wahre）"。与经验相比，对艺术作品的"逐渐理解"却不是发生在思维和科学领域中的，因而这一过程总是抽象的；它应当是我们内心深处一个陌生世界被点亮的直接体验。（史学质料的形态可能也是如此；正如我试图在《心灵与形式》一书的导言中所表明的那样，作为艺术作品的论说文的形式由此产生。）这种在作品中直接的自我发现，这种与最深刻人格的碰撞，其永恒的效果依赖于其永远不会消失的可重复性，创作者和接受者之间的经验也由此不具备任何实现交流的可能性。在经验现实中曾经只是一种事实真相（vérité de fait）的误解，在这里却变成了永恒真理（vérité éternelle）。用独立于直接经验，且在很大程度上是无生命的知识对其作出的必要补充，虽然削弱了效果的深刻性，却是对其内容任意性的彻底纠正。引起误解的表达形式的悖论产生了如下后果：一旦它抛弃了所有单薄且需要进行补充的对象，经验性的和引起经验的内容之间就再也无法大致保持一致。恰恰是最个人化的内容，是那些模式的纯粹化质性特征，在内容上不可能有任何明确性，所以，在经验现实中仍然显现为一种需要纠正并且相对可以纠正的迟钝力量的东西，在这种质性既被需要亦能实现的作品中，展现出其重要且积极的必要性。真正符合规范的完美艺术作品，在我们看来是一种形式构造，这种形式是其力量产生的基础，形式可以唤醒不同时代的人最本己的个体性，并似乎能实现对个体欲望的满足；至于这种影响发生作用的可能性基础是什么，我们只能以后才能理解。

掩盖创作者"个性"的作品特征也许能更清楚地展现出，当我们不再像通常那样从创作者进入作品，而是由作品回溯至创作者，即由这个已完成的作品开始关注其背后的创作者，而非像以往那样，以各种杂糅的历史知识注入而模糊了审美行为发生的即时性特征时，将能产生统一性效用的东西理解为统一体，便是一种逻辑必然，而当它作为一种人类产品发生作用时，它便是一种源于统一性意志的建构。出于这种考虑，一件未完成的作品，由于某种粗暴的偶然状况使创作者的真实意愿无法被认知，比如一座大教堂，它是由许多人代代相传完成的，而这些人分别具有不同的意志与经验，它仍被认为是某一个创作者完成的作品，但这样一部作品所谓的"创作者"与完成它的经验个体几乎没有共同之处。因此，综合思考佩鲁吉诺①和西诺雷利②作为佛罗伦萨"下十字架"

---

① 彼得罗·佩鲁吉诺（Pietro Perugino），原名彼得罗·范努奇（Pietro Vannucci），后来因为故乡佩鲁贾被称为佩鲁吉诺。他是意大利画家，擅长画柔软的彩色风景、人物和脸以及宗教题材。他的艺术在意大利中部影响较大，与达芬奇、波提切利同是安德烈·德尔·韦罗基奥的学生。由于他还是拉斐尔·圣齐奥（意大利语：Raffaello Sanzio）的老师，因而历史评价他对盛期文艺复兴美术有相当的贡献。——译者注
② 路加·西诺雷利（Luca Signorelli，1445—1523）是意大利画家、绘图员，是意大利当时画坛中重要的代表画家之一。——译者注

母题（Florentiner Kreuzabnahme）①的创作者、博蒙特和弗莱彻②作为剧作家、龚古尔兄弟作为小说家，并将他们融合为一个新的个性，这种个性仅与美学相关。

如果我们把作品的概念分析为已经形成的，而非直至当下仍正在生成的，并且将这一结论和分析方式都考虑在内，那么这一概念的自足性、它体系建构中的自由浮动性，对我们来说一定是最引人注目的。就目前而言，我们尚未掌握作品真正的艺术性，只是将其视为一种与所有其他可能的交流形式截然不同的奇怪的表达形式，通过分析作品的这种自为存在，我们得知具有决定性意义的同质性仍是一个空概念。经验现实之所以具有令人困惑和难以理解之处，是因为它的元素彼此之间完全异质，然而，它却在接受的个体性经验形式中，包含了对其自身具有自反性的同质化。这种经验性的，且在黑格尔的意义上是统觉的抽象同一性的同质性，一定会在真正去理解被接受的内容的每一次尝试中被消解，由此才能通过对现在正在瓦解的异质元素的净化，产生重要的同质群体或体系。这项工作不能在经验现实本身中进行；要进行这项工作就必须抛弃这整个领域及其所有的直接性，就像在科学中那样。这种同质的经验同一作为某种终极的、不可撤销的、绝对的重要性，是作品预先设定的目标，而目标的可实现性与最终实现，则是作品本身可能性的实际基础。对这种同质结构起决定作用的因素体现为两方面，一方面，

---

① 将基督的尸体从十字架上取下的相关绘画。——译者注
② 弗朗西斯·博蒙特（Francis Beaumont，1584—1616）是欧洲文艺复兴时期英国剧作家。他曾与约翰·弗莱彻（John Fletcher）保持密切合作，两人一起创作了几十部传奇戏剧和喜剧，并联合署名"博蒙特与弗莱彻"。——译者注

构成这一结构的关系形成了一个完全自足且为在完整的体系,另一方面,预期的效果是经验的纯粹自发性。这两个条件决定了作品主要的同质性与经验现实的自反性,还包括其与生活要素的其他重要组成之间的关系。基于其定在的基础,作品中主要的同质性必须比任何其他构成物中的都更强大且更深刻:一个学术组织可以是一个无限扩展并从新发现中不断充实自身的组成,因而对它来说,没有解决的形式的意义只是一个问题,并不是什么困难;对于存在的伦理形式来说,不符合规范的东西既不能被废除,也不能对规范的有效性产生威胁,它最好作为被设定的对极(Gegenpol)(如恶、天性或无关善恶),在体系中找到它的位置,而作品的存在则依赖于只能产生于形式的所有元素的完全充斥(Durchdringung)。由于作品仅通过其关系构成原则的内在自足关联而实现定在,所以其中的内容是否完成、内在关系是否敌对,都不会影响作品本身的定在。同质化过程虽然在本质上是一种选择的过程,但这种选择是先验且绝对的:不能与作品产生的同质化进程相融合的东西,就会失去其一切存在;它没有被否定或被拒斥为价值对立面,但在这种同质性的背景下,它也根本不能被视为存在〔例如可听性(Hörbarkeit)之于纯粹可见的同质形式〕。不过,唯一有可能被包括在内的也许是,没有完全成型,也没有处于它自然应有的位置上的超出作品的范围并消除作品定在的东西。

因此,与作品相关的形式和质料间预设的和谐,在此成为作品不可或缺的存在条件:质料必须表现为形式唯一可能的作用范围,而形式则必须表现为质料最本己的在显现之前完全封闭的内容的全然昭示。因为只有这样,作品定在中内容和形式的分歧才能被消除，这样一来，如果作品定在可以同时被视为形式和内容，那么它就能单纯通过概念对效果进行预设，其中经验的自发性只是增强并加深，其自发性和体验性仍然存在。经验现实中的动摇和困惑源于接受同质性的单纯自反特征；由于没有接触到对象，接受者要么被迫超越经验并放弃自发性，要么由于接受过程的自反性远离他试图接受的东西。在作品效应方面，同质性存在于同化过程的对象当中，它不可能超越作品，也无法在离开纯粹体验的情况下实现任何目标。形式和内容在作品中为彼此创造的事实作为一种实现的统一，成为另一种和谐得以实现的方式：作品的基本结构元素以及体验它的人进行接受的必不可少的形式。因为只有这样，当作品构成的同质性与其被体验的能力之间存在如此必要的关系，以至于体验的最纯粹直接性恰好表现为对作品本质的揭示时，以及当经验现实特殊的自反性成为作品与接受者之间构成关系的载体时，接受行为才不会超越自身指向外部。这种关系为经验提供了一个由作品准备和决定的方向，这一方向不仅不会消除，还会增强经验的直接性，因为作品的同质性不包含任何可能干扰经验的东西，经验本身也不会发生任何改变；经验仍是它本来的样子，它只在被一个与它相适应的对象唤醒并与之产生联系时，在其内在本质中深化，在重要性方面强化。因此，先前公认的先定和谐（harmonia prastabilita）可以通过内在与外在、直接与本质的绝对统一概念得到补充，而那些尽管仍未被视为艺术品的作品，也以更具体的形式出现：其固有自为存在这一事实，及其永恒普遍效果的假设带来了一种可能性，即使一切作品中建构性和直接可体验的同质性获得完善且可想象的元素。

通过作品的这种具体化，审美现象学成为可能；因为这个观点能使人认识到并澄清经验现实中被削弱和模糊的创造，以及以作品为方向的指向状态。首先展现出来的是，作品自行表达（Sich-Ausdrücken）与自我接受（In-Sich-Aufnehmen）之间的相互作用被废除了：在任何方面都不具有超越性的纯粹经验现实中，传达行动的每一个参与者都同时既是给予者，也是接受者，并且传达模式作为每个传达行动转瞬即逝的形式，在此也不会提供任何的直接明确性。然而，由于在作品中模式成为一种独立的、具备意愿性且有效的实体，先前融合的交流过程被分为两种明显不同的类型：表达的主动性和体验的被动性。交流形式临时且本质上并未超越经验现实的锚定和组织，已经指向了上述双重类型学。所以，就像我们在上文提及的关于信件的例证，相互作用没有完全消除，而是延迟了，写作行为和阅读行为的明确分离便显现出这种现象学结构；在那些被称为修辞性传达过程的参与者的行为中，这一状况表现得更加明显，也许正是由于这个原因，这种传达过程长期以来一直被处理为审美结构，尽管表达的形式既不具备要求的自足性，其效果也不具备规定的、纯粹的直接性或经验性。现象学分析的巨大困难以及这一分析收效甚微的原因在于，随着暗示逐渐清晰，一切近似（Annäherung）都无法实现真正的审美。更确切地说，在下一次接近和实现之间，存在着不可逾越的鸿沟，即使审美行为与经验现实十分接近且具备预先确定性。尽管这种模糊性在作品定在的原始阶段与接受性的联系比之与生产过程的联系更明显，它在被动行为中却比在主动行为中更明显。对经验现实中的效果与美学中的效果之间的明确区别的最恰当表述大概是：每一种纯粹体验式的效果所能发挥的强制力都归功于其定在；换言之，这种效果是外来的，它受其他因果关系的推动，比如以其为目标的接受过程，以及通过它能够战胜的某种力量；这种效果在本质上总是更像一种突袭，它无法从任何必要或规范的语境中推导出来，却在定在中不可避免，所以在合理的偶然性中，它必定出现于经验范畴。另一方面，正如尤纳斯·寇恩①曾经强调的那样，美学效应有一个明确的前提：这是合理且必要的，因为其可能性依赖主体与对象之间预先达成的一致，所以它在经验上才一定是偶然的；而这种一致只有在作品本身中才能实现并完善，对于效应过程而言，它只是一种可能性，因而经验主体必定要发生一些什么，他必须将自身转变为审美接受的主体，审美效应才能实际发生。

对接受行为进行现象学分析所要解决的问题是：阐明主体发生这种转变的迹象；但困难在于，我们既不能在逻辑上将这种转变归咎于心理学的优柔寡断，也不能在伦理上将那种以尚未确立且未被实际证实有效的准则为依据的审美行为作为转变的内容。在我们看来，美学与心理学至上主义的分离似乎已经足够彻底，以至于其伦理化似乎成了最大的方法论威胁。康德作为第一个认识到审美接受行为中真正起决定作用的因素的人，同样十分强调伦理。他论及被动状态时提出"无功利性（Interesslosigkeit）"，即这种状态是对规定效果的准备，它具有伦理而非纯粹审美的方向；与其说它是作品效果的准备，不如说是对感性世界危害的防御，是道德提升的准

---

① 尤纳斯·寇恩（Jonas Cohn，1869—1947）是德国新康德主义哲学家。在柏林大学获得植物学博士，后转向哲学研究，在弗莱堡大学师从文德尔班并获得教职，任教于弗莱堡大学心理学系。1916 起担任胡塞尔的助手，1933 年因种族原因被时任校长海德格尔免职。——译者注

备。这个康德主义提问的真正含义只有以后才能看清，这里它只是作为一个例子，说明现象学与后建构之间精准分离的重要性。这种后建构就是一种理性心理学，它作为作品具有指示性的初步阶段，与作品中和作品完成之后的方法序列一致。在此最关键的是，只有当作品完成，当现象学已经完全呈现，并且在其自身和与作品的关系中得到明晰时，才可以建立这种准备的准则；因为此时审美世界才变得如此完整，以至于规范的伦理要素，即命令，只在纯粹形式上具有伦理效应，且没有以伦理内容掩盖审美领域的纯洁性，也并不将其贬仑为伦理的附属。就我们研究的当前阶段而言，接受者的被动性还不具备准备的伦理倾向，因为这种准备的"为何（Wozu）"，即作品，尚未在一种完全具体且公认的本质中被澄清；这种行为自然也不再是心理上的，因为它的特性已经由先前公认的作品本质，以及接受与作品之间必然关系的本质所确定下来。那么，接受者的准备，也就是在后建构心理学中，将显现为预先行为准则的内容，在此只是主体的意愿，他遭受经验现实给他带来的失望，并愿将自己投身于可以将他从这些失望中解脱出来的一切。被动性、直接性和自我完善已经是这种行为必不可少的特征，其方向也由先前确定的客观作品形式与主观经验形式之间效果上的和谐共存彰显。

对我们来说，接受性的重要因素似乎是一种明确的被动性。作品的同质有机性以核心观点为前提，以持续的方向为结果，故接受行为的被动性必须具备某种确定性。换言之，正如我们所看到的，由于作品从某种有机组成的可能性中创造了它的世界，任何其他观点都变得无法想象，它的效果并不会影响经验现实的全人类，只会对其中与这个有机组织形式相适应的机体产生影响。尽管有许多相似之处，但以这种方式产生的"准备"仍然不同于范畴准则之下的伦理规约：首先，它是由经验自发的可能性而非这些陌生的和压倒一切的诫命（Gebot）所决定的；其次，这种意愿不是通过抑制或消除异质性而产生的，而是通过积极的倾向，通过人类的集合与团结，在被引导至这一特定可能性的过程中产生的。将所有接受机体都推入背景的这种自然趋势也存在于经验现实中，这正如费德勒所说，只是当人在尽可能对对象进行充分接受时所展现出的经验强度的不足与平庸。不过例外也是存在的。因此，持续的方向所产生的一般强度，足以确保合适的机体对一切其他机体理所当然的支配性。当然，在纯粹经验现实中，预期效应可理解的偶然性也表现出来：在强度上产生这种经验的活动，不会具备提升由它引起的强度的先天倾向或可能性；因为这需要满足趋向于机体同质性的纯粹主观经验形式，以及对必定增加的内在可能性的适应，而实际经验刺激在原则上没有这种可能性。这就是为什么从纯粹的可体验性及其内在强度和强化的角度而言，人们在面对"崇高"体验时会失败，也正是这些体验带给他们最深刻的失望。对自己的失望是因为他们的体验能力似乎不足以把握生活带给他们的丰富经验，而生活中最崇高且最深刻之物，同时也是渺小和脆弱的，它们会无缘无故被折断，随风而逝。这种脆弱性，这种与必要经验形式和可能的经验内容的差异性无法调和，只能通过逻辑的、伦理的行为进行扬弃：因为主体和客体在每一个同质范畴中实现的相互适应，都一如既往地以放弃直接性和被体验的能力为前提，并且将经验现实的一部分作为诫命、应然，一部分作为无法实现的彼岸现实。由此揭示出准则

(Norm)世界中,规范的同质性与经验强度差异导致的自发同质性倾向之间真正的区别:每一个规范行为都放弃了"整体的"人,转向符合行为的能力,并要求以此实现人的"整体";另一方面,受强烈经验影响的人,不由自主地倾向于其可能性的一面,这其中包含了"整体的"人:在此没有扬弃或丢弃什么,只是碎片被收集起来,混乱被引向统一。因此,柱格森的直觉概念与接受行为的现象学指向密切相关,他认为:"毋庸置疑,每一种心理状态仅仅属于一个人,但它却能反映人格的整体。再单一的感觉实际上都包含感受它的人的过去和现在……"① 但是在这种精神状态中,潜在的人格统一可以成为对整体的人的实际总结,从属于真实且强烈的经验。然而,这些通过经验使人类逐渐同质化的趋势具有不同的方向,这些方向作为指示对应于它们所要达到范畴的不同结构。因此,通过积极的情感,人类的统一导致一切个性都在激情中集中起来,那些与之并非同路的一切物,或被排除或被放弃,由此使人的"整体"从属于这种统一;总而言之,对人类而言,这种经验比一般的经验现实更强烈,与人类的关系也更紧密;唯一的问题是,是否不应该在最高的、超出个体也超出国家伦理的现象学中对这种行为进行分析。另一方面,通过对现实的高度吸收,以及主体对实现人类实际统一的经验的被动性和投入,这种行为最终会超出通常给定的范围:人们的平均接受能力下降了,这种同质化的兴趣产生了微弱的暗示,若非如此,即如果人类通常的行为没有得到统一,这种暗示便会被忽视,之后才会产生强烈而持久的效应;比如当异质性和分散性被隐藏的

---

① Henri Bergson, *Einführung in die Metaphysik*, Jena: Diederichs, 1909, S. 15.

关系被揭示出来时。这便阐明了为什么在体验者更多地受制于其对象的地方，失望出现得更频繁、更深刻：极强的激情可以创造一个相对更适合它的世界，也就是说，可以想象，它会在个人意识到统一之前自行结束或催生自我毁灭，其自身的统一与外界无关；但是纯粹的接受行为不能永久掩盖对象与其自身可能性不相匹配这一问题。因此，这里显示出下一个目的：找到一个足以满足内在体验的外部世界。

详细的现象学研究在当下是不可能的，因为这种研究必须对所谓的白日梦和幻想作出精准分析，这表明，二者在很大程度上试图在实践内容的失败方面以生活取代主体，它们也试图消除两种现实之间的形式差异。人们可能会发现，它们专注于已经提到的使体验失效的要点，例如生活中的真实事件与最大可能体验强度的内在要求之间的节奏关系，或者在清理一切不符合经验价值的事件的外部因果链时，紧急状况下的解决方案与突然的善意惊喜这类事件的顺序变化等。但是这种对经验现实的幻想不应太接近艺术想象：艺术的价值在于，它仅是一种指示性行为，因为它表明了对一种不确定和无法定义之物，即艺术作品，进行追求的渴望，然而它本身尚不包含任何可以解释其本质的要素。因为这种渴望真正得到满足的决定性因素在于与内在经验可能性相对应的现实，也就是独立于主体并与之对立之物。只有与"现实"相遇并产生联系，才能消除纯粹主体无效的内在持存。这种毫无阻碍的进程、这种源于天性的有害无限性，使生命的脆弱只能在一种朦胧的连贯性而非梦寐以求的生活中发生转换，这样一来，即使需要推迟或避免失望，也好过实现或发现一个没有失望的世界。这种行为中主动和被动混合的不明确类型，更加凸显了无结果性。因为幻想世界纯粹由主体体验产生，其被动性、注视、涌入自身、所寻求和渴望的纯粹体验，都变成了站不住脚的幻觉；主动性本身是一种进入虚空的任意性，它只能在外部世界的消极性和抽象的愿望中找到它的材料，就像一台永远在运作的机器一样，它会慢慢削弱自己，消耗自己的能量直至消亡。接受的被动性看起来似乎独立于这些现象学行为，它呈现为经验中主体和客体相互适应的一个不可或缺的先决条件，因而被动性只是涉及主体的一个必要性定义，即为主体带来满足的客体实际上是一个现实。但这种被动性并不是完全被动的，而是与作品相关的被动性；它不会放弃体验者的个性，而是作为一种个性和一种经验被净化和增强。因此，它与神秘行为的被动性形成鲜明对比，心灵绝对且无方向的被动性，这种被动性与它所寻求的对象，与它的上帝，实现了统一。另一方面，这里不能也不应该废除主客二元性，使之合而为一，而是只能对他者世界进行体验，好似这个他者世界是自己的，好似每个他者世界就其概念和性质而言都与自己的世界有关。但是主体和客体之间的间隔不会消失，因为这里所寻求的主体实现满足的决定性因素在于这样一个事实，即作为他者的和疏离的客体在紧挨主体的绝对强度中被体验。这就是为什么满足只在高潮和结束同时发生时存在，这是向揭示一切的意义的前进，是对不可超越的强度的提升，当这些发生时，一切也同时到达了外部因果链的终端。在这两条脉络的结尾，这种作为内在与外在统一的圆满，在经验世界的任何地方都找不到；但是，每一种不消除经验现实的对满足的渴望，都或多或少清晰地指向其实现的概念——艺术作品。

在此，可见之物的微薄且碎片化的特征便显现出来。只有一种不甚清晰的表现和关于作品的一些稀疏暗示，甚至在接近的行为中也没有指出明确的方向。只有一件事变得清楚了：我们发现人对其经验的适当对象的渴望是现象学事实，而艺术作品也许是对渴望的满足。从目前已经形成的作品概念来看，实现这一满足的具体方法尚不明确。作品必须与主体的经验形式相适应，但它不依赖这些形式，它必须是独立的，是被体验的现实，由此才能产生效果。我们对作品的这一期待，使得我们对作品的认识得以延展。此外，经验主体这种效应的可能性已经更清楚地呈现出来：因此，如果这个领域的自反同质性能在可体验性范围内被克服，如果它可以纯粹通过主体实现，并且不需要经验现实那无法合为一体且刺激主体的对象，那么我们就已经在经验世界的主体中看到了通过致力于增强印象而实现同质化的能力，以这种方式实现的同质性调动了整个体验主体，它存在于主体当中，这意味着它成为主体的构成要素。对于这些结果的匮乏性，我们将在创作者的现象学的一个重点上提到其碎片化特征，而这一匮乏性可以通过与现象学行动相反的方向，以及接受者的后建构行为得到阐明。而对于创作者而言，后建构中的原则表达了一种作品的应然。尽管并不十分明确，但现象学行为也展现出创作者对于作品的意愿，而这里的现象学运动应当指向尚未完成的作品，后建构中的规范过程是从作品走向接受者，并且只要求接受者的被动和投入，只在接受者内部完成，而非由接受者完成。因此，在美学结构中被认为是必要的主体和作品之间的飞跃，在创作者维度，能够出现在现象学行为的过程中，而在接受者的现象学中，它根本不能被证明是积极的，只是在后建构中具有方法论的确定性。而这一飞跃的负面性也同样体现于此,事实上,只有通过飞跃,作品才能到达接受者那里,这是每当提到作品都十分含糊、每当提到这一阶段作品接受的规范行为都很暧昧的原因。因为纯粹经验的本质在于其中不存在任何超验之物,我们必须在此努力准确地显示出经验的这种特征的纯粹性,这种特征是规范的审美接受行为显现的开端。因此,飞跃超越了接受行为,由于对作品必要的误解,它能充分决定接受行为的结构和内容,但也因此不能在其中表现出来。由于行动力和意愿,创造行为必须超越纯粹经验性,它能够实现对误解的克服,因而其自身就已经带有积极的飞跃迹象;而规范的接受性却是一种已然具有决定性的误解,这是一种主客关系,其中内容上的不足是一种符合规范的形式期望。那么,当下对先前的飞跃和正在发生的误解的所有澄清,都将是对现象学中纯粹性的模糊,是对后建构规范的反驳。

我们所获得的关于审美领域结构划分的原初认识,消除了自我传达者(die Sich-Mitteilende)之间的相互作用,创造了关联被动接受者和主动创作者的同质类型。这关乎创作者的行为,即关于某种有意识和渴望的东西,所以与接受行为相比,创造行为与经验现实的差异更为显著;因而在达到规范的过程中所作出的努力在此更为明确,也更独特。但程序的简化和结果的充实最初似乎出于同样的原因,这一原因同时也为确定最终结果带来困难。因为创作者与作品的关系更紧密且具有决定性,所以这一结果更取决于一个人在不预先思考未经证实的事情的前提下,能在多大程度上清楚地掌握作品的本质。接受者那里产生了作品空洞又抽象的形象,作为对他一直以来的渴望的满足,这种形象尚未得到更明确的定义,也因此，它看起来才是对预设的唯一可能的实现。有些具体行动超越了经验现实，它们不是将作品视为含糊的充盈，而是通过行动来实现作品，作品不是在行动中被给定的，而是在扬弃中产生的。如果错误地理解了这些行为的指向性和倾向性，便会失之毫厘谬以千里。意识的双重危险由此而生：一方面，我们对作品的认识似乎还不够清晰，我们必须努力提升这一点以获得更清晰的意识；另一方面，我们必须避免将意识性的提升引入以作品为对象的现象学活动，不要以这种智性化行为歪曲作品本身。创作者和作品之间的飞跃必定产生的后果是，创作出来的作品从未清晰地呈现在创作者的意识中，虽然他的认知和意愿都指向作品，他也由此实现作品的实际存在，但认知和意愿最终完成的、却不是它们实际上该完成的。因此，每一个创作者都变得像扫罗一样，出去寻找他父亲的驴子，却建立了一个王国。① 但在方式和目标之间的误解中，必须准确地预先确定一种可能性，这样一来，将双方分离的飞跃便与过程的渐进性一样，是可识别且确定的。现象学问题也因此可以表达为：寻找创作者行为中引导其向作品飞跃的倾向，这一倾向的内在必要性将最终回归创作者自身。也就是说：重要的是，在创作过程本身和所有人生瞬间当中，这一倾向以作品为目标，它明确认识到对目标的误判和误读的类型，它洞察不可见和无知的深刻影响，并且在意愿

---

① 引自《圣经·撒母耳记上》：9－11。扫罗（希伯来语：שאול，Shāūl；希腊语：Σαούλ，Saoul；阿拉伯语：طالوت，tālūt）（意为借用）是便雅悯支派后裔，父亲叫基士，是个颇有能力的勇者，在以色列很有声望。他是以色列人进入王国时期的首任君主，他在位期间建立了一支强大的军队，与腓力斯丁人作战并取得了胜利。但在位后期听信谗言，不理朝政，多次追杀得力助手大卫，导致国力日渐衰弱，死后便由大卫登基作王。——译者注

未得到满足时，仍然具备实现满足的能力。

不过严格来说，要准确地确定研究方向已经超出了我们目前的知识范围。我们现有的是之前为作品定下的概念，即作品是一个与经验不相适宜的户介范式的体系，它是如此完善自足，以至于其效应仅取决于其自身元素的内在关系。这个定义可以通过已经变得更加清晰的效应概念得到补充，这个效应只是在接受者那里被认为是必要的和普遍的。由此，我们最终抵达了从所有其他领域中脱颖而出美学：当作品及其效应中尚且没有任何明确的限制，也没有预先排除任何可能会产生混淆的内容（这只有在完美的艺术体系中才有可能），我们便至少已经获得了艺术的一般概念：第一个现象学提纲所述的主动行为，只能是艺术家的创作过程。创造的作品与人类所有其他传达形式都不同，因为表达的媒介在此成了目的，成了一个独立的实体，这就是为什么创造作品的意志必须承载作品这种实体性和内在性的意愿，并将其作为必要特征，这个实体的确也只能通过意志的指向来定义。然而，这取决于作品的本质和人与作品关系的本质，因为这种意志在任何地方都无法明确呈现出来。这里要表达的并不是关于创作过程的理论彼此之间有巨大偏差，而是以这些分歧为基础的审美领域的结构事实，通过这个事实，大多数观点由于相对而言具有合法性而被保存下来，其中的分歧也不再表现为科学中需要克服的初级阶段，而是成为艺术本质必然暴露的征兆。我们在这里谈论的是一种二元性，从迄今为止所有关于交流形式和作品的内容中都可以清楚地看出：指向作品的意志首先来自创作者的经验，此意志所指向的作品是能产生最强烈和最广泛影响的那种可能性；此种意志从一开始就取决于作品的独立生命，并且旨在寻找并实现与创作者及其经验相分离的存在，而此意志只有在接受者的体验中，才最终成为个性之物。（应该无须赘言，这里所说的是现象学类型学，而不是创作过程中的心理学类型学。）在第一种情况下，目标是为独立于艺术的体验找到一种适当的形式，而作品及其表达方式只是通向它的手段和途径；重要的是，创作者宏大而深刻的倾诉和表达。在第二种情况下，重点是寻找能赋予作品独立存在的要素的有效途径，也就是技术。从作品的角度来看，这两种行为都不合适。在第一种情况下，正如我们所知，努力表达自身无法传达的特性与表达形式原则上独立的辩证法之间产生了冲突。在第二种情况下，创作者忽略了预期效果的基本要素——内容，也就是形式能唤起经验的力量，不是抽象的，它取决于被填充的公式（Formel），它为了能集中产生效果，要么预设并要求以前的效应强度，要么使其内在情绪本质增加到这样的强度；内容并不纯粹从其自身（从抽象的公式）产生强度，其本质在于表达这种强度，尽管这种强度与内容并不完全匹配，甚至逐渐被歪曲。在这种二元性中，创作者到作品的飞跃表现为两个不同方向：一是从经验到技术的飞跃，二是从技术到经验的飞跃。

现在非常重要的是，在这两种情况下，接受者都出现在创作者的现象学中，并且在其中起决定性作用；而在接受者的现象学中，创作者只是出于思考的必要性而存在，也就是被体验为统一的、被创造的内容，被理解为一种统一意志的产物。尽管接受者在这里以更清晰、更具体的形式出现，但两种现象学的结构有一个共同点，那就是接受者出现在创作者的现象学中，与接受者在自己领域中的接受，二者并不完全相同，反之亦然。这里对接受者形象的两种理解可以表述如下：如果创作者意志（Schöpferwille）以表达经验为目标，那么原则上与之相关的、准备好接收要传达之物的灵魂，就会作为一个接受性（Receptivität）出现在其对面；如果这种意志旨在掌握表达方式，那么效果则恰好相反，它是一个已经表达出来的问题，而抽象接受性的理解形式则确定了一个前提，即效应的方向与可能性与强度和生成性相关。接受性的这两种类型都是形成这一现象学维度的关键部分。第一种类型代表了创作者深刻且必要的幻觉，他们坚信，他的创造是他真实本质的最终揭示，他的方法也是为此预先确定的（这是一种希望，即使在艺术背后也有强大的力量，总是会自觉地努力隐藏个体）。他心目中被接受的内容是他的存在（Existenz）所不可或缺的条件，这些内容使他的定在获得了意义。但是这里只有一个前提需要满足，因为主动性的方向自身并不能直接被确定，所以如果意义没能有幸得到先行的对象，它就会成为无内容且自反的，最后回归创作主体。不由自主的漫不经心使这一类型的创作者对所有表达障碍视而不见，让创作者将形态与表达混为一谈，将效应与理解混为一谈，而这本身并不能保证作品的成功。因为只有当创作者像在梦中一样，不知道一切是如何发生的，却仍成功地在他和受众之间建立了一个自给自足的王国时，才会出现这样一个已经完成表达并得到理解的幻觉。因此，只有当在自发的、纯粹个人的经验中，作品的塑造形式被预先确定且完成，当经验的呈现无意识地成为这些形式的预兆，且当表达在说话者的意识中只是其自身和命运的宣告，是普遍和永恒命运的永恒象征时，这种深刻而快乐的无意识才是成功的。那么，创作者在考虑接受者及其接受能力时，就不需要指向明确的形式规范；作品的形式和效应是在创作者的经验形式中确定的。如果创作者的经验形式与作品构成形式的这种先定和谐无法实现，那么这一类型的创作者就永远无法成为真正的创作者,他的传达形式也永远无法克服经验现实的不足、脆弱与转瞬即逝。即使他认为他创造了一些东西,他也只是产生了一种普通人类沟通的机械、抽象、间接的定式;他创造的不是作品,而是一种由于抽象而弱化的对体验和体验源的指向,是为了人们能更好地直接交往的最模糊的语塞(Stammeln),或是人际交往中能起到辅助作用的指向客体的最简易姿态。由经验到技术的飞跃尚未完成,创作者显现出其自身的业余性,就像经验的雅各宾派,他对直接表达的狂热,如歌德所言,"使想象力和技术相互混淆",这源于产生永恒且完全熟悉的作品这一目标,创作者以滑稽英雄般的盲目性,反抗表达形式的不相适宜。

这里所讲的接受性还有另一种形式,它似乎是为了避免一种危害:创作者与接受性的第二种关系本质上是一种定向关系;在这种情况下,接受者就像是一种乐器,其中存在使某些确定的声音响起的可能性,而创作者的任务是从接受者身上诱导发声。因此,虽然作品和接受者曾经是唯一目标,也就是创作个体表达的媒介,但现在,接受经验,即创作者可能具有的经验的规定性实现才是目标,创作者的意志则以作品的唯一本质性方面为导向。这样就解决了另一种类型的模糊性和无方向性问题;在这种接受行为中,效应的所有可能性都被预先确定,而创作者拥有足以识别这些效果的意识,并完全掌握产生这些效果的手段,这似乎是很重要的,因为这样他才能达到目标,而这些都可以通过对技术的掌握来保证。唯一的问题是,以这种方式达到目标是否算作目标的实现;准确意识到作品和接受经验之间的相应形式,是否足以激活这些经验。在此必须要说的是,虽然接受者在创作者现象学中与在他自己的领域中并不相同,现象学的创作者仍然必须满足实际接受者的真正需要,由此才能真正实现由创作者与接受者之间的关系所预先确定的效应。然而，我们已经看到，接受者所渴望的效应之本质在于，产生效应的形式并不被有意识地视为形式，艺术经验令人愉悦的奇效正源于这一事实，即由于作品形式和经验形式相互之间严格对应，作品作为一种现实，作为一种源自内容并由内容充实的东西，其形式特征只能通过反思和对直接经验的放弃来确定。而创作者只追求其所要实现的效果的形式要素，这包含着很大危险，即对于接受者而言，由此产生的作品被体验为一种形式，接受者无法投身于救赎的乌托邦现实，只能追求形式，判断其内在恰当性，从直接性与情感当中脱离出来。相反，要避免这一危害，途径并不在于这种意愿的本质及其目标；解决方案必定源于一个未被意识到的前提。这个前提就是创作者的经验，创作者总是自我欺骗，他认为他的目标是效应，是解决技术问题并完全忘记自己，但他寻求和发现的技术却成为无意识存在或有意识隐藏的人类思想激烈程度的象征性装饰，它使作品充满技术的沉重、充实和直接性，并使其绽放为现实。在技术和经验不能和谐共存之处，经验只是被忽略了，从技术到经验的飞跃并没有实现，而没有被赋予这种救赎的优雅创作者，他创作时只是一个以技术为目标的技艺大师，一个技术的雅各宾派。

我们看到，由作品的结构、创作者的努力与可能效应之间的关系所决定的两种行为，在作为作品成功之必要条件的假设中联系起来：艺术技术形式与创作者直接经验形式的巧合。这不是说要消除误解，之前的分析也一样，这是关于作品形式和接受性经验形式之间的适当性，相反，作品通过形式抛弃了其偶然性，以及因而消极的、衰弱的、模糊的特征，实现了必要性、重要性，变得充裕而繁荣。这里预设的先定和谐并不是说技术形式是在内容方面适宜的交流形式，它能够以一种不歪曲事实的方式表达经验的"是什么"，而是指一种永恒化的体验强度，是对体验中"是什么"和"如何做"的一种证实。正如在相应的情况下，接受的现象学没有抵达现实，而是将一种形式的复合体当作现实加以体验，其现实性仅存在于体验的内在性当中，所以在这里，表达形式与经验一致不是为了确保表达的正确性，而是其有效性。每个人与他人进行交流的渴望遭遇的巨大失败，也不应在此被掩盖，因为正是在完善的表达中，这一不幸的尖锐性得以揭示。只是这一不幸并没有什么悲哀和感伤，而是确立了一个深刻的事实，即自身不完善的表现形式无法承担经验，但完善的表现形式却最终流于永恒的不可知性而消失。艺术于这种失败中蓬勃发展，而这种期望的失败与业余爱好者的不足于行和技艺大师都无关。他们无法实现其目标，因为他们并不想要这整个目标，而只是想缩短和简化通向它的路途。所以由它们的必然失败产生了一个明确的假设，即天才存在的假设。如果我们想要认知艺术作品的存在并理解它，我们就必须认定这个假设已经实现。

心理学根本上普遍认为美学中不存在作品（它也试图避免这一点），人们一再尝试使天才（Genie）在心理上能被理解。但这些尝试必然会失败，因为在涉及心理学的不断纯粹化的经验现实中，人们永远无法找到那些通过相互组合或强化就能成为天才的要素。他们必然提出错误的问题：天赋（Genialität）一方面产生于体验能力的提升，另一方面则出现在想象中，出现在意识与无意识、视觉与活力等令人愉悦的混合中。由此，起点则是某种永远无法实现之物，人们在不具备确定方向的前提下寻求标准，而此标准只可能出现在作品中，且以假设其对于作品来说是成立的为前提。这需要对艺术家的自省和剖白进行分析，尝试在其中找到一种类型学。但这从一开始就被排除了，因为一个天才对他自己、他的作品、他的态度的每一次坦白，只是在表述自身心理体验主体如何处理既存且已被接受的、不可撤销的审美现象学事实，以及由作品决定的规范创作者与作品之间的先验关系。所以创作者的自白并不能表达创作者与作品的关系，这只是心理主体与现象学的关系；但由于创作者永远不会意识到这一点，他总是以其与作品的关系进行表达，所以我们只有极其谨慎地依赖现象学创作者与作品的关系这一启发性事实，但仅凭这些事实，只能被定义为作品创作者的天才的本质，就永远无法得到认可。一旦确定了这一点，这一研究便自然会产生非常有趣的心理学问题，并可能导致某种关于艺术家的心理类型学。例如，哪些艺术家强调规范中缺乏的东西，哪些强调自然赋予他们的东西，等等，但创作者与作品的关系已经不知不觉在此被预设，所以究竟是何种类型学，在此无法明确。但我们其实也根本不是在寻找对天才的心理理解，因为我们已经将这一作品作为事实进行接受，也已经将天才作为其存在可能性的前提；而我们想知道的根本不是天才如何出现在现实中，而是天才应当如何存在于真理中，由此作品的定在才能不受怀疑。天才的不可理解性似乎自然而然地，只是被强加到了作品上，在某种意义上这是正确的。事实上，作品于我们而言确实是神秘且不可推断的，然而如果没有作品，我们永远无法从我们的思想和经验中得到任何东西。但作品是存在的，因此只要我们还没有穷尽方法论，它就是我们需要处理的对象，当且仅当它仍未被理解而作为一个"事实（Tatsache）"时，我们才能从中看到一个形而上学的事实。不过就目前而言，这只是在论述将天才视为方法论假设的理解，这种理解能解释作品的真实性。如果我们不再将天才视为一种孤立的心理现象，而是将其与作品联系起来，那么我们便可将其本质简述如下：天才是创作者，其作为必要经验形式的经验包含着作品的技术形式，对他而言，建构起作品关系的是他的直接经验；对于进行下一步体验的人来说，作品的技术便是自然的交流形式。结果，失败的天才、没有双手的拉斐尔的所有浪漫的伪问题，对纯粹技术天赋和由此产生的天才的一切反对，在此都被拒斥：天才是由其完成的作品来定义的，他仅通过这一作品，且作为其创作者被定义。在天才的心理人格中，无论是主观体验还是需要实现的作品形式更有意识且更强烈地进行体验，这两者中的哪一个在心理上是先验的，哪一个被赋予了重要意义的价值倾向，在这里对我们来说可能并不重要。无论是歌德把维特写成忏悔，以致其经验不由自主地按照抒情史诗形式的要求进行修改，抑或是黑贝尔①以辩证悲剧形式体验了每一件轶事，并接受了每一个

---

① 弗里德里希·黑贝尔（Friedrich Hebbel，1813—1863）是德国剧作家。1813年生于韦塞布仑，父亲是个穷苦的泥瓦匠。13岁当学徒，在其父亲死后被教区法官收留作秘书，经过刻苦自学，在地方刊物发表诗作。1835年到汉堡补习大学课程。1836年受缝补女工埃莉丝·伦辛资助去海德堡、慕尼黑攻读哲学、历史和文学。1839年回汉堡。1840年他的剧本《犹滴》在柏林上演取得成功，奠定了他在文坛上的地位。此后他游历了巴黎、罗马和那不勒斯。在巴黎结识了海涅，完成了他的主要作品《玛丽亚·玛格达莱娜》（1844）。1846年到维也纳之后，与城堡剧院女演员克莉斯蒂娜·恩豪斯结婚。陆续创作出许多剧本，主要有《阿格妮斯·贝尔瑙厄》（1851）、《吉格斯和他的戒指》（1856）等。根据德国古代民间史诗编写的《尼伯龙根三部曲》（1861）在魏玛宫廷剧院公演引起轰动，获得席勒奖金。1863年在维也纳逝世。——译者注

已经不由自主地风格化为悲剧的历史事件；戈雅①是否出于社会伦理的愤怒创作他的画，或者米开朗基罗是否在每个街区都看到了一座只能凭借"用力量去除（per la forza di levare）"②获得解放的雕像，这些也都并不重要。重要的只是这个事实：作品产生过程中，经验形式和技术形式的巧合。

然而深刻的艺术家悲剧（Künstlertragödie）不应完全被否定，天赋的事实也不应被认为是天选之子令人欣喜的会聚。最重要的是，这种巧合（coincidentia）只是一个假设，它暂时是没有问题的，但对于活生生的进行体验的人而言，它便是一种应然，而不仅仅是馈赠和给予。它作为一种可能性存在于人身上，人通过作品实现这一可能性，他由此成了一个天才；美学无法也不应表明他是如何实现这一可能性的。这里总会存在一种无穷无尽和一种非理性，但由胜利和为胜利付出的人类牺牲带来的悲剧，却无法通过美学得到领会。在作品中，天才真正成为天才，这样的作品在概念上是没有问题的；就作品而言，天才真的是"大自然的宠儿（Günstling der Natur）"③。由失败产生的悲剧在美学上是无法讨论的，因为

---

① 弗朗西斯科·何塞·德·戈雅-卢西恩特斯（Francisco José de Goya-Lucientes，1746—1828）：出生于西班牙萨拉戈萨，西班牙浪漫主义画派画家。戈雅画风奇异多变，从早期巴洛克式画风到后期类似表现主义的作品，他一生总在改变，虽然他从没有建立自己的门派，但对后世的现实主义画派、浪漫主义画派和印象派都有很大的影响，是一位承前启后的过渡性人物。代表作有《裸体的玛哈》《着衣的玛哈》《阳伞》《巨人》等。——译者注
② 米开朗基罗认为，雕塑作品本身就在石头里，雕刻家只是把不需要的部分去掉。——译者注
③ Kant, *Kritik der Urteilskraft*. §47. *Werke*, Hrsg. von E. Cassirer, Bd. V, S. 384.

美学中没有可以把握这一现象的概念。这些艺术家悲剧只是掩盖了艺术家的悲剧。因此，当美学将其拒之门外时，它们并未使问题演变为田园诗，而是开辟了理解完全不同的冲突和斗争的道路。这些问题由在现象学上已经确立的创作者与作品的关系决定。作品的本质意味着，它一经完成，就必定绝对高不可攀地立于创作者之上。创作主体低于作品价值的状态与其他价值领域相比，似乎并不意味着任何新的东西，主体自身服从于逻辑或伦理中永恒的、超越自身的规范，并尝试接近它们，这一点对于逻辑或伦理而言同样是理所当然的。但这种运作在源于关系结构的伦理学中，自然会出现的结果是：凌驾于主体之上的价值是永远无法完全实现的。伦理学中对内向性、思想和意志因素的关键性的强调非常清楚地表明，该领域的客观结构与行为的主观规范之间不存在矛盾：人有意愿去实现凌驾于他之上的东西，有了这种意愿，义务就完成了，伦理便也完成了最终表述；这一愿望实际上是否实现并不重要，甚至从一开始，愿望的实现就被认为是不可能的，也被排除在这一领域之外了。逻辑也展示出价值和价值实现的相互一致性，超越一切个体和高于人类整体的真理价值永远无法从主体中获得。任何即便是超越个人的、客观的，且以人类思维的自发性为前提的逻辑，都将以方法的形式无限趋近真理值（Wahrheitswert）。原则上，终极价值是永远无法实现的，它只能是一个类似伦理学的无限接近的过程。然而当目标的实现被设定为逻辑目标时，主体则不再作为人类主体去实现它，实现目标的方式也不再是人类思维的自发性。由此，便存在一个永恒原型的世界，它也是价值的世界，而思考本质上是主体在伦理上的努力，是以纯粹被动性和对自为存在的接受准备为目标的发展。在回忆的指引中,一切都在人类自发行为中被丢弃了,由一切造物主体(Kreatürlich-Subjektive)澄清的心灵能够触及超越于它的世界。关键在于,心灵只是看到了这个世界,但并没有意识到它;这个世界就在那里,它的真理和现实绝不会受到实现过程的影响。因此,自发思维与逻辑在其过程中仍然是人类的、历史的,并且熟悉诸如"新"和发展之类的概念,即使这一切只是相对价值且只发生在近似领域,真正本质性的内容却遥不可及又高不可攀地独立于这一切;而回忆的逻辑则以永恒为唯一内容,这一导致原始图像显现的过程只是影响了主体,并未对价值产生任何影响。与美学中价值与价值实现的关系截然相反的是:审美价值和艺术作品都产生于其实现的过程当中;对永恒法则的遵守使作品成为作品,这一法则也不可能脱离作品的完成而存在,它的永恒性本身就是抽象的、精简的,是只有通过思考,通过离开直接性、内在审美和可及之物才能达到的,它又总是重新出现,每次都好像是第一次在对永恒法则的遵守中出现。这些永恒范式所表达的应然与逻辑或伦理范式完全不同的原因在于:第一,它不是被设定为无法实现之物,而是被设定为必须充实之物;因为没有完全实现的价值与无价值本身无异,这就是为什么主体中的一切(比如思想)只有完成了才有意义,而且这与主体自身毫无关系。第二,价值通过主体的生产行为而产生,因此它并不会同无关的价值对立,相反,它创造出超越这一价值却无法从其主观条件进行推导和解释的价值。第三,作品中与生产者个性密切相关的独特要素却对作品具有决定意义:只是因为它是"新的",且与其他所有的实现完全不同,因此它才有了审美价值,但审美价值在伦理价值层面是无关紧要的,在逻辑价值层面又是需要被否定的。可见,价值与人类主体的联系方式是独一无二的,但超越性不能也不应被废除。对于艺术家的创作而言,即便它已经纯粹化,它仍是保持主观个体性的人类主体在整个存在中超越自身的唯一可能。但这不是通过如在伦理学中那样的向上发展,将自己提高至超越自身已有高度的位置,而是创造出一个从根本上优于存在的更高的没有问题的作品,而其自身则退回已有的问题中,不参与作品,也不在其中寻求解决问题的方法。因此,我们可以将审美价值实现的悖论表述如下:无论是作为方法还是目标,它都与人格密不可分,但从中进入作品的部分与创作主体必定是分离的,这一价值与主体无关,它是一个自我满足且与主体保持距离的存在。因而,主体本身不受构成这一价值的唯一范畴的影响:正是因为人格是作品的组成部分,这一过程本身就是自反的。至于是否可以对这种审美行为赋予伦理意义也与美学无关:伦理结构只能触及创造性行为的固定表达模式(也就是抽象和非决定性的),这些模式只是人类行为,但不关乎这些行为是否具有伦理价值,所以它并不涉及这个问题,更不用说解决它了。而在此呈现出的源自艺术本质的艺术家的超个人悲剧,正是人类至高的艺术家一直体验的永恒的人类状况(Tatbestand):他们自己仍然没有得到救赎,他们为作品赋予的一切完善(Vollendung)、所有从他们身上流淌到作品中的深刻体验,对他们来说都是徒劳的,他们比日常生活中自我封锁的普通灵魂更沉默寡言,他们的作品是最崇高的且纯粹是人类可以企及的,但他们自己却是最不幸且无法被救赎之人。勃朗宁①

---

① 罗伯特·勃朗宁(Robert Browning,1812—1889)是英国诗人、剧作家,主要作品有《戏剧抒情诗》(*Dramatic Lyrics*)、《环与书》(*The Ring and the Book*)、诗剧《巴拉塞尔士》(*Paracelsus*)。——译者注

在诗歌《安德烈·德尔·萨托》（Andrea del Sarto）① 中写道："我的作品几乎就是天堂，而我却坐在此处。"

当然，对我们来说，重要的是作品和与审美相关的创作主体之间的必然关系，而不是它对体验者产生的情感后果，这一悲剧也以更具体的形式，向我们展示出先前由现象学实现的创作者和作品之间飞跃的结构。然而，到目前为止所说的内容中，似乎存在一定的矛盾：通过经验形式与技术形式之间的和谐一致，我们将天才定义为作品存在的可能性，但后来在其与作品的关系中，出现了一个深刻且无法解决的悲剧。但如果我们注意到矛盾双方产生于同一点，矛盾便会自行消除：和谐意味着天才对于作品而言的意义，它表达了对天才创作作品的必要途径的假设，而悲剧就在作品与天才自身的关系当中。现下我们言归正传，从在这条曲径上照亮前路的天才那里寻找通往作品的途径，那么在此，上述悲剧就意味着一个问题：不消除人类现状，作品中的人类世界如何消除？我们可以通过澄清目前发现的和谐的三个概念之间的关系来回答这一问题：就像创作者的经验形式和技术形式的和谐使作品中质料和形式相互决定彼此，作品的效应形式进而与接受者的经验形式实现一致。这其实是间隔（Abstand）的问题：首先是现实与其内在可能性的具体理想、与其固有的无法实现的乌托邦现实之间的客观间隔问题；其次是人与他所面对的经验世界和乌托邦世界的主观间隔问题。对于审美现象学来说，重要的是确定哪些类型的间隔需要被克服，哪些类

---

① 安德烈·德尔·萨托（真名为安德烈·达尧罗，1486—1530/1531?）是佛罗伦萨画派重要代表人物比埃罗·德·柯西莫（1462—1521）的学生，他的艺术是意大利文艺复兴盛期的转折。——译者注

型要在美学中实现；哪些类型的客观间隔和主观间隔是相互排斥的，哪些又是相互依赖的。对经验现实的分析告诉我们，以概念为依据的一切客观存在都停留于概念内涵之后，其存在还与主体在世界中的无家可归，以及弥合主体与客体之间的间隔的渴望紧密相关。此外，我们在接受行为的现象学提纲中得出的结论是：一方面，假设作品是对渴望的满足，它自身必然已经实现了一个乌托邦现实；另一方面，体验作品的主体只应实现客体与主体之间的极度接近，而不是对主—客体关系的中止，因为它们彼此是相适应的。因此，要确定作品在客观上缺乏间隔，而接受过程中具备对规范间隔的假设，这不再是分隔主体与客体的深渊，而是构成客体现实特征的距离（Distanz）。

我们在此关于创作者现象学的问题是：创作者的双重距离（首先是他作为体验主体与给定现实中的客体的距离，其次是他作为创作主体与作品的距离）如何转化为一种规范的距离，而从中产生的作品的客观无距离性由此被理解为是必不可少的。作为对这个问题的必要补充，我们试图将作品客观无距离性的仍然抽象空洞的概念尽可能具体化。将深渊转化为距离在此是创作者的行为，所以这只能通过这个行为的目的和可能性来理解。正如我们所知，这个目标，也就是作品，是众多关系当中一个独立自足的体系，它是与接受主体相对的经验现实，是日常现实的乌托邦式的实现，而不是放弃式的废除。因此，对于这个体系的生产者来说，问题在于如何使总是碎片化的体验片段中被隐藏和被阻碍的乌托邦式可能性，转化为可体验的现实。乌托邦的这种内在性对其自身具有三个重要的后果：首先，每一个这样的乌托邦现实都源于"立场（Standpunkt）"，并且由相互之间同质且关注同一对象的关系构成；其次，组建的"立场"及其表达方式遵循体验的净化原则；最后，由此产生的体系被体验为现实，而不是体系，因此只有不适宜和不符合日常现实的类型被消除，它的现实特征才得以保留。每个在经验现实中或通向经验现实的"立场"所最先取得的结果是，它的元素不再无序地排列在一起或相互跟随，而是部分一致，部分与"立场"矛盾而彼此相关，部分与"立场"及其相关物无关。这种"立场"的简单设置在经验现实的结构中产生了两个重要变化：一方面，它失去了自身以经验为依据的恒定的明确的充盈，因为"立场"使与经验现实不相关之物变得不可理解且不存在（nichtseiend）；另一方面，则是一个事实，即个别元素相互之间以及与"立场"之间保持一致，但在日常经验现实中无法感知的元素则并非如此，只有主观—自反的模糊感觉与之相符，它们与这个领域在内在上是格格不入的。这只是克服了经验世界的自反性自足，并未产生任何积极后果，也没有承担起构建新现实的任务。创作者必须作出积极的转向，他通过掌握消极且私人的事实特征（Tatsachencharakter），并将它们转化为作品的决定性价值关系和结构元素，将其自身的间隔（Abstand）转变为距离。因为这些变化的事实只是使经验现实更加难以企及：它已不再具备连续性，其中相互矛盾的倾向只会愈演愈烈，创作者对距离的设定也没有任何作用，因而应当寻求新的积极性。一方面，这是一个新产生的十分重要的对破碎的连续性的连接；另一方面，这是要在以这种方式出现的要素和趋势相互矛盾的事实中，找到一种关键的意义。现象学中间阶段（Zwischenstufe）的元素在本质上具有超越通常经验世界的某种同质性，但它只是这个世界中被撕开的元素，不能凭一己之力凝聚，也不能成为新的现实。任何与"立场"不同质的内容排除了当下与日常经验现实相联系的元素，所以，置之不理的过程（der Prozeß des Ignorierens）必须转变为对价值的强调。"立场"获得了更具体的意义，这一意义由其选择的经验元素表达出来：它成为"世界观"，它选择的元素则成为象征；也就是说，除了自在和自为，立场也成了意义载体。"立场"以体系的方式成为封闭的总体，它围绕在已完成的作品周围，由此便产生出一种虚构，即一切与"立场"相关但又未包含在经验现实中被净化的元素中之物，都意味着、象征着，或者更恰当地说，在接受中作为经验被唤醒。这种"世界观"暂且只能从形式上进行理解；它仅意味着一种猜想，即同质化"立场"可以成为一个自足世界的载体，例如，如果在创建画面的过程中只追求纯粹的可见性，消除一切智性判断和情感，以及与其他感官相关的一切（比如触觉表征等），这样一来，正如费德勒所言，一个贫瘠脆弱但纯粹"可见（sichtbar）"的世界便出现了，其一切元素（形式、颜色、价值等）便由可见性"立场"进行表达。因此，虽然在纯粹的经验现实中，颜色仅显现为颜色，物的重量和质性通过它们的实际物质性（实际的和可能的触觉表现）来传达，但在这里，颜色作为重量和质性的象征获得了新的意义。然而，物的外在形式一方面被简化为纯粹外在的，另一方面又失去了转瞬即逝的流动性而固化为某一时刻，它成了虚构的表达，即一切内在（如精神的、智性的、情绪上的）且只能在其他方式的辅助下才能在经验现实中进行表达的内容，只有通过形式才能得到充分表达。纯粹可见性"立场"中的"世界观"意味着，在真实情况下，每个人都呈现为纯粹显现元素的形式复合体。这种具有决定性意义的置之不理，若我们将其作为一个过程进行表述，它包含以下阶段：第一，对同质元素（此处为可见性）的选择；第二，从概念上彻底消除与"立场"完全无关的一切（在此指例如通过听觉传达的一切）；第三，假设一切与"立场"可能相关但尚不存在于因"立场"而生的同质世界中的物，可以通过此同质世界获得象征；第四，假设同质元素被转化成了这样的象征符号（Symbol）。只有满足这些假设，当然这些假设在这个阶段仍然是假设，才有可能克服经验世界中仅仅被纯粹化为同质性的脆弱性，因为只有这样，同质元素的选择和异质元素的消除才是有意义的，一切同质化并成为象征性的物，都可以融合成一个拥有完美乌托邦现实的世界，因为一切可能的物都在其中实现，而那些不会发生的事，人们一旦介入就会发现它是完全不可想象的。

通过这种被净化的经验元素象征意义的实现，作品所需质料和形式的先定和谐成为可能。因为形式与质料之间的陌生性是经验性现实与其自身乌托邦可能性之间间隔的终端，这一陌生性在本质上是两者之间象征关系的缺失，双方的关系充其量只是一种寓言性的特性。与体验的现实（erlebte Wirklichkeit）相对的每一个非艺术"立场"，都具备这种与象征相反的寓言倾向，换言之，元素及其关系通过"立场"而获得的"意义"，独立于其自身内在的物质性，因而它也是任意和偶然的；寓言只不过是某种物的符号（Zeichen）表现，其本质必然源于"立场"或与"立场"相关，但其与符号本身的联系只能来自"立场"。由于这些符号的纯粹方法论特征，大多数现实的塑造都倾向于表现其可体验性，并以此构建一个真正符合符号的世界，如果它们的目标是可体验性，那么这个过程（包括客体与有机体）将会使物质和形式中寓言的不适宜性被消除（例如在物理实验中）。但是经验现实本身，无论其符号表现是实践—抽象的，抑或仅仅是主观—暗示的，它总是陷入这种寓言的状态，在这种状态中，一切都保持着不可撼动的物质性，意义表现最多建构起一个体系，但它既不能包含一切，也不能实现其自身的实体性。要解决内在生命的问题需要寻求伦理，而对于内在和外在的双重问题则要寻求宗教形式，其中形式原则不对外界产生任何影响，它渗透一切，在道路的尽头呈现为被其净化的物质的真正表达。但作为一种体验，这每一个形式都只是一种应然，至于作为要实现的目标和形式的非自愿性，它则通过对应然与存在之间距离的清晰认识得以保证。在这种意识中，寓言形式作为距离清晰且被期望的对象化得到允许，它可以在没有内在不和谐的情况下作为体验形式存在，例如仪式，而其高级且真正真实的决定性意义在这个现实中原则上是无法被体验的，但正因形式与这个世界上可能的物质并不相称，它揭示出与其自身相关且以之得到彰显的世界的乌托邦现实。如果没有这种使纯粹的经验现实得以显现的修正，不恰当的寓言关系就会出现：经验元素被形式包围，但对它来说，形式可能太多，也可能还不够；人必须体验符号，符号的意义并不清楚明确地产生于以体验为目的的既成现实，它只通过反思与体验相联系。伦理世界显示出类似的寓言性质，只是更难纠正，因为它被视为一种经验。（这个问题对伦理学本身是否重要，不能也不应在这里考察。）诚然，伦理世界预设了一个与其主体和已经在伦理上变得纯洁的意志格格不入的异质外部世界，以及心理现实，但它也完全合理地将凡是不能被认为是明确反对或阻碍伦理行为的物，视为不存在。但是这一切都是为了体验，因为这样一来，这一切便与伦理维度的价值和无价值融为一体，经验现实中的伦理塑形则显得无法融入且不适宜，呈现出寓言性。例如，人生中的艰难事件应该纯粹作为命运来体验，但这种深刻的伦理诉求是不可能实现的。我们在此考虑的不是抗拒的、被创造的倾向，让我们将其想象为被克服的，考虑在这里发生的本质生命的彻底转变，根据其概念，这只能联系灵魂的一小部分，其他一切都继续其从前的生活，但同时永远在走向新生活，人所处的环境永远不会受这种转变的影响，而且他全新的自我也一刻都离不开这一切。相对的生活的纯粹伦理风格化并未被包含在内，因为它既不能阻断也不能渗透涌向它的质料，当它假装以一种与这个整体相对的形式出现时，它就变成了一种与材料不相适宜的形式，即一种寓言。（这里指的是《心灵与形式》中关于克尔凯郭尔的那篇文章。）

艺术中质料的象征意义消除了一切现实内在的不适宜。因为寓言与象征之间真正决定性的区别在于，寓言表示或指向一个先验现实，而象征本身就是一个现实，它的意义仍然内在地存在于它的表现形式和其中所包含的内容之中。因此，将某物视为象征便意味着：将以此为目的同质化的任何材料中，一切内在意义的可能性与导致同质化过程的体验主体联系起来，并将与之相关的意义可能性完全带到纯粹可体验性的最表层，使其完全明确。如此产生的象征的现实特征的首要基础是，虽然意义形式与体验内容密不可分，但它并不产生内容，也就是说，物质和形式既不相互衍生，也非泾渭分明，因此这种复合体的内在性获得了永恒性与无限性的表现形态。再者，象征化的同质构成物独立于具有领悟力的主体，它绝非产生于主体，甚至不受主体的接受行为影响而发生任何实质性的变化，对于主体来说，寻求到达像在纯粹经验的领域那样最本己的现实并不存在丝毫强迫，但实际情况是，主体只能通过屈服于给定作品的内在性到达这一现实。艺术构成物的象征现实则被形容为形式与物质相互融合的趋势；塑型沉浸在象征性的材料处理当中，并指出其源于自身且只基于材料，却通过象征性处理，获得了与基本概念和普通经验特征似乎格格不入的意义的功能。这样一来，形式和物质都超越了自身，但彼此尚未进入对方的范畴，只是因表面上的相互融合而丰富、成熟、充实，最终回归自身。这种不可分割且并非绝对的结合，产生了一种封闭、强烈、无限的可能关系。因此，象征形式的内在性只是在否定意义上是真正内在的，这意味着其现实特征只基于它自己的形成原则，与外在一切无关，在现实的本质决定性基础作用的维度，这是对形式和物质的双重超越，但这并不代表所有超越的趋势都再次被捕捉并重新内化。因此，在这些符号中，出现了一种具备了相对于接受主体的独立性、自足性、整体性、最严格同属性的永恒性特征；形成这一结构的形式可以正确地被称为先验形式、现实的形式。因而，这一现实对自身之外的一切一无所知，无论外界存在作为应然、问题，抑或不相关都一样，根本形式和给定材料之间的一切陌生性都被抹去，一切都由源于中心的同质关系连接起来。形式和质料之间的先定和谐由此比之前仅仅作为作品可能性假设的和谐更具体。我们已经看到，决定性的漠视，从一开始就由每一个"立场"消除了经验现实的某些质料和形式，仿佛它们并不存在，同时允许从中再产生作为同质化新世界中具有象征意义的另一对质料与形式。即使现阶段无法解释，但当下仍能肯定的是，一方面，明确消除之物与象征性回归之物的质和类型必然由"立场"确定，另一方面，对于自发的经验现实，不可能存在任何"立场"，使其数量和主观经验形式与给定经验现实的关系特性是明确的。因此，作品中质料和形式的和谐不是一种形而上学原则，它只表示，一种与某一经验形式相适应且适合的现实是可想象的。这样一来，与其说对于整个经验现实来说，不可能只有一种产生象征乌托邦的新现实的"立场"，不如说经验现实实现可能性（Realisationsmöglichke.t）的特征（Pluralitätscharakter）与"立场"的确定概念同时被设定。"立场"的大多数决定了艺术—象征和经验—经验现实之间的关系：如果只有这样一种"立场"存在，那么艺术现实无非是在普通现实中受到阻碍而萎缩的世界本质的实现，那么艺术的原则就只是一种回忆，一种对被掩埋的真相的自我反思，由此产生的作品由于可以揭示这种本质而具有形而上学的意义。由于"立场"的多样性，作品似乎不可能直接脱离现实而独立发展；每一"立场"之所以具有创造现实的力量，恰恰是因为它对现实中原本很重要的某些方面和由此产生的世界的象征漠不关心。这一世界呈现为一个完整的全新的现实，并且与既存原则（或原型）完全不同。因此，质料与形式的先定和谐只存在于有机组成的"立场"中，所以总是与接受者的经验形式相关，正如我们所见，接受者已经预期到了他所接受的世界正在缩小，以至于这样的世界要通过某些有机体才能被同质性地接受，并将以这种方式被压缩成一个新的整体。结果，作品包含了一些完全自由浮动、超脱、独立于其现实的东西，这些还不能退化为纯粹主观的任意性，因为先定和谐的可能性无论是在作品中，还是作品与接受者之间，绝不是无限且无拘无束的。无论作品如何独立于经验现实,它能为物质赋予的意义都是无法想象的,它的原始物质仍由从"立场"净化和同质化的经验元素组成。最重要的是,这种物质并不具有成为象征的无限可能性,它们只有少数且相当具体的确定性,故物质的象征意义在这同质的经验物质中,即使只能遵循纯粹否定性的可能性,它也是预先规定的。只有在这个意义上,某一物质才能实现某种象征意义,这些物质也只具有就这些意义进行加工的可能性,我们也才能谈论物质和形式的客观先定和谐;经验现实的某些元素当然从来不会显得纯粹,它们似乎是为非常特定的形式塑造预先确定的,也就是说,根据体验者的渴望,某些乌托邦得以实现的可能性已经包含在经验现实的要素中。相信这种客观乌托邦的可能性,也就是相信现实中蕴含着可以克服其客观距离的趋势,这一趋势在艺术作品中得以实现,接受者对作品抱有期待,这一趋势有着满足接受者对作品之期待的必要性,而先定和谐将这一必要性与成为形式的作品以及接受者期待的方式连接起来。作品形式与材料的客观相应性获得了一个更加具体且合法的确定性,同时也进一步同经验现实拉开距离:作品越接近对效果的假设,即乌托邦在现实中被唤醒,它就必须以更强大的能量将更曲折的关系更完整地揭示出来,现实中接受者产生渴望的倾向,确切地说是因为在现实中没有乌托邦的踪迹。在这一情况下,实现和谐需要的条件得到了确定:首先,需要这样一种"立场",其同质化行为和对异质内容的忽视具有象征主义的力量,在给定物质方面满足象征可能性的"立场",有可能产生具有先验性的形式;其次,由此产生的结构通过与可体验性相适应的形式,应当表现为对由经验现实的客观距离所致的痛苦的满足,以及对由其产生并延续的乌托邦的渴望。

我们由此获得了一种必要的洞见,它使我们对作品进行认识得以可能,我们现在才能真正提出"何以可能"这一问题。"立场"应当如何构成,才能使得创造同质媒介的决定性的置之不理,产生出物质的象征以及超验的、创造现实的形式。要能回答这个问题,我们必须追溯到更早的阶段,并回想这样一个事实,即"立场"确立的时候,同质但离散的复合体元素相互之间以及与"立场"之间是部分一致、部分矛盾的。不过对这种矛盾绝不能从内容上来理解,这关乎一种同质结构,内容上的矛盾只是同质性中元素之间显见差异的外部极端表现,它可能会在不断增加的细微差别中扮演最尖锐的对比角色,但它永远不可能起到决定作用。一致与矛盾在这里指的是构造形式,一致性意味着同质化和由同质性塑造的物质元素向源自"立场"的形式发展的自然倾向,矛盾则意味着一种相反的抵抗趋势。然而,这种对形式构成的抵抗也不能与其异质性相混淆。原则上的异质性已经通过"立场"和这一阶段决定性的漠不关心而消失,更确切地说,"立场"中包含的内容是自然的还是矛盾的关系,"立场"所创造的世界是否对它的所有元素都具有相同的必然性(而这种必然性似乎是从这些元素中产生的),或者作品的结构是否是一个由相互对立的元素和原则在各种调和与联合中形成的体系,这些内容都不复存在。从艺术形成的事实来看,在不考虑部分和整体之间可能存在的巧合或矛盾的条件下,其本质必定是自相矛盾的。我们知道:每一种艺术形式的材料都是由可体验性的同质的纯粹元素组成;当这些元素被置入作品结构,它们便脱离了其自然关系,被置入与从前完全不同的新语境中,但它们并不必然在这种激进的转变中失去其纯粹的经验特征,相反,这种经验特征得到增强。经验元素在这里发生的关键转变如下:首先,它们从自身广泛无限的生命之流中被夺走,成为一个有限的复合体,成为自足整体的一个部分;其次,它们在日常经验现实中所拥有的几乎不受限制且总是超越的关系停止了,它们开始明确、确定、内在地依赖"立场";再次,它们的自然连续成了通常所说的实际相关性的并列和承接,也就是说,内在异质物的自反连续性被消除,需要的是一种新的、同质的连续性,在这种连续性中,元素的位置与意义重新实现一致;最后,为了使这种新的关系得以实现,元素之间的新联系变得必要。随着经验元素发生完全转变,这些元素的经验特征不仅不能被侵犯,反而必须被强化,那么很明显,艺术的风格化(Stilisation)本身已然自相矛盾,成为一种与给定材料的自然本质相悖的关系设置(Relationssetzung),由于完善的作品应该具备材料与形式原则之间的先定和谐,所有反抗材料的悖论性塑造,都是其自身本质的表现,悖论由此愈演愈烈。其结果是,每一个艺术创作过程中,必须预期最终成品与结构特征实现对立统一(coincidentia oppositorum)。如果我们现在更仔细地审视这些过程,我们便会发现,从"立场"设置最初的、原始的、相当普遍且抽象的悖论,到最终完成的作品,其中仍有三组悖论需要解决,相应地,我们会在其中认识创作的三个基本现象学阶段。(而这个阶段顺序与创作过程中的心理连续性无关,这应该不用特别强调。)

第一组悖论可以描述为表层的构成连贯性问题,或者说作品的静态同质性问题。[为了让下面的解释更容易理解,我把地毯作为这类塑造的范式;它们与其他现象学塑造阶段的关系只有在分析结束时才能阐明；但无论如何至少应该可以知道的是，这里概述的风格化过程是指，比如绘画中的纯表面塑造，还有诗歌中的纯形式文字艺术（节奏、押韵技巧等）。这个塑造原则在个别艺术类型中的重要性，以及它在每种情况下与其他塑造原则的关系问题，当然只能在完美的艺术体系中解决。］一方面，悖论源于已经提到的事实，即创作中的作品的同质化元素，仅仅源于其自身，及其与抽象"立场"的单纯关系（我们不能发展任何关系将它们联系起来，所以它们之间没有连贯性），另一方面，这种悖论产生于作为纯粹经验特征假设的连贯性，它预设了作品的接受。所以由此产生的悖论是双重的。首先，接受者由形成中的、与同质化元素相连的表面形态而获得的整体印象的直接性必须保留，尽管在这个阶段，无论是元素选择还是其相互联系，其中的纯技术特征还不能被隐藏。其次，正如我们所见，单纯的同质化过程只宣告了旧的经验世界的解体，但还没有产生新世界，故这里存在的同质元素处于旧的、失落的、简单和新的、尚未实现的、象征性的物性（Dinghaftigkeit）与现实之间的一个不清不楚的中间阶段，而现在两者之间建立的关系不属于现实的两个领域当中的任何一方，因此，它只能与相比于从前的现实概念显现出任意性，但对于新的现实概念而言，它是以自反的方式连接这些元素从而产生关联，这样一来它便既不能完全阻止被遗弃的物性发出回响，也不能使新物充满活力。解决第一个悖论需要一种对立统一，即同质化元素的连贯性（Kohärenz）和连续性（Stetigkeit），一方面这只不过是纯粹技术上的联系，即从形成中的物质性来看待抽象形式类别，另一方面它同样在抽象层面为接受者提供了总体上可体验与实现范式。

上述最后一个概念的意义与一切审美的基本要求、与其创作的具体特征相矛盾，抽象性与可体验性的汇合似乎也包含着内在矛盾，所以这个意义只能在解决了与第一个悖论密切相关的第二个悖论后才能澄清。现在的问题是：将元素联系在一起但完全不干扰其独立物性的这种关系，如何能在它们之间产生连贯性？这一本质性悖论与解决问题的途径，都在于这一关系的中立特征；这一关系不涉及经验性和象征性的物性，它在物性元素之间建立联系和秩序，因此，它实际上与这些苍白和模糊的物性元素之间的抽象连接性（Verknüpfbarkeit）有关。这一提问方式揭示了所有艺术创作过程中必要矛盾的积极一面，由此构成的结构的对立统一概念获得了更具体的含义：对于这种风格化，既存的一切都是不可消除的；它只能对其内在之物给出最终结论，而不能将其转化为与它本质相异的其他东西，而基于这种不可撤销性产生的匮乏同时也是一种丰富；每一种限制都在促进发展，产生积极的影响。在此通过抽象关系联系起来的苍白和模糊的物性，确实是某种终极产物，但它正是由于与物的特性相关的中立性而成了一种积极的价值。由于关系只涉及相联系元素中的物性，故元素当中，仅与假定的具体物性相关且具有否定意义的苍白和模糊性，不会消失。一般而言，物性是指元素的纯粹显现形式，其存在在物质性与内容决定性方面都被简化为纯粹的可识别性和可区分性，而它们通过技术选择或有机体的愉悦接受，已经获得感官上的表现特征，并能将其长久维持，甚至由于同质化过程在此尤为剧烈，这一特征会持续增强。这里所说的连接元素的抽象关系旨在基于纯粹关系创建一个自足体系，构建一个世界，其实质由在内容方面尽可能弱的符号的类似连贯性构成，这些符号既不表达实体本身,也不意指外在之物,其有效性和现实性只在于纯粹的符号特征,以及符号之间可能的和已经实现的关系之和谐、完整的无限性与永恒性。然而,这种关联的抽象性因此失去了其特征,因为这一关联也只是表达了符号及其与特定现实的关系,并未充分表达其性质。如果风格化消除了这种超越符号的现实的可能性,也就是说,如果这个符号世界总是能与现实产生关联,但这种关系对于这种绝对必然性又永远只是主观自反的,那么这些符号及其联系就成为一个自成一格的世界,其中除了愿望的实现之外,不会发生任何朝向中心的统一运动。这里说的实现是意料之中的,因为它产生于同质化元素之间的关系可能性。接受者以这种可能性为目标进行整体性接受,但它在强度上将远远超过任何渴望,因为每一个内容和每一个物的破坏都为关系创造了可能性,这些关系不仅在任何受某些因素约束的现实中都无法实现,甚至是不可想象也无法设想的。在这种转变中,"立场"比世界观更强烈地表现出来,由此产生了一个世界,由于其绝对和谐的、纯粹的满足特性,对具体内容的无法确定,以及与任何物的相关性(即使这种关系只是主观自反的),这个世界成为一切想象或渴望的乌托邦现实的写照,成为可以体验的充盈的范式。这种结构的示范性和抽象性出现在接受者的经验中,由作品产生和呈现的对于直接经验而言是必要的内容充实是完全不受控和不受限的,它甚至不需要在各接受主体的一次性接受过程中保持一致;引导内容充实的范式的和谐正是由于无内容性(Inhaltlosigkeit)才这样先验地被确定且成为绝对的,因为一切都可以被它吸收,然后实现充实。当然,出于同样的原因,这种结构没有现实性,也就是说,在接受者的体验中也存在一种与规范距离不同的间隔：他的体验是具有意识（Bewusstheit）的，即他面前只有一个可充实的映象（Abbild），接受者需要自行对其进行填充，因此，若是一个已形成的现实，这便无法开展想象，因为转向对充实中的形式范式的享受只是充实的可能性。（事实上，这个间隔一方面只是先前确定的间隔的变化，另一方面，它导致接受行为与创造性行为的某种近似，在这两种情况下它都事关范式性的规定，这只能由此后的联系澄清，并且只能在接受者的后建构心理学中解决。）这澄清了这个阶段第一个悖论及其解决方案中的明显矛盾：将已被同质化的元素相互联系起来的唯一且明显的技术方式与接受经验的假定直接性并不矛盾，因为在经验本身中必须包含这种形式的创造、塑造，而不是包含内在固有特征。然而，对这些形式进行内容充实的无限制性，只能从内容上来考虑，并且必须尽可能地扩大形式确定性。这是因为每一个能够创造一个自足世界的美学"立场"都是一种世界观，源于这一"立场"的创造都渗透着这一世界观。这在每一次塑型中创造了纯粹内容与空泛形式之间特有的、完全由美学决定的中间层，其本质属性若可以通过特定形式的内容进行表达便是最好，其决定性特征存在于本质倾向性当中，也就是每一个由此产生的形态或者与之相关的内容当中，这便保证了对作品的接受行为的反作用，以及这种作用与作品之间的必要联系。这些元素逐渐消退且模糊的物性通过相互之间抽象关联的价值意义所获得的这种本质倾向，是对这些元素所带来的一切身心双重负担的消除，是这个世界实体之完美且令人喜悦的轻盈（Leichtigkeit）。在这个体系的抽象关系中，源于经验现实的元素在重与轻上的差异，随着对物性的价值意义强调的淡化而消失，也恰恰在这一点上，双方变得完全对等。正如我们所见，对过去差异的记忆是挥之不去的，不过也不是必须要抹去这些，因为无论如何它都不会与体系当中与之势均力敌的直接性相抗衡，而只是通过与由此产生的价值的徒劳斗争强化这种轻盈。就物性范畴而言，这种轻盈必然包含非物质性内容，因为这不是在进一步深入分析物性与物质性，也不是在说最轻的元素要将其自身重量转移给另一个元素的问题，而是在说总体元素，它们并不回顾自身物质属性与质量，这种轻盈于它们而言是格格不入的。它们获得的物质性进一步加强了这种实质性轻盈，从联系的技术性可以看出，这些元素疏远一切，并且就特定物性而言，它们完全不会成为所寻求形式之具有可体验物性的物质。

这里应当实现的统一，是转化为符号的元素中可能出现的感官效果与形式的物质性中同样直接且感性有效的力量的汇聚和承接。然而，双方如此陌生，以至于不能作为物质相互联系，通过结合而产生的轻盈便作为一种非物质性实体在它们的相互作用中产生，但也正是出于这个原因，它们充满力量的直接感官只有在由整体运行的抽象而又直接可体验的关系中，才能获得真正的庄严和完美。由于这个复合体是通常可以体验的充实的模式，将它有序组织起来的关系只能是秩序的载体；可见的数学的原理被视为一切普遍且抽象秩序的意义概述。与这些关系相关的数学性特征便是关系自身的抽象性和它们所连接元素的非物质性，或者更确切地说，这是物质不可分性（Undifferenziertheit）的简单结果；它是对这种结构必须具有的纯粹形式特征的澄清。秩序一般以平衡为准则，差异存在的意义似乎只在于通过消除差异来揭示既定的秩序；必须假定所有元素相互之间完全具有可比性,并且其数量的均衡决定彼此实现平衡的可能性,以此为基础,这些元素分为几组,其中元素的相对平衡导向各组平衡的绝对秩序。构型表层的关系和连贯性由此产生,故它只能由平行、对应、重复和对称的体系组成,由同样具有数学性的不同组别和元素有序交替组成。通过可比数量减少元素和组的建构,这显示出节奏,即一种二维风格化的载体,它是表层塑造的决定性原则。由于物性在这个世界失效,每个符号只能显现为其感官表现形式的构成价值,它也因此为自己提供了某种数学合理化的理所当然:一方面,它本身就是一个统一体;另一方面,它相对于其他符号而言,要么表达它们所代表的统一体的一部分,要么表达其中一个组别的等价物。因此,存在一定的相对性,其中元素应该被视为一个统一体,以便确定其他元素与它是相等、比它更大还是更小,从而通过有机分组进入整体。这种相对性在发展方向上是无限的,也就是说,很难想象如何根据这种构造原则确定整体的尺寸;对于每个"整体",根据对称性原则附加于其上的其他"整体"可以被分配为新整体性的一部分,但如果只依靠这些原则,永远也无法达到目的。所以,对于形式构造的数学原理而言,整体与部分的关系,还有整体构造的格式总是非理性的,是永远无法推导的;这种格式是"给定"的,构造的任务在于为这个事实提供必然性的显现,提供一种先验性,以消除非理性的方式完成塑造。(地毯始终是这些关系最清晰的客体化。因此地毯最有可能成为碎片,从某种意义上说,其中的泥灰就是自足的、已完成的完善整体,它并不具备需要完成但尚未完成的作品所带来的辛辣或忧郁的刺激,它当下就已经是完整的了;相反,也可以想象将几块地毯编织成一整块新地毯,那么其组成部件的自足性将会消失。此处还可以回忆一下诗的小节与整首诗的关系,其数量由完全不同的原则而非结构比例决定。)而更明确且关键的是,统一体和组群之间的相对性在统一性的意义上不再向下发展。在此,对于数学的相对主义而言,只有比例是重要的,其他任何适合这些关系的东西都无关紧要,因而它要求无限制的可分性,要求一切都可以除尽,能将元素建构为符号的物性才是其最终界限。每个"符号"都不再可分;这也意味着它可以进入最多样化的群体和关系,它本身也许仍能按照一定的比例进行划分,但它却是不可分解的,这样的符号本身具备自在与自为的意义,及其自己的质(其可识别性在感性维度发挥效应的可能及其形式的物质性)的充盈,也就是某种终极的东西——一个单子(Monade)。数学组织中也存在一些非理性的东西或者说一个事实,也仅有在此,它才需要为后天给定的东西赋予先验性的显现。元素的这种单子特征在文字艺术(Wortkunst)中表现得最为清楚。当一个词根据音节的不同韵律、调值排列成不同的关系,它仍然是一种终极且不可消除的存在。图像中纯粹物质性的元素(人、动物等)也是如此,即使已经被风格化到抽象的程度,地毯上的符号也只能为确定性提供一些隐隐约约的暗示。然而,这种以抽象相对主义为目标的关系界限非常明显而强烈地转向一种积极性(Positivität):我们早已在其中认识到塑型的实质和价值的轻盈。只有通过抽象关联(Relation)与符号的这种关系才能获得最终决定性的意义,而这些符号对这种轻盈而言,是非理性且绝对具体的。即使关系体系成功地把所有给定之物都转化为必然,其质性仍然完好无损,世间万物相互之间无条件的联结,及其在现行合法性体系的无限性中的实现，变得深刻而神秘，同时又不失其自身的伟大理性：无言的法则似乎在此统治着那些法则无法解释的对象，这些对象虽不属于法则，但心甘情愿、兴高采烈地服从于它。成为符号的物相互之间的关系也获得了同样清楚明确又无法言说的法则：当一个词的韵脚听起来像一个完全没有意义又唯一可能的答案，当在一个图像的表层构造中人们的一切活动与树木、山脉和云形成神秘又不言而喻的装饰，那么这一切便与物如何在这样的体系中获得答案，这些物又是如何得以形成体系同样必要，同样神秘。这便是地毯的深度与美，就像列奥·波普尔在关于民间艺术①的那篇文章中对斯蒂凡·格奥尔格②诗句的情绪基调部分所完美呈现的那样：

> 人们在这里与动物缠在一起，
> 这奇特的组合又围上丝质流苏，
> 蓝色的镰刀点缀白色的星星，
> 它们在跳着僵硬的舞蹈……

轻盈在此已经成为一种行为，即合法性与物之间的自由演绎，这是物在其相互关系之间实现要么玩耍要么共舞的跳脱。有了装饰的概念、秩序和游戏的综合体，以及物的装饰性塑造的表层，一切非理性都可以融入其中，一切都被严格的法则包围，但当法则失去了强制性和必要性，当绝对性变得轻浮，当其不再平实易懂，这种塑型的目标就实现了，一切悖论也迎刃而解，因为一切乌托邦现实的映

---

① Leo Popper,„ Volkskunst und Formbeseelung ", *Die Fackel*, XIII. (1911), Nr. 324/25, S. 37 – 39.
② 斯蒂凡·格奥尔格 (Stefan George, 1868—1933) 是德国著名唯美主义派诗人，对 20 世纪初德语文学具有重要影响力，大批人文学者在其周围形成 "格奥尔格圈子"。——译者注

象出现了。

  这个塑型原则在最深刻、最本质的意义上是艺术的：它完全就是形式，是字面意义上"纯粹"的形式，这种形式创造了一件作品，其中一切愿望都可以最终交汇并得到满足，这件作品是一个真正的人间天堂，它使所有的矛盾同时发生，又为了创造一个天堂而使之相互和解。但是这个世界没有现实，它是抽象的，是一个写照，一个寓言，是对往昔愿望满足的再现，这个世界只能存在于主观自反的世界当中；当沉迷于变成毫无意义的、轻盈的物重新回忆起其自身及其物性时，这个世界就存在于已化为实体的元素的空洞性之上，它会在此刻爆裂，它闪闪发光的表层则变得模糊不清。这是必定的。地毯的可能性是一个个例，这种塑造的可能性可以成为最终的塑造；否则，各种塑造目标和材料都会在同等程度上抵制这种天堂般的且抽象的完成品。只有舞蹈、童话和某些音乐类型可以与地毯相提并论，但它们也是其他塑造原则的中间阶段。任何画面都不能停留于纯粹美丽的表面，它必须成为被塑造物在物质性中的体现，一切文字艺术都抵制将所有意义溶解在韵律、节奏和声音中的趋势。这个人间天堂（paradiso terrestre）由此成为失而复得的艺术天堂：每一种形式中的现实艺术都在触手可及和重新获得的现实中寻求装饰性的、脱离现实的家园。所以这种形式成了对每一种塑造的主要修正：沃尔特·佩特（Walter Pater）说过，"一切艺术都自始至终向往音乐的处境"[1]，如果把音乐理解为这种已经成为解放束缚、实现自由的游戏，那么这句话就相当有见解且优美了。

---

[1] Walter Pater, *The Renaissance: Studies in Art and Poetry*, London: Macmillan, 1913, p. 140。

然而纠正的作用在此超越了形式实际的可能性：构造的现实要回归它自身原初的样子；一种"纯粹"的形式应当再次实现，但它应当抛弃所有的抽象性，由此，所有的间隔消失而再次被转化为距离。现实塑造的问题和让现实回归纯粹形式的问题，构成了艺术塑造过程中需要解决的两组悖论。

对"纯粹"形式的分析揭示出艺术塑造中一个新的深层悖论——作品作为乌托邦现实的本质的悖论。显而易见的是，乌托邦最基本又最完美的成就消除了它的现实特征，但同时使最终目标比之前看起来更难实现。这就是为什么要实现艺术的乌托邦现实，也必须从另一面，即从现实的角度尝试寻求解决问题的途径；我们必须了解的是，创造出一个能意识到自己的能力，并且能实现乌托邦的现实，是不是真的不可能。但是，这种趋势的问题在于，它从一开始就比在纯粹的形式中更为明显。因为如果问题在于它对最本质艺术性的过度追求，那么在表达的原则中便已经存在超越艺术的倾向，而作品的绝对自为存在将会被毁灭。简而言之，这里出现的威胁其实就是自然主义。当然，这个模棱两可的术语对表述的清晰度产生了很大影响。什么是自然主义，或者更确切地说，有哪些类型的自然主义，只有在以下问题中才能真正弄清楚："什么是自然？"这个问题对于作品及其创作者和接受者而言，都已经得到了答案，而当创作者清楚地知道这一点时，他就已经以清晰明确的自然主义倾向为目标了。对此只能进行简单说明。

每一种自然主义的目的都是创造（或接受）真实现实的印象（Eindruck）。因此，它必然预设了某些普遍有效的标准，这些标准可以确定艺术创作的真实特征和真实程度。这些标准本质上可以是主观的，也可以是客观的，也就是说它们要么是印象的标准，是作为一种独特主观体验形式的现实经验的标准，要么是构成复合体客观现实特征的主要标准，其本质的可体验性虽然必要，但并不重要，且只作为一种后果显现。因此，它们要么是经验标准，要么是对现实的认知标准。无论这些标准是关于经验现实还是超验现实，它们都造成了一种危险，即在艺术产生之前，或者在艺术当中，存在一种现实，从中可以得出艺术品在何种程度上能够成为现实、成为被理解的评判标准，作品的塑造以此为导向，这种标准当中预先包含了作品的模型。一言以蔽之：这种标准对于作品而言，是一种超越其具体现实存在的价值标准。

但是随着内在性的废除，甚至仅仅是对内在性的模糊，作品作为艺术品的定在已被废除了。最重要的是，它的本质被确定为一种乌托邦现实，除此之外别无他物，作为所有充实倾向汇聚的中心，作品不仅是终极的，而且是无与伦比的，乌托邦现实对经验现实的"超越（übertreffen）"并不意味着在数量上变得更多，而是意味着质性差异。此外，我们已经认识到质料与形式的先定和谐是作品乌托邦现实的一个条件，我们也知道，一方面，只存在特殊的形式，另一方面，决定形式的"立场"的简单设定创造了物质（Materie），这种物质在经验现实中无可类比（Analogie）。然而，所有自然主义都蕴藏这样一个危险，即作品与普通现实的这种不可比性将被废除，在对艺术最有利的情况下，作品只会超越现实，即接受体验的结构从生命的破碎中被提升到一个内在的无距离世界中、充实中，作品接受的渴望的超越通过作品被错误地量化，它被实体化为艺术原理和创作者的现象学。

然而，还必须存在一种针对创作者的自然主义，因为没有这一点，没有创造现实的意愿，作品就无法仅仅从"纯粹"形式的抽象充实阶段变为具体的、塑造的现实。自然主义因此在艺术过程中产生了一个差异领域，这是一种艺术意愿的原则，它片面地以作品的现实元素为对象，以至于它必须以失败为目标才能真正实现。这里体现的现象学阶段与之前的区别最为明显：在对"纯粹"形式的追求中，本质的艺术性被发挥到极致，因此在艺术领域实现这种意愿是可能的，但恰恰是目标的达成揭示出这种意愿的片面性，这样一来胜利就变成了失败。在意图层面，意欲超出艺术而导向自然主义的意志，在现象学上必然失败，其悖论必定是无法解决的，这不单在于问题，然而失败在此又变成了成功：对抵达现实的必要性的揭示与对艺术超越意图中危险的克服。这一层次的基本结构使得创造和接受行为的现象学之间的区别，以及创作者和作品之间的深渊，也就是飞跃，在这里变得比在"纯粹"形式的层次上更清晰。由此，自然主义的问题应该被理解为危险与无法克服的统一，即艺术创作中元素先验的、由对象创造的连贯性问题，我们在这个复杂的问题中发现的各种悖论均与按此方式确立的创作者之自然主义的现象学结构相关。简要来说：第一，被刻画之对象的物性悖论，一方面，艺术创作的内在性要求其实体性完全归功于由"立场"决定的形式，另一方面，随其物质性、自给自足的实质性而来的是形式的必然消失，它完全独立于任何产生形式。第二，单个对象物质性的悖论与表达方式之间的冲突，也就是说，对象的表达目的在于尝试在每个所描绘对象的物质性中实现完全专业化和个性化的独特性，表达方式则是对于创作者而言作品能成为艺术作品的唯一可能性，即一种同质化方式,因此这只能非常有限地提供可区分物质。第三,对象相互之间、对象与作为整体的作品之间关系的悖论:问题在于,对于作品来说终极的、最重要的、具有决定性的现实如何成为整体的现实,也就是如何具体地充实单独的、严格个体化且具象化的个体对象的物性;是否可能不依靠自然主义所反对的违反对象本质的抽象性,从对象本身寻找有机关联,及其与整体的关系。(这看起来有些特殊,但在方法论上有必要将在"纯粹"形式中所实现的所有内容视为不在此,这些是创作过程中不同的、独立的、离散的现象学阶段,是实现作品的可能意图而非创作中自明的统一和连续的心理过程。创作的各阶段是有机联系的,只是在纯粹方法论的阐述中出现了尖锐的分歧,这一点不仅出现在研究结论中,在各阶段的相互制约和随之而来的完善中也很明显。)

在物性问题上,创作行为和接受行为之间存在剧烈冲突。对作品元素物性的假设只是客观表达出接受者对现实乌托邦式渴望得以实现的可能性的期望;他要求向他呈现出的作品,既独立于其自身可领会的功能,也独立于任何可感知的形式原则,因此,它不仅只应该处于自身之中,而且应该是自足的。对创作者来说,独立于其创作形式的作品元素的存在是不可想象的:被接受者视为作品现实的"物"的实体,对创作者来说只不过是创作关系体系的一个节点。如果我们从这两个角度来看单个对象的物性,就会发现是其统一性构成了作品,那么就会出现以下不可调和的对立:对接受者来说,在内容和意义方面都相互独立的作品的每个元素皆具有一种实质性(Substanzialität),这种实质性与看起来由此直接可感的,或在某些情况下与之相关的对象的单纯叠加不同,与一切突发情况的整体都不同。但对创作者而言，只有这些意外才是真实的：它们作为现实的结构元素呈现，创作者只有在其中才能获得创造的方式，对他来说，作品实质上只不过是一个由意外组成的有机整体。这种对比在文学作品中最容易说明。比如，如果一个人物在接受者看来是滑稽的，那么他一定具备突出的滑稽的品质，并以人的定在活在作品中；这种品质对他的存在越是重要和必要，人们越是能且只能在这种品质中强烈地感觉到人物的本质，这个人物"本质"的存在就越是绝对不能被打破。更确切地说，这种自发性和效果的深刻性要求这种"本质"作为自为存在的完全附加之物发挥效用，以此形成一种感觉：虽然本质存在于属性和实体的必要联结当中，但实体本身发挥着更大作用，而这些只能由此被暗示和体验，它既无法表达，也不会消失。不过对于创作者来说，滑稽既先于艺术创作存在，又是其实体：对于人物形象的存在取决于其内在可能性的这一现实，创作者以这种先验的方式将作品置于此处，埋下了实现和揭示这一实体的萌芽。这种对立一般只讨论创作者和接受者之间的对比，不考虑具体的自然主义艺术意愿，当其被包括在内时，这一问题似乎失去了尖锐性。然而事实上，这里所寻求的悖论首先显现出来。因为在自然主义中，有一种趋势与接受者的假设有一定的相似性：自然主义总是以这样一种虚构为前提，即有一种存在于自身又可以被体验的现实，其任务是尽可能忠实地再现自身，也就是说，"立场"和以预期效应为基础的表达方式降低了现实再现的纯度，这一现实是一种必然的邪恶，艺术家必须努力将其影响降到最低。这里出现的是艺术家对既存现实的态度，这实际上与接受者在已完成的作品中对现实的体验有很多共同之处。但是这种决定性的相似性，即与物相关的相同的物质—偶然关系，引发了创作者对现实和对作品态度的悖论。因为这个实体性概念不能在创作者可利用的一切作为印象和表达的有机组成中找到答案；如果个别艺术的具体表达方式只是一种对现实的模糊，其效果是掩盖自然主义者所试图克服的物的真正本质，那么这种表达方式永远无法抵达实质。无论每一个"立场"及其所有后果如何被消除，物性和物的实体总是无法企及的，自然主义者总是只能找到特性、偶然性、"立场"，而永远不会朝着现实中物的实体性完整的、无止境的过程作出任何徒劳的努力。接受者亦难以从所形成的物的特性中产生情感顶点和经验总结。毕竟作品中的"物"必须完成，它不应也不能是一种临时存在，或者没有迹象和边界概念的无止境的近似过程。但对于自然主义者而言，这可能并不重要，最终结果，也就是将形态最终修整为作品，对他来说才是一种艰难的妥协，是对徒劳斗争的放弃。作品仍然可以最终完成，对于接受者而言，这是在偶然性的积累中形成一种超越它的实体，而这一点在此是无法理解的；这是一个奇迹，一种天赋恩赐（Gnade）：是在此不仅看起来没有必要，甚至不可能出现的飞跃。

但是，如果考虑到存在于飞跃之前的自然主义本身的现象学过程，我们将会发现，最重要的是，接受机制更为关注物本身，更加敏锐和强烈地关注物的独特性，创造过程则试图将这种独特性强加于对立的表达方式。问题则由此变为：个体物渴望其实体性，而寻求的过程不由自主地指向其独特性，就像一个似乎存在可能性的要素，无限的过程在一定的妥协中接近现实，而在某种意义上，这仍是一种自我实现。可以说，对于创作者而言，物的独特性成为其实

109

体性的界限价值（Grenzwert）。在这里，这两个原则的调和似乎是可能的：因为单个物的独特性一方面只能被视为一种特别强调，即塑型中存在特定的关系节点，由于它们密度更大且与其他部分具有相对差异，它们积累成一种类似实体的结构，另一方面，自然主义者能够且必须在有限范围内从自身中排除与物相对的抽象"立场"，在物的独特性中发现其本质与最终的实体性媒介。我们由此似乎涉及解决方案中先验联系的问题，因为必要且矛盾的逆转在"实体—偶然"关系中，很大程度上失去了尖锐性；似乎可以想象，这里所说的这种逆转只表达了接受和创作行为的区别，也就是说，双方之间并不存在不可调和的矛盾。然而，这种近似的现实的前提却是，创作者和接受者的偶然性在这些过程中汇聚为实体，这些过程在本质上是一类的，并且只受到创作与接受行为中的享受行为影响。但是，我们无权获得这个先决条件，因为偶然事件在接受中，已然具备了物的塑造原则和本质的统一体这一前提。只有当作品的一切塑造原则都显现为物的本质特性，同时完全放弃其原始生产性特征时，这种结构才有可能实现，这是一个与自然主义的整体结构相矛盾的前提条件。因为将密度作为向物性的过渡所产生的两种概念，即一种是物性是"关系节点"，一种是物性是物由创造到以某种方式进行体验并尝试后建构具备唯一性，二者并不会同时出现。自然主义中创作行为与接受行为十分近似，正如我们所知，这与"立场"的消除有关，但同时，这也产生了严重后果，即创造现象学的接受者作为对创作者的必要纠正，其作用正逐渐消退，由于受到的限制逐渐减少，预期效果不再作为可能性范畴为创作行为提供基础，由此，这种行为因为错误的意愿最终失败。这里的问题在于，创作者所寻求物的唯一性是否与有效作品所要求的物性一致。但这只能被否定，因为自然主义无休止地追求物之唯一性的现实存在，但这一唯一性并不一定能决定物向特定形式的物性发展的具体方向，事实上，这一倾向的本质已经内含许多由此生发的元素。这一点其实已经包含在自然主义对独特性的理解中。从既已澄清的形式概念可知，在每一种形式中，只可能存在某一类型的差异（Differenzierung），且此差异有程度限制；差异催生出个体对象的物性，这一差异的类型和程度取决于上文论述的象征性，即对物质材料的处理，也取决于对接受者产生效应的可能性，因为接受者预期的是一个同质的效应序列。由于缺乏这种抑制力，自然主义在其实现物之独特性的强烈愿望中，必须超越个体形式的内涵，并产生出其内在元素既不能因其同质性而汇聚，也不能相互抵消的复合体。我指的是现代自然主义戏剧，其中人物对白的展开都源于对人类个体性塑造的努力，虽然这独特且典型，并且对人物塑造本身而言十分重要，但对于一般的戏剧观众来说，这些根本无法被感知，所以对于戏剧之外的人，这一切都显得非常苍白干枯。由此，自然主义在现象学中的失败不言自明：它永远无法基于某一具体确定的理论进行塑造并完成作品，就算暂且不谈其自相矛盾的本质，它预期实现的目标也足以颠覆并使其自我抵消。与此同时，这一现象学阶段的重要性变得显而易见，这是实现物质象征意义的方法。只有通过自然主义才能克服"纯粹"形式于物而言的抽象否定性，也只有通过自然主义与每一种以现实为限的"立场"之间的徒劳斗争，才能使形式与"立场"的每一种隐藏联系显现出来。纯粹的自然主义超越了"立场"并扬弃了自身和作品，而只有克服了自然主义，"立场"才能发展成为承载现实整体的载体和基础；只有击败了自然主义这才有可能实现，设定界限、终结和修饰的原则本身在自然主义中是找不到的，而这一阶段的重要性是不可忽视的。正如我们已经看到的那样，"纯粹"形式自身不可能将物从抽象和褪色的物性中提炼出来，也不可能将这一物性作为具体和已经实现的物，使作品产生具体且充实的乌托邦。物的价值和功能仅仅在于，它以其不可分割性赋予抽象关系之先天空洞的合法性以内容；而物之所以为物的原因就在于，它们即便拥有模糊的形式，它们也只是被赋予的，由于它们不能被废除，所以势必服从陌生的法则，并被一种同样陌生的必要性表象包围。所以只有伴随着自然主义，物的必要性才能进入创作者的现象学当中。当这种倾向首先表现为与表达方式之间的斗争并因此失败时，自然主义的意义则在此显现出来：通过对表达方式的要求，这些从抽象的关系特征中剥离出来的东西变成了具体的物的载体。只与这些所抽离之物相关但不一定和它产生实际联系的一切物与"立场"的关系（例如，绘画中的触觉表现、语言艺术中的"不可言说"），只有通过这种对抗才有可能完全抵达"立场"。因为即使这些东西隐晦地包含表达这一切的可能性，在表达的时候也存在着某种自相矛盾的东西，以至于它永远不会在通向"立场"的自然趋势中浮现。自然主义的价值在于它力求表达一切只与对象的物性有关的东西，而不考虑"立场"。它的失败是艺术形式内在自我修正的结果，是"立场"只允许与之相关的东西出现的权力；它对呈现给它的东西进行选择，并意识到其自身内在的可能性，这种可能性只有在与它相关，但不绝对依赖它时，才能实现。因此，自然主义漫无目的又无止境的努力并没有实现它的诉求，而是通过对物之形态的表达手段实现了一种先验必要性，如果这种形式原则与所有其他原则之间不形成对立，它亦永远不会成为现实。因此，"立场"的悖论性与双重虚构的特征在这里被非常清楚地揭示出来。一方面，从"立场"出发的关系体系必须被看作唯一可能和有效的现实原则；另一方面，"立场"必须仅仅将其自身视为一种基调，其中物的本质正好作为物被彰显出来。只有当两种虚构相吻合时，作品的真实性才会出现。"纯粹"的形式只能实现第一种形式本身，它把这第一种形式作为唯一的形式加以证实，这就是为什么只有抽象的乌托邦才能从中绽放，而这一抽象的乌托邦本身却包含着这种抽象性的清晰和完善。自然主义跨越了后者，扬弃了它的虚构特征，因此无法实现完善。它存在于第二重虚构的本质中，其中它似乎超越了最真实但过于狭隘的艺术性，它从一开始就不能被视为虚构，只有从过度紧张所产生的失败中，其真正的充实和富有成效的本质才能产生。

由此可见，物质性的悖论就本质和后果而言与物性密切相关，似乎致力于使每件物独一无二的物质性与赋予每件物其自身的物质性是等同的。然而，这个悖论可能指向一个更窄的范围，也可能是更广的场域。就更窄的范围而言，它甚至只是其中一个部分，因为物质性只是物性复合体中的一个组成部分，但它的意义远不止于此。由于个体物的具体物质性同作品中出现的所有物都必须接受的"立场"所赋予的物质性发生冲突，作品中单独的相对独立的元素之间的关系成了问题。这个问题会进一步导致这个阶段的第三个悖论。诚然，作品中个体独立元素之间的关系仍然是微弱和消极的。自然主义艺术创作的意志总是指向每件物的独特性，如果它不反对异质性带来的抑制，它会重新建构与每件物相关的表达方式，以完全公正地对待每件物的独特性，或者由于这难以实现，至少要尽可能接近那些无限差异化的物质性的表达方式。在这里，自然主义最显著的特征也是它与艺术表达方式，即与试图从表达中榨取一些不可能的东西之间的斗争。这种不可能性是双重的：首先，正如我们已经知道的那样，任何艺术形式的物质都有一个统一的物质性，它本身独立于特定物的任意特定物质性，但它是自然主义者唯一可用的表达方式，他们寻求每个特定物质的独特性。然而，其次，这种抵制分化和规范的表达方式的统一性不仅基于物质的性质，还依赖于创作者本人的个性。尽管有意识的自然主义竭尽全力对物的所有规范进行公正处理，但是在接受能力，尤其是表达能力方面，这总是具有先验的定性，这是永远不可能超越的限制。尽管有意识的自然主义尽一切努力使物质的所有规范都得到公正对待，但这在接受性上总是具有质性的先验性，在表现力上仍然更强大，这是一个永远不可能跨越的障碍。物质性分化的两种阻碍在元素之间产生相互联系，因为由此产生的艺术技法的物质性对于作品的所有部分必然是相同的。因此，它形成了一种消极的、抽象的但又无法解决的联系，尽管最初是无意的。在这里同时出现的两个概念，即作为一个整体的作品和作为个性的创作者，在自然主义艺术意愿的这一阶段，指出作品表达在此所受的限制和障碍，这也第一次被作为现象学范畴的问题提出。

由此，作品作为一个具体整体的概念首次被提出。只要我们只谈"纯粹"的形式，那么形式和表达方式的物质性就主宰整个作品，而创作者人格中在质性层面无法比较的部分则毫无冲突地存在于其中。这种物质性，一方面作为形式的唯一实体不可逾越，即除此之外没有任何东西可以表达它；另一方面由于它与个别物的关系是抽象的，它就是灵活且柔顺的，它不可察觉地屈服于每个创造人格质性中先天的（das qualitative Apriori jeder schaffenden Persönlichkeit）细微差别。（任何民间艺术，尤其是地毯制作、手工艺等都是最佳例证。）在自然主义的第一阶段中，只单独谈论个别物的物性，因此这种联系就更不重要了。当然，通过形式创造的"立场"对物性的确定是已然将作品视为一个具体整体，而在创作者对接受行为的趋近中，个性问题进一步凸显，不过至于对这一问题的解决，或者无法解决，或者还有其他的阐释方式。然而，创作者对接受方式的倾向非常强烈地体现在这一过程当中：这种行为的目的是尽可能减少人对他所面对的现实的积极的、先天的偏见，并且尽可能对抗人的存在的必要狭隘性，以及他对自己的质的限制，也就是他为了创造所作出的一切努力，这种行为致力于将创作者变成一面纯粹的镜子，以反映每个物最本质的特征。但是，这种障碍的不可逾越性，即人在先天的质性经验中所受的禁锢，就更不明显了。因为单独考虑对象时，主体面对自身似乎比面对对象整体显得更为灵活，尽管这种接近对象独特性的可能性因无法将它们组合成一个有效的统一体而再次消解，作品的思想也由于成为自然主义障碍的创作者个性，显现为一种抽象的否定形式。但是这里的这种联系是从一开始就被赋予的，即使对于自然主义来说，它只是一种必要的恶，是一种对所有物都类似的态度，以及再生产的模式化程序。个性和技术前提的抑制作用的这种统一源于这样一个事实，即两者本身就是统一的原则，这些原则可以自由地根据自己的先验性创造一个世界，并迫使其中的所有物成为统一体，自然主义则与之抗争。因此对自然主义来说，技术作为一种个人能力和处理艺术材料的可能性的表现，只是它所要克服的抽象范式的进一步抽象化。但这种抽象性与"纯粹"形式的抽象性是完全不同的：它标志着在所有尝试接近（Annäherung）的过程中，普遍性都败给了特殊性，它不再是那个背离现实的普遍性的理所应当的内在静止。在这里，抽象是强烈而痛苦的，而这正是因为它不再足够抽象，因为它已经在最大程度上脱离了它的本质。创作者的个性使这种关系进一步具体化，其中这种强大的范式更显而易见：这一斗争不是针对通常存在于技术中的差异化的可能性所带来的限制，它针对的是完全具体的内在技术的个性特征和能力。这就像绘画中的自然主义倾向不仅意味着试图克服颜色的物质统一性，以支持物的物质性，还意味着在物中争取一种独特的重量、密度等性质，这与应该使用笔触所赋予的同类节奏形成了鲜明的对比。不言而喻，这场与艺术家最强烈主客观联系之间的斗争必然失败，但这场失败的后果却更有意义也更有趣。对先验经验质性细微差别的进一步拓展早已被揭示出来，而更重要的是对目前还只是假设、抽象性存在的物质的具体化。普遍技术的物质与具有物质性的物之间的冲突比乍看之下要复杂得多。单个物与技术物质之间的距离时近时远，有些东西似乎轻而易举地就充分与技术相适应，其他东西则与技术难以兼容，物的冲突则更加严重且令人绝望。然而恰恰相反，当一个作品元素自然的显现物质（Erscheinungsmaterie）与技术物质非常接近时（例如诗歌中的对话），两种物质之间的悖论就变得比它们彼此无限远离时更加严峻。不过，这却极大地缓和了两种物质之间抽象关系中的粗暴性，如果它们相互关系的复杂化并不能消除其中的悖论，而只会使其变得更加复杂，那么它只会通过这种复杂性变得真正富有成效。自然主义的内在悖论在这里首先表现为：对特定物质性的接近或近似不仅基于对技术的抵抗，也立足其自身，此外，自然主义视为塑造前提的虚构性（Fiktion）实际上并不是虚构，换言之，艺术家在他所寻找的某种特定的典型特征（Charakteristisches）中窥见了自在（An-sich）。例如，如果将对话作为材料给予说话者，使其作出自然主义式的"模仿"，那么纯粹的自然主义显然必定失败，因为为了从人的语言回到只是在具体方面孤立地考虑的人本身，有必要建立一种语言以包含且表达人的本质虚构，这在此也是一个"立场"，是一种不可消除的先验性。而达到一定限度时，越是违背"立场"，被描绘的人物就越有典型性，但越过这个界限，典型性就消失了，细微差别失去了使其凝聚的中心，由偶然性的累积、规范和提炼而被渴求的实体则自我扬弃。（一个真正"典型"的人物在多大程度上已经在作品中表现出价值，不是我们在此要讨论的问题。）不仅如此，物的每一种特定的物质属性对于自然意愿而言，不仅单独且确定地出现，也在联系中否定地发生：在另一种情况下，一个物的物质性与另一个物的物质性相对。所有艺术的关系主义（Relationalismus）及其关系体系对自然主义反叛"立场"的依赖性，在这里变得更加明显：个体物彼此之间越接近（例如，处于相同环境的人），对"生活"的"无立场"的接近（standpunktlose Annährung）的广泛丰富性就越无法表达这些个体物的特殊之处，就越无法将它们分而呈现；必须在外在显现中作出越来越果断的选择，那些与其他物相对立的，必须作为特殊且重要的内容被典型化。在这个意义上，必要的虚构就产生了，好像那些在作品中与相邻的物最为不同的，正是作为其本质被描绘的东西。自然主义内在地敦促物之间的这种联系产生，技术物质性则从以下方面对其进行反对：首先，没有内在充实就不可能有形式，即使这些内容不具有代表性，甚至十分苍白。因此，如果与自然主义的规范要求相关的技术物质性也是一种抽象的、纯粹正规的形式，那么它本身就充满了内容。每一种颜色、每一条笔触或凿痕、每一个字都只是物被塑造的物质性的一种形式，不过这些也可以脱离表现功能的支配，具备一种不局限于物但仍然清晰明确的内容——一种情绪价值（Stimmungswert）。其次，这种情绪价值对于不同物质元素而言是不同的。甚至技术物质性的统一也只是一个关系概念，它表达了它与个别物的关系；就其本身而言，物质的每个元素都有自身的情绪价值，各个元素之间可以形成一个与情绪相关的关于对比、细微差别、强化、弱化之类的体系。因此，一方面，在原子化的自然主义中，存在将元素连接起来的强迫性；另一方面，在规范要求的"抽象"统一中，存在强烈的分化趋势。但具体而言，双方的趋同只是众多可能性中的一种，此类自然主义以及它所反对的技术，都不是决定双方胜利的必要条件。在创作者的个性中，他的先验经验推动了对差异的融合，其表达的广度决定了技术中可能出现的细微差别的差异程度，而这只是巧合发生的一种可能性，并非必然。但是这种可能性是由自然主义及其失败赋予的，伴随着物质象征主义的可能性，它已经变得具体：典型性和情绪的巧合，源于物之印象的细微差别和物质表达的细微差别的巧合。自然主义无法实现这种可能性，因为对自然主义来说，尽管整体的概念接近一切物，但它只能作为一个抽象的障碍，无法作为一个具体的目标来实现。

当然，对于自然主义的艺术意愿也存在一个具体的作品整体。这种整体性是由两种自然主义意图决定的，它们为了使作品成为可能而同时产生，尽管二者相互之间存在某种趋同性，它们仍然不能在自然主义的基础上实现统一。第一种趋势是，作品元素之间的关系，即一种物性关系，这是专业化和多样性的结果，是相互独立的现实之间的关系，也就直接被自然主义从塑造目标中排除。第二种趋势是，作品作为其所有构成要素的具象总体，实现了一种超越其单纯数量总和的意义并独立于它。第一个复合体处理真实关系中自然主义表达性的问题（相对于装饰性构图关系）。无论如何，表达都是朝着其孤立的独特性努力的，那么物之间的关系就与物本身一样具有原创性和不可逆转性。例如，对于要描绘的人，他站立的地方、他存在的事实，都要以一种诗性的形式，同时将这个人与其他人或人际关系、机构等之间的关联表现出来。不过对自然主义者来说，这里出现的悖论在于，物及其关系虽然将这样的现实视为真实，并以此为基础进行塑造，但它们相互之间的感性显现价值（sinnliche Erscheinungswerte），即表现的可能性，完全不同。在对具体物性和物质性的分析中就会发现，可表示性的元素隐含地包含物之间的某些联系，抽象是不可避免的，并且人们只能在一切可表达性前提下预测虚构，物本身则被证明是具体的，而与其相互关系和构成它们的实体的偶然性相比，它们是感性且直接有效的外观价值。另一方面，既定关系在自然主义者面前的直接性是抽象的。因此，使人成为独特显现的一切都是可见的，或者至少可以很容易地转化为可见性，而人与其立锥之地的关联，以及这种关系的本质与稳固性，是一种认识，是一种实践的、后天（aposteriorisch）的经验，它不会立即被感知；这也是为什么汉斯·冯·马莱①能中肯地将其视为绘画必须解决的最严重问题之一；在物性上相互区分的对象的内在组成也反映出物与相关外观的异质性，例如头部"设置"在肩膀上等。这种由经验现实给定的抽象的物的关系完全不在自然主义的考虑范围内，也不会被纳入"纯粹"形式所能创造的抽象装饰关系范围。因为对于自然主义的表达方式来说，只有物才能实现感性的实体性，而它们之间被赋予和被抛弃的关系，只有在不失去其关系特征的情况下，才能在物的特性发生变化的时候被塑造出来。但自然主义迫切希望实现的这一假设，在自然主义前提之下却是无法实现的：确实必须将与物的每一种关系都转化为与之相连的物的直接有效属性，为了真正实现这一点，这个属性特征需要以一个自然主义无法实现的物的概念为前提。实现这一假设需要一个物的概念，其中物性，即物的实体性，在与其他物及其整体性的关系中发挥作用；如果没有那些物的理念中的关系，物不仅不能成为现实，甚至不能被思考，仅有这些关系才能充当物的属性，且具有相同的、感性的、即刻生效的外观价值，就像物的其他属性一样。所以，不可能在画中人物与其立场之间，或者在悲剧人物与国家理念或历史情节之间，建立一种与艺术塑造的力量和完善性等同的联系，就好像当这里所论述的人不是先验的，其内在本质是伟大历史时刻的命定英雄，那么他的外貌或心理"特性"也是无法建构的。

---

① 汉斯·冯·马莱（Hans von Marées，1837—1887）是德国浪漫主义时期魔幻唯心主义（magischer Idealismus）画家。——译者注

但是这种关系永远不会是片面的，只有当它绝对地构成物的先验性，以至于一切都只会且只能存在于其中时，它才能实现，即在直接存在的人类常设观念中，人不仅相对于他所站立的地面而存在，地面也完全基于其作为人的站立载体这一"属性"而存在。只有通过"立场"之不受限制的、可设定存在的（existenz-setzend）全能性（Allmacht），物的具体整体才能作为一部作品、作为一种已实现的乌托邦式现实显现出来：物之间的陌生感由此消除，然后物与自身之间乌托邦的间隔也消除了；但当双方彼此联系起来，他们的这种关系作为他们最内在和最个人的存在从他们身上闪耀出来，这一联系更加强烈且深刻地出现，使双方自身得到充实，其自身存在不再作为抽象的他者脱颖而出，而是作为同属中的不同个体，作为统一的基础和载体，将自己排在平和与张力或者安宁与冲突中。那么，"立场"就是吸引一切的秘密核心，一切都从中产生、出现，它就像是可以使物自行分娩的苏格拉底式的助产士；创作者的"个性"只是宙斯的头，作品形式的技术是赫菲斯托斯的锤子，在此基础之上，始终是完成的却从未存在过的帕拉斯·雅典娜①在全副武装下消失于世界之中。

自然主义永远无法实现"立场"这种创造现实（realitätschaffend）的权力。因为无论是个性还是技术都无法提供这种天赋性的帮助；它必定永远缺乏关于整体、部分及其关系的观点，因为它不是在"立场"中看到这种创造性的虚构，而是在寻找一个没有任何"立

---

① 帕拉斯（Pallas Athene）是希腊神话特里同（Τρίτων/Triton）的女儿。雅典娜无意中杀死了她，为纪念她，自己改名为帕拉斯，自称为帕拉斯·雅典娜。——译者注

场"的世界，在这一过程中，个性和技术的决定性只是一种障碍和抑制。在这样一个"无立场"的世界里，物彼此之间保持抽象的差异性，它们的关系也保持抽象。对艺术而言，每一个绝对自在（An-sich）都是无用的，这正是因为艺术总是具体的"关涉性"（In-bezug-auf）必须以绝对自在的形式出现。自然主义正是在它所致力于实现的根本问题上彻底失败了：它只能假设地指出这种满足是一种必要性，而不是一种可能性；在最终必须始终以个体的、绝对的物性为目标的自然主义中，没有能连接和支撑部分形成统一体的整体概念，在相互依赖、相互吸引和排斥中也没有和谐，物的完整性没有得到充实。但是，即使是以元素的积极、有价值和相关多样性中产生的张力作为最终能产生作品的丰富的开端，自然主义也还是无能为力；这种张力只有在具体物性和抽象关系的同质性中才有可能，而这种同质性在这里是找不到的。自然主义在追求与物的关系上超越了单纯地抽象并抛弃异类、孤立的元素以寻求一个整体的处理方式，其中唯一性和差异性是应然的载体，但它只能增加差异，使其达到一定程度的具体化，然后通过打破平衡来强调价值，从而帮助克服"纯粹"形式。它无法实现真正的张力，因为物在这里比它们相互之间的关系更强大、更重要，它们打破关系从中出走，并拥有远远超过这一关系本身的存在的广度和充实性。但是这种广度是贫瘠的，因为被打破的框架无法形成真正的张力，其中的充实便也只是无实质性（Wesenlosigkeit）的积累；自然主义者中的英雄都超出了他们的命运，没有任何事件可以破坏其整体性，但是这种富足逐渐衰落，因为事件永远不会成为命运，人也不会由此成长为英雄，因为事件必须被简化为片段，它也只能以此为目标。

但是，还有一个关于整体性（Ganzheit）的自然主义概念，作为一个超越数量总和的整体（Totalität），问题在于，这个概念是否无法取代这里所缺少的东西，也无法产生作品，是否那些必定从元素提升为整体的东西，不能再从整体下降为部分。这种整体性首先指整体的大小，它产生于所有元素及其真实关系的总和，但它具有超越这种产生特征的价值，以及无法从价值中推导出来却决定这一价值的品质。作品的大小与"纯粹"形式的格式问题相对应，只不过，这是一个将以比例（Proportionalität）为目标的不合理格式消解为纯粹关系的问题，而关键在于，如何在自然主义者眼中的整体的大小与同类整体中各部分的大小之间，直接找到一种对两者均有构成作用的关系。这种大小首先是对作品要素在时间与空间维度的总结，因此完全是给定的、可接受的、经验的；只有当包含所有要素的（整体的）类型无论作为这种必然性的原因还是结果都一样具有必要性意义，并且这种类型显现为其自身有效性的自足统一体时，它才能获得超越这种经验现实特征的意义。这种总结性的结构对于一切艺术作品而言，都是其形态构造的必要前提：这是将作品与其余现实分开的原则，是为作品设定的界限，并由此成为作品存在的设定。而作品与现实之间必要的、先验的、决定性的界限设定，这种由提升（Azhebung）产生的双方之间绝对的不可比性，是自然主义无法接受也无法执行的。对于自然主义，以给定现实为前提并实现这一现实，不过是从相关的经验现实中将作品提取出来；作品应该达到的是绝对的现实，或者至少是其最真实的映象，不过，原则上这也并不意味着该作品在所有方面都比经验现实更接近这个绝对的现实，它甚至可能是完全落后于经验现实的；但无论如何，这只是超出或不及经验现实的问题，而非与之存在差异或完全不可比。由此，"伟大"的经验特征不仅没有被克服并变得必要，甚至还被设定为必要的经验性，甚至可能是偶然的和约定俗成的内容："真实"的现实本身没有设定界限的原则，对于将界限视为终极价值的观点而言，界限是偶然（Zufälliges）的，它仅仅是主观的，是与人格一同被给定的对"真实"现实再现时的必要模糊。每一个自然主义的艺术理论家都认可作品大小的这种偶然性；"大自然的一角（un coin de la nature）"、"片段（Ausschnitt）"等这些表述都清楚地表明了这一点。然而，大小的随机性决定了联合和被联合之间的关系中的反身特征：如果联合不是其所有内容的一种生产性的先验性，那么它只是一个可以盛放东西的容器，而能盛放多少，我们只能确定一个极大的近似值，至于其中盛放的是什么，以及它们之间如何相互关联，永远无法得知。当然，哪怕只是相对的，作品的这种整体性也在某种程度上从现实中脱颖而出，并创造了会对作品元素产生影响的自己的效果质量，但这种同一性只能是相对的，因此这种影响对于物而言也只能是自反和抽象的。从自然主义的前提和方向来看，"片段"的选择只是以"立场"为条件，即这是纯粹主观的。也就是说，自然主义的创作者从一个综合体的某种整体印象出发，试图塑造这种印象及情绪的客观载体，他从现实中选择最合适的元素，或者只要他把印象作为一个整体并且已经将其客体化，"真实"现实中的元素就成了客体化印象的载体。可见，创作者为他的表现元素创造了一个"环境（Milieu）"，它具有自己的情绪特征，并包含一切作为表达的普遍原则的作品元素。但这个领域只是字面意义上最狭义的封闭，它既不具有穿透能力，也不是对物的创新；它只是一个主观方面，是从现实中作出的选择的"视点（Gesichtspunkt）"，而不是创造现实的"立场"；从这个"视点"观察到的物，保持着其所处的自身环境，即整个现实部分当中的情绪，物在其中具有自己的定在和物性，先于并独立于概括和连接它们的这种情绪。自然主义的整体性概念赋予作品的统一性，不是在已形成的物的关系体系中对作品的决定性建构，而仅仅是物及其关系的情绪一致性，物既不是由这种统一创造出来的，也不是由这种统一安排的，它们的秩序或混乱独立于情绪一致性的发展，它们只是内含于其中，并从这个"视点"来看具有一定的统一性。任何自然主义的艺术品都可以说明这一点：无论多么完美且统一塑造的环境，都不能给人物和戏剧或小说的情节任何真正的统一，就像一幅画作情绪塑造的成功在于人们可以将情绪的概念扩展到它的一切氛围效果中，但对这种情绪的构造本身却无法进行解释。

这说明自然主义在一切可能的努力方向上都失败了；它仅仅为"纯粹"形式的"立场"所作的拓展是如此明显，以至于无须详细分析：正如上文所述，物的情绪就是，物作为形式的物质性情绪的对立面与补充所产生的情结（Komplexe）。在此，更重要的任务是再次反思这次失败的最根本原因：无须赘言，创作者的人格首先是作为自然主义的现象学问题出现的，但同时，这种人格总是作为自然主义要克服的东西而受到质疑。试图克服这一点的努力是徒劳的，也是自然主义失败的最重要原因之一。自然主义的人格概念源于自在存在的"真实"现实与相对主体之间不可调和的二元论，而后者试图通过模仿来实现这一现实。因为这个决定目标和任务的现实是完全客观的、纯粹附加的东西，主体不参与其中，所以创作者的个性必然成为实现这一现实的障碍。但是出于同样的原因，这个客观存在呈现给主体的一切，都只是一个部分：是要实现的客观世界的片段，也是永远无法形成整体的碎片。而这些片段亦不是自然主义所寻求的客观性的真正片段；它们只是客观性的主观方面。即便主体竭尽全力摆脱一切仅仅是主观的东西，无论是直觉还是表达方式，这些方面都不能失去其与客体格格不入的纯粹主观特征。通过这场斗争的英勇程度，主体可以发展出难以想象的广度和复杂性，从而获得以其他方式无法实现之物，但他永远不会走出这个范围，他所发现的现实视角仍然只是外在于他自身的未实现的现实的一个方面：这是被寻求的客体的反身性，即其真实联系与其整体一样难以实现，这也是重构形态的反身性，由于受主体影响太深，以至于无法回溯其起源，它太过琐碎且断裂，以至于难以形成自己的合法性，而其创作主体过于否认自身，以至于没有将其任何主观性强加给作品。自然主义的决定性问题现在表现为创作者压倒性的、不可逾越的主观性，自然主义由此真正成为差异领域。借用现象学表述，在自然主义者那里，经验形式相比之为作品塑造的技术形式而言，获得了决定性的优势，这就是为什么对主体而言，技术手段和他自己的主观感官都只是一种抑制，在此他的意愿针对自身，却可以在这种抽象的反对技术和人格的趋势中，不要求任何实证性与作品的具体方向。业余人士的现象学类型在这里以更深刻的形式再次出现：在性格学（Charakterologie）方面，技术形式在经验形式与对作品的暗示之间完全没有产生联系，它无法超越经验中模糊的断裂；这里只谈论经验形式的强大优势，这种形式与其自身进行着绝望和徒劳的斗争，尽管最终失败了。相反，我们可以由此在"纯粹"形式的现象学生产者中，重新找到深刻而高贵的艺术家代表：对艺术家来说，自我建构且自足的技术只是一种空洞且喧闹的投机取巧；而在"纯粹"形式中，技术形式却比经验形式更重要，它潜移默化地融于其中，不过虽然最终会呈现一个完整的作品，但这只是一个没有现实的抽象之物。

因此，我们以一种本质上更具体、内容上更充实的方式，再次遇到了天才中的一种现象学类型：经验形式的先定和谐曾经也许是教条式的概念，在艺术的技术形式中成为先验逻辑性的，只有当作品出现的主观条件（经验形式）与其存在的客观结构原则（技术形式）相同时，作品才能产生。每个作品实现的客观时刻都存在于其对主观观点、愿望和评价的漠视中，这在接受者的经验中反映为对其可接受性和一般形式的摒弃；"'存在'的范畴，"文德尔班说，"……除了意识内容相对于意识功能的独立性之外，没有任何意义。"① 因此，艺术现实的条件是其中有意义和无意义、强调价值和否定价值的内容拥有同样稳定的存在，而这种脱离价值的现实结构，必定包含着一切痛苦的与高尚和意义相对的冷漠敌意。故在创造作品的过程中，艺术必须对既定的普通现实作出一种与它自身所受的神义论（Theodizee）认知过程的影响相似的转换。但是神义论中荒谬的消除是通过与它的存在的一种超验辩护之间的联系实现的，因此成为认知或信仰的对象，而荒谬要成为直接体验的对象就必须获得一种内在意义。但是，如果荒谬要在直接经验中得到肯

---

① Wilhelm Wincelband,„ Vom System der Kategorien ", *Philosophische Abhand-lungen – Ch. Sigwart zu seinem 70. Geburtstage gewidmet*, Tübingen: Mohr, 1900, S. 47 – 48.

定，而不需要先验的合法性，那么在其直接给定的表象中，它必须成为载体，成为一种无条件的前提，一种绝对的价值条件；只有当价值的强烈体验在没有对立面便无法实现的情况下，荒谬才失去其反价值（wertfeindlich）特征：它已成为音调体系中的不和谐音。而在这种有点先入为主的比较中，上面所说的仅限于使用正确衡量标准的情况：与意义或可能价值的封闭体系相对立的不是荒谬本身，而是一个相当具体的荒谬（或者也可能是荒谬性的复合体）被引入这样一种关系，在这种关系当中，它成为一个同样具体确定的价值前提。然而这样一来，不仅荒谬与价值的敌对性消解，转变为与价值的密切联系，意义与荒谬的价值对立也必须让位于两者的统筹。这种统筹如此全面且强烈地渗透于两者之中，以至于在这种关系之前，一切受到的肯定都显得苍白、贫瘠、寒酸，而以前被否认、恐吓或压迫的东西，则闪耀着内在必要性和完美的纯粹荣耀。这是艺术创作能够保持其现实性的唯一方式：一个独立于任何评价的存在，其定在和如在（So-sein）的必然性仅决定于其自身的内在结构。对于寻求价值和在寻求过程中不应当出现的经验主体的情感表现而言，具有反价值性的既定经验现实的非价值（wertfremd）本质，在这里得到澄清，并被需要和赞同。只是那种本质与价值的距离是否定性的，并且完全无关价值，因此无论认为其是否具备价值，都无法使可能性达到最高程度，而我们所处理的则是某种肯定性的存在，即同种或相似发展过程中一种同质性的载体，它基于预先设定的意图，使可能性达到最高程度。这里实现的现实，既取决于潜在对立的深度，取决于意义与荒谬之间张力的力度，也取决于同样支持和滋养其基础存在的强度的平衡力。而张力和平衡的重要性不仅与作品整体有关,也指向各个部分;作品还处于回归原始现实的关系当中,换言之,基于价值与无价值的同质关系,不是作品中具有与存在分离且相互之间存在明确分歧的价值和非价值的同质性,而是意义、存在和荒谬在每个单独元素同等力量的统一和斗争中保持平衡。这项工作的无穷无尽源于一系列评估的转变和融合:这些元素获得了一种自为存在(Fürsichsein),即一种固有的丰富性,同时又获得了某种无论如何都无法实现的非创造性的东西,这与这些元素在经验现实中的实际特征一致,但在强度上必须超越现实,因为作品是以之为基础的同质塑造;元素之间的关系获得了清晰意义(Klarheit des Sinnes)和基本存在的混合,这是无法从其他任何地方获得也永远无法被片面把握的类似的混合,它揭示出经验世界的无穷无尽,无往而不胜。由于沉迷于自身(Sichverlieren),接受者的客观表达也是无穷无尽的,所以这里需要有计划地呈现一个对极致感性世界进行体验的方式;正是经验世界使人迷失方向,为其带来孤独和失望,因此,对先验价值标准的必要放弃,或不再对存在之物进行充实,成了意义的载体。

  作品世界的这种无立场性(Standpunktlcsigkeit)自然是将"立场"作为先验的创作前提:就像已经强调的那样,现实的转变和新现实的创造只有将经验现实的某种荒谬且令人痛苦的观点引入这种意义关系才可能实现。这个世界的现实性完全从属于"立场",所以"立场"才是创造实现(wirklichkeitschaffende),即先验形式的实际创作者。"立场"的世界观特征现在才真正得到澄清,而它设定了非常具体的世界秩序,其中超存在(überexisfentiell)原则既作为物及其关系的承载者和向导,又作为这一现实的内在本质而持续存在。无论

"立场"在这一方面有多么形式化且没有具体内容,它都必须始终以非常具体、独特的物表现出来,在其中充实自己并与之在内容上保持一致,仅有如此,它才能实现内在充实。这就是创造悲剧的"立场",是死亡与厄运的意义,以及生命被残忍中断的意义。只有当这样一个世界出现,悲剧才有可能发生,在这个世界中,死亡不指涉一个超验的世界,即死亡不是真实的终结,也不是通向真正存在的大门,不通向生命唯一值得想象和赞叹的巅峰;也就是当源于生命的所有价值都将死亡视为其唯一真实和本质的实现,并且在这个现实中,其他一切都是完全不可想象的时候;当在一个世界中,人们的心理能力、彼此之间的关系结构、他们周围环境的规律,从他们的社会学到形而上学都明显以死亡为最终目标的时候;对于这个世界的价值观来说,当死亡的缺席成为一种贬低,像是一种丢脸的事情,又像是可怕且不可容忍的事情的时候。(参见《心灵与形式》中《悲剧的形而上学》相关内容。)在这个意义上,灭亡和死亡代表悲剧中的不和谐概念;这种不和谐是一种得到认可的荒谬,是比在"生活(Leben)"中更深刻的能使人获得意义的盟友和助力;这里的不和谐,就像我们在勃朗宁的诗《阿布特·福格勒》(*Abt Vogler*)① 里能感受到的那样:

> 为什么停顿时间延长了,
> 歌唱的声音会发出吗?
> 为什么要急着把不和谐揉进去,
> 和谐应该被珍视吗?

---

① 即格奥尔格·约瑟夫·福格勒(Georg Joseph Vogler,1749—1814),他是德国作曲家、管风琴演奏家与音乐教育家。——译者注

然而，不和谐已经不仅仅是和谐的背景与强化。它不是为了通过黑暗的阴影，不是为一个连贯的秩序增强光亮，才在时间上先于和谐，它也不反对以综合分析为目标的辩证运动，它只是作品创作的先验原则，具有概念优先性。死亡作为悲剧中先验的不和谐，是悲剧创作的可能性和必要前提，它解除了普遍公认的荒谬与无意义性，成为先验的结构，并以同等张力渗透进英雄人物及其命运、性格特征与行动、精神情绪和场景的装饰对比当中，使双方同质化并显得同样真实。由此可以认为，艺术产生于接受者的孤独，以及与其同处一个空间中的物，这种空间与他们的内心深处是格格不入的，因而是敌对的、不透明的、模糊的，在接受者的无助和内心混乱中，每个物都是异类，在这个世界中，对统一和秩序的渴望与一个人必须应对的世界之间似乎只有实际抽象的、反思性的平衡。与时间优先性不同，形成形式的不和谐的概念先验性在这里展现得更加清晰：在已经完成的绘画作品中，不和谐作为荒谬，已经在艺术家的某种意愿中被消除，而它所受到的肯定与发生的转变，则成为终极意义的必要载体；当一个人开始作画时，物已经开始在实际空间中迷失，而要在为它们准备的空间中找到自己的归宿，物的多物质性（Vielstoffigkeit）只是对它们统一性的丰富。"立场"的世界观特征恰恰在于，世界在其中可以被看作是与特定的荒谬性相关的，这种荒谬性被"立场"的特定形式肯定，仿佛它的意义无非就是这种肯定，仿佛普通的现实也是以这个意义为目标却永远无法完全实现的，仿佛这里出现的形式只是世界意义的揭示。

当然，这也是一种虚构，是一个无端且错误的前提，但在应用中，它产生了一些本身正确和完美之物，即使这些与其虚构性内容的表达意愿完全不同。这正是卓有成效的误解：艺术家从他的"立场"出发，将一种特定的荒谬作为世界意义的明确载体，他不仅误解了现实的真正意义（无论能否实现都一样），而且通过将他主观上任意的看法，也就是经验的实体化，与整个客观现实（即技术）相关的同样任意的观点联系起来，从而更加远离这种意义。他的虚构是一种双重结构：现实不应该只追求主观的经验意义（Erlebnissinn），表现这种感觉的手段和方式也应该是艺术创作需要考虑的。由此，误解无法消除，甚至变得对于由此产生的结构而言至关重要。当再次提到创作作品时，艺术家的主观性则不再仅仅是主观的，而是成为客体化的障碍：一方面，创作者的经验，即从荒谬到不和谐的转变，变成世界的意义和本质；另一方面，技术被实体化为表达的唯一可能方式，二者在目标上具有先验一致性，新的客观世界的重要先验性则产生于这一统一。这个世界与普通经验的唯一共同点是它可以被直接体验，当它被认为是这个世界的表象、实现或本质时，就会受到双重误解。但是，当由此产生的结果不被视为终极的时候，当一个人想要超越它并在它的帮助下达到"本质"时，就他面对经验现实中一般的误解所不得不做的那样，这种双重误解就只是对"真实"的一种模糊。然而，如果目标就是这些误解的产物，那么它们的统一是必要的，也是新客体性存在的基础范畴；从对误解产物的体验中产生的新误解（这一点我们之后再说），是被规定的，并且是符合该范畴要求的。

艺术家视象（Vision）的现象学意义由此得到确定：视象作为不可侵犯的现实、作为"真实"的现实和对隐藏的真实意义的揭示，是这个由双重虚构确定的新世界的直接体验。那么，我们刚刚试图借助不和谐的概念来分析和理解的世界观（Weltbild），作为一种原始的东西出现在视象中，虽然它来自艺术家的内心深处，但它作为一个从他身上出现并独立于他的现实，被置于艺术家之上。"立场"只是在视象中变成了世界观；因为在视象中，艺术家看到了内在地与自己相适立的世界，这个世界是他的产物，但这只能通过他技术性的努力才能真正成为现实，这同时是他主体性的最深刻表达，也是完全独立于他的东西。这个世界的凝聚力和组织性原则是在肯定荒谬的意义上体验性的存在（Erlebtsein），是表达形式的隐含充实性存在（Erfülltsein），以及以此为目标的必然企图。但因为它们本质上是超个人的表达形式，它们赋予了这种结构以客体化特征，又因为它们也作为一种主体性视象隐含在艺术家的世界观中，通过技术实现作品的过程也没有带来任何异于视象或与现实异质的元素：不以任何方式实现超验现实，不以任何方式架构无法解决的主客二元论，视象中隐含的内容应当变得明确，只有潜在的表达形式应该出现在发挥效应的表层。因此，天才的本质特征不是视象的力量和独创性，也不是人类的伟大或深刻的洞察力，而是视象的这些属性与技术形式的结合，是与某种特定表达能力相关的体验，即由"立场"的世界观转变为艺术家的直接主观世界观。受作品影响，接受者认为作品的强度属于作为经验主体的艺术家，但其实并非如此，它存在于这两种形式已有的联系当中。

同时，这种视象概念将艺术作品大小的概念确定为所有已形成物的具体整体，自然主义的尝试和努力因此是徒劳的。因为如果物之间的关系已经成为决定性的，那么整体性一定是有必要的；因为它们不再是连接与之无关的元素的那些关系，它们的体系也（不是）随意关联的抽象比例的总和，而是具有与关联物同质的独特性和必然性，并且与物相似且同质地朝向作品塑造的这一目标，朝向被肯定的荒谬，这种关系同样与视象中的物同质，并将其形成统一体。这种起点和目标的统一决定了作品的伟大，伟大是一切发生的先验框架，因为其中一切都力求实现乌托邦式的完美，所以它本身必须具有与自身相同的必然性。如果在舞台上，每个演员都先验地适应其他演员和他们的演出，那么根据这种先定和谐的实现，演员及其表演也同样必须适应舞台。绘画中的空间问题作为先验形式的不和谐问题，这意味着：找到空间的"宏大"，这是所有被表现物的先验家园。画家的视象仅关注形成与指向作品的统一性，当它体验到空间和物如此相宜，以至于无法区分空间是为了帮助物实现其实际本质，还是物和物关系的体系只是一种为该体系的独特空间加冕的基础。天才视象的意义正是诺瓦利斯对哲学家提出要求的态度：回家的动力；而只有当他们获得能够实现自我解脱的家园，获得与他们创造的作品的意义同时出现的家园，他们视象中之物唤起的思乡之情才能得到缓解。因此，作品的意义在视象中被设定为其决定性关系的具体缩影，从视象到作品，由此实现风格化而不再抽象。它不再改变物中的任何东西，也绝不违背它们，它只是进一步从预设的虚构中揭示出可见和有意义的内容，从既存现实与涉及异质性的暗示，通向其内在的乌托邦未来。它并没有废除现实，而是让它变得比它本身能够呈现的"更真实"。这个尚未形成和逐渐消解交汇的时刻是觉醒的时刻，是万物都已经到达自身并且不想再前进一步的伟大时刻，因为它们无法再前进一步：它们都已实现了目标。这就是为什么没有抽象和平等，物的多样性就无法存在。它们由于同一个目标形成亲缘与纽带：终极意义的实现，其在神义论中的超越统一的原则，在这里成为其简单内在存在的先验；它们之间的联系就是它们的存在，而这个存在直接就是它们之间关系的意义。从"立场"的先验性来看，每一种艺术中质料的具体统一便可理解了，就像波普尔（Leo Popper）说的"万全面团（Allteig）"①，对于绘画（在他关于老勃鲁盖尔②的文章中）他描述如下："花中包含着一些来自水的东西，水来自街道，矿石来自天空。没有任何物不来自其他物。这幅画的原始材料就是这样的……有人不由自主地承担了将上帝分开的东西联合起来的神秘角色，有人……以最严肃的态度公正地完成这项任务，将一切以'万全面团'的形式表达出来。"③单个物的塑造原则要求：物的总体重量、作品的意义、形式的物质材料这些物的多样性和统一性都要同时表现出来。

在此，现已实现的先验形式与"纯粹"形式的关系变得清晰，自然主义作为现象学中介和两者之间的联系，其必要性随之呈现出来。在"纯粹"的形式中，一切都被放置在一个表面上，在此，一方面，物性消失，抽象充实的静态同质性及其载体、轻盈性，以及万物舞蹈般的结合出现了；另一方面，在先验的形式中，意义和统一是从赋予所有物以它们自身的物性而实现的同一种张力中产生

---

① 波普尔将"万全面团"定义为"包容万物的流体，它将所有部分融合为一个整体"。参见 Denes Zoltai，„ Das homogene Medium in der Kunst ", *Georg Lukács*：*Kultur，Politik und Ontologie*，Hg. von Udo Bermbach，Günter Trautmann，Wiesbaden：Springer，1987，S. 227。——译者注
② 彼得·勃鲁盖尔（Pieter Bruegel de Oude，1525—1569）是荷兰画家。
③ Leo Popper，„ Peter Brueghel der Ältere ", *Kunst und Künstler*，Jahrgang VIII，1910，S. 600。

的，因此，宏观的统一只能是量与质、作品的动态同质性、具体的充实以及乌托邦现实的统一。"纯粹"形式并没有被废除，而是得到了充实：动态的同质性不是对静态的挣脱，沉重与轻盈也并不矛盾；因为这种厚重来自物的具体质量和材料一般重量之间的平衡，所有的装饰倾向也在其中活跃起来，努力形成一种充满物性的"纯粹"形式，一种对物和物关系（Dingbeziehung）的装饰。抽象之物在此成为现实，寓言则成为一种象征："纯粹"的形式将永远是所有艺术的目标和所有塑造的永恒修正。"纯粹"形式的这种修正作用不是针对统一体或分散的对象，而是针对作品中所有相对独立的创作元素。因此，戏剧诗句作为意义载体，一方面，以其自身的声音、节奏和情绪关系，表现出悲剧中与人物和命运塑造有关的"纯粹"形式；另一方面，悲剧作为一个完善的整体，"纯粹的"形式是整个舞台作为一个整体的场景再现性的原则，它通过悲剧现实的先验形式，获得了感官上的装饰；而在这一阶段可以再次观察到同样的分离，因为每一种戏剧形式既是人物建构（现实性、先验形式），又是纯粹的、无关的装饰性和色调美，是以舞蹈和歌曲为概念（装饰、"纯粹"形式）。并且每一种艺术的趋势都是把塑造现实的最强烈欲望呈现为最明晰、最华丽的装饰性表达，而且它应该看起来是一种独立于一切意义负累的纯粹装饰品，即使它的丰富性归功于这些意义，甚至它似乎产生于这些意义，并作为这些意义的最终完成而实现其存在。然而，对于艺术家来说，这种结合至多是一种理想：在他的现象学主体中发现的最高形式和先验形式中，二者的这种统一只是一种可能性，而这种可能性只有在完成的作品中才能实现，而创作者和作品之间存在着飞跃。

正是在这里，在从先验的创作形式到作品的过渡中，在先验形式回归"纯粹"形式的统一中，两种类型的飞跃的方法论地位由多种不同原因决定。最重要的是，存在一种关于作品非蓄意性（Unbeabsichtigtsein）的假设；当然，这必须将整个作品称为只能在概念上分开的统一体，在其现象学显现中，先验塑造的意愿渴望消解物，使其无法成为真实现实，而这种"纯粹"形式的意愿所针对的是得以显现的物发挥效应的可能性，这是一种完全形式化的测试，以及已完成作品的一个特征，其中作为意愿的表现者与为完成作品而努力的创作者已然消解。当然，现实的实现是先验形式的后果，它在作品本身中不应该表现为意愿的产物，所以这里也存在一种飞跃，即由超越自我的创作（ein-über-sich-schaffen）到已实现目标的异质性。但这两种类型的飞跃是完全不同的：这是命运和天赋恩赐的区别。每一种命运关系都超越了经验和召唤它的主体的人格，圆满的命运永远是一种飞跃，永远产生于仅凭借个性无法企及之处，但它又完全包含于个性当中，只是缺少实现命运的恩赐，所以仅有通过飞跃带来的突破才能使静止和封闭的可能性成为现实。也就是说，这里的飞跃处在清晰明确的可能性与其实现之间，也就是处在意图和实现之间。这种飞跃在这里是必要的，因为它带来的新内容几乎只有这么多，每一种实现都只能通过事实来丰富其可能性，这是从意图和实现的一般关系中得出的，二者缺一不可。作品的动态同质性原则不仅是向联系作品要素的关系命运的转化，这种同质性意愿也是创作者与作品的命定关系：他与作品的距离问题。动态的同质性意味着，外在的一切都与内在绝对适应，物与环境的关系只是为了满足其自身最内在的本质，一切元素都以这种方式相互联系,正是由于,且仅仅是由于它们相互之间的接触,远远超越它们的东西获得了定在,由此,一开始追求的物质与形式之间的稳定和谐得以实现。如果创作者是天才,如果他的经验形式已经与作品特定艺术类型的技术形式建立了密切联系,那么这样产生的世界则是遵循创作者意愿而发生的一种可能性。其主体性中最个人化的部分,即其经验的质性范式,已经成为作品最高和唯一生成性的客体化的载体:这里产生的氛围,对于所有使物最终相连形成统一体的"万全面团"而言,只不过是与这种经验质性范式一致的客观现实。但正由于最终客观性原则基于主体创作意图的最主观的性质,它不可能被主体意识到,因此也不是其艺术意愿的对象,而只是仅有在作品中才能显现出来的由天赋意志在无意中完成的飞跃的结果。例如,如果莎士比亚想塑造奥赛罗骄傲又坚强的不能被看穿又无处不在的高贵(这种意愿在此是现象学而非心理学的),那么他所能做的,就是在情节中给主人公设定一个这样的伙伴,这个伙伴便可以帮助主人公闪现出最耀眼的光芒。因此,为了塑造奥赛罗的高贵,他将一个低级的阴谋家伊阿古①作为命运的对比和刽子手,将一系列恶行浓缩于这个人物当中,奥赛罗则必须毫无防备地成为受害者。《奥赛罗》剧情的发展、苔丝狄蒙娜微弱又冰冷的骄傲、所有剧中庄严的华丽对话和场景,都取决于艺术家的创作意愿。伊阿古只是一个载体。奥赛罗受他蒙蔽是必然的,但他们的相遇却是偶然的;我在这里想到的不是他们在这个戏剧世界中相遇的经验巧

---

① 伊阿古(Iago)是莎士比亚戏剧《奥赛罗》中的反面人物。他是阴谋家、辞令家、行动家,同时又是心理学家。——译者注

合（莎士比亚自然很少关心这一点），而是他们相遇的可能性，他们都呼吸着同样的空气，同处于一部作品这一乌托邦现实的可能性中。对于莎士比亚的创作意愿，奥赛罗和伊阿古的相遇只是一个"事实"，这是普遍现实中最基本的：有像奥赛罗这样的人，也有像伊阿古这样的人，他们的相遇必然产生悲剧。由此，只有具有悲剧性结果的阴谋，以及悲剧的所有戏剧性和抒情之美，才能实现绝对的、内在的、超经验的（überempirisch）必然的世界，悲剧本身则并不具有这一功能。可见，莎士比亚的创作意愿在这里也失败了：狡猾、聪明的伊阿古和与这个世界格格不入的奥赛罗（事实上）只是偶然相遇，他们的相遇和角色的对比是作家创作过程中的最终事实。综上，奥赛罗的悲剧失去了它真正具有决定意义的必要性。莎士比亚的意愿不仅在技术形式上失败了，而且在对经验的客观化上失败了。冷酷、清醒、聪明的伊阿古——他真的被塑造成这样的人吗？还有他巧妙的阴谋——真的这么精巧吗？然而，正是这种众所周知的艺术家的意志与作品之间的矛盾，导致悲剧必要性的丢失。奥赛罗的高贵，或者说他本质上的盲目和狂暴，不是莎士比亚在戏剧中精心计算出来的内容，它是其最具张力的经验的投射；他的经验范式实际上只包含这种狂热又轻盈的渴望，所以一切与之相关的呈现和塑造都由此得到定性的注释：伊阿古是奥赛罗的兄弟，一个卑微、卑鄙、堕落的兄弟，他也许是奥赛罗祖先的私生子，但无论如何都有着同样的血统。他发动的阴谋与奥赛罗构想的计划一样原始而纯粹透明。不过这已经足够了，奥赛罗无法看穿这种狡猾，也必须成为这种简单而短视的阴谋的受害者。仅有如此，戏剧世界才变得必要且完善：因为那样的话，阴谋恰恰是攻击，奥赛罗与生俱来的贵族性格被揭示出来,他越是笨拙和头脑简单,这种必要性就越清晰地闪耀出来。他与伊阿古的相遇也失去了所有的巧合,因为伊阿古是一个与他最具血缘关系的人,在他们的相遇和由此产生一系列事件中,出现了深刻且令人震惊的一致性,他们的行为没有超越彼此,包裹着他们的世界,以及世界与他们之间的关系,都是动态同质的:他们必定在这个世界中相遇。因为这个世界的范围和大小是由戏剧人物关系决定的。奥赛罗通过苔丝狄蒙娜和伊阿古圆满地实现了自身,因为只有通过他们,奥赛罗人性中最内在的部分才能达到顶峰,要实现他的人物塑造,就必然要使奥赛罗与他们相遇,否则便无法触及他最深刻的本质;他们相遇的那一刻就这样失去了所有的巧合意义,这一刻成为使他们得以存在之唯一可能的共同世界的支柱。当然,这类创作意愿与作品的关系的例子数不胜数(我只指列奥·波普尔对勃鲁盖尔的风格在自然主义意义上的失败作出的精细分析);然而,这里讨论的是原则。

在对自然主义的分析中显而易见的是,从创造的现象学过程来看,作品决定性的、最终的完成似乎是无法实现的。已完成作品的实体性在接受者的体验中被唤醒,但这一实体性并不属于创作者意愿,因为对作品的创作只能无限接近创作计划,在本质上它就是一种以对终点的放弃为前提的无限接近。就作品本身而言,只有脱离主观任意性的创作才是可见的,创作过程看起来好像是作品的停顿,是具有先验必要性的对持续近似的放弃,仿佛作品的界限在创作过程本身中是预先确定的。这种确定并不存在于创作过程中,但作品仍能完成,这便是飞跃的本质。在作品而非现象主体及其形式的延展维度,自然主义艺术意愿的失败是最终无法更改的失败:自然主义想要在其近似过程中达到一种超越的、"真实的"现实,而在那种现实中,既有个性的限制,也有技术的局限,但是没有恩赐一般的帮助。这其实关乎艺术家的视象,它产生于技术形式和经验形式的结合,事关与表达形式相关的经验,以及直接经验的丰富性对技术形式的实现:创作者想要实现一个世界,它的建构是基于其自身内在性的客观化形式,因此它的存在似乎只是在客观自为存在的事实中、在与创作主体的分离中超越视象。然而,这种超越意图的成就比抽象表述更为重要,并且对天才的现象学目的具有重要影响。它表明,在创作者的主体中,技术形式和经验形式的先定和谐只是一种驱动性和方向性的力量,只是一种确定创作趋势的可能性,并不代表任意一种作品类型的存在;其统一性实际上只存在于已完成的作品中,而在创造的现象学过程中,总是显现出主体的分叉(Bifurkation),其中一方会优于另一方,或者更准确地说,在视象中,经验形式占主导地位,在接近视象的过程中,技术占主导地位;它们的先定和谐只显现为另一个原则总是不声不响地早已存在,它纠正主导原则,并将其引向它的统一性。由于创作过程与作为作品产生基础和努力方向的视象的相对陌生性,在这个过程中没有可以确定其结果的原则,也没有任何完成作品的方法论提示;的确,根据作品的固有属性,这个过程必须是无限且未完成的:技术永远无法达到视象,也永远无法充分表达视象——作品的完成意味着艺术家永远退场。但正因为这种陌生性是相对的,因为它只存在于现象学主体的意识中,而主体不可能同时坚持两种强度和性质都相同的塑造原则,并且作为基础的原则,它是潜在的,它无意识地纠正和引导创作意愿,艺术家的退场只是他为了实现视象的选择:

他必须放弃被唤醒的视象，从而实现作品。

将先验的创造形式与形成的作品联系起来的"地点"和飞跃的类型，在现象学意义上得到确定。人们已经认识到，作品在多大程度上，以及为什么远远超出创作者想要或可能想要的一切，它是如何做到在艺术家被迫退场的情况下被恩赐一般地完成并获得意想不到的完善。这同时也表明，这一完成没有增加任何质性的新成分，这只是可能性成为现实、隐含的内容变得明晰、无意识步入意识之光、意愿通过无意识的潜流在意志的陪伴下体验到修正和加冕的过程。创作中体现出有意识与无意识有序且明确的统一：通过经验形式对现实的塑造有一种无意识倾向，即倾向于被动接受既定事实，并通过技术使艺术创作具备意识倾向、明确的目的，以及以之为目标的努力。因此，视象是无意识之下的产物，也是一种飞跃，当创作者想要通过技术有意识地将其唤醒，实现其客观存在时，他进入了一个似乎异质的范畴，因为技术工作在创作中属于意识领域。创作者主要有两种类型，一类是业余爱好者，另一类是艺术大师，这两种类型似乎在创作者身上反复更迭并相互结合。然而，事实上，他们的失败不仅仅是片面性的结果，因为片面性可以通过综合来克服，例如通过业余爱好者技术的精进。失败是由于业余爱好者的无意识体验只是纯粹的经验（当然，经验本身可以是强大的、深刻的和丰富的），这种经验与作品形式也就是技术形式没有天生的关系，而艺术大师的技能（当然，他的技艺也可能是非凡的）是纯粹形式的，它没有超越主观视象的世界观，而是希望在客观作品中实现它，并以此创造一个现实：在这个意义上，创作者陷入了形式意图。另一方面，就天才而言，意识和无意识只是不同的主导原则。

两者一直共存，也就是说，经验形式和技术形式的统一总是创造过程的先验条件，意识和无意识只是它们的不同名称，依据不同的创作原则，二者中的一个被现象学主体优先选择。这种预先建立的意识和无意识（技术形式和经验形式）的和谐，客观上表现在作品被创造出来的、刻意却自然且处于生成中的有效特征当中。其中的主观方面在意识和元意识的统一与相互指向中变得可见，在现象学上划分如下：创作者对他的工作方式和方法有最明确和清晰的认识，他的技术可以而且应该成为最可靠的通向目标的知识，发展为对可靠创作方式的绝对掌握；然而，这种意识只与技术有关，只与它如何实现、实现了什么、渴望实现什么有关，但艺术家本人永远不会也不应清楚：这种清晰性是为作品本身保留的。对于创作者的现象学来说，这种飞跃的本质也可以表述为：艺术家的问题不是作品的问题，所谓艺术家能够创作作品，其实只是在说艺术家能表达他创作的手段（Mittel），而绝非作品本身；与创作者意识中的作品相比，实际可见的作品本身是完全不同的存在，它的内涵甚至更为丰富。（这种观点在多大程度上借鉴了谢林的观点又在多大程度上超越了他，有见地的读者也许了然于心。）

先验的"纯粹"形式和回归的"纯粹"形式之间的飞跃又是另一回事了。这关乎作品本性（Beschaffenheit）的实现，而这一实现的前提条件相对于现象学主体的意识结构而言具有先验性，也就是说，它不作为可能性包含于这一主体自身，即使这种成就的恩赐在某种意义上必须预先存在于创作主体中。我们刚才谈到的创作者的命定天赋（schicksalvolles Begnadetsein）在本质上与这种恩赐不同，因为那里的飞跃只是恢复了先定和谐的两个载体之间的平衡，由于每个主体前进的目标都必然具有片面性，总是处于一种优越或从属的状态，而这些状态只有作为实现作品的过程时才具有合理性，同时，这些状态必须在作品中通过飞跃得到扬弃。另一方面，我们在这里谈论的是先定和谐的元主观有效性（metasubjektive Wirksamkeit）、产生作品的非主体意识的实际方式，以及两种塑造原则的真正统一，它们各自凭借自身的力量超越主体，但都不适宜单独使用。在概念上，作品是主观和客观的完美统一，或者更确切地说，是对对立的消除。然而创作主体只能将这种统一性反映为元素对立面（Gegensätzlichkeit）的相对化（Relativierung），因为一方面，视象表现为创作者最深刻的人格，创作者通过技术的客体化手段实现这一人格，另一方面，这一视象对于创作者而言，就像是从他身上释放出来的东西一样，完全是附加的，是服从创作者自身规范形成的客观实体，是创作者以其主观个性（技术）道路为基础的努力。然而归根结底，这取决于对主观性的克服：在先验形式中有效的艺术意志源于作品的客观性；一个客观的、基于自我的、乌托邦式的现实将被创造出来，这在现象学上意味着视象和技术都将失去其主体性特征。技术是完全不可见的，它完全消失于作品当中，而视象与完成的作品相同，在作品中失去了所有意义，对于创作者来说，它应该只是主观技术中客观性的一个标识，是技术终将在完成的作品中消失的保证。然而由此，作品最终具有悖论性的完成就无法实现。当然，作品的乌托邦现实源于这种意愿和完成意愿的飞跃，但如果它只是意愿的内容，它距离乌托邦的最终完成还有很长的路要走。因为它将会过于"现实"；由于技术的消失，它会成为一种完全没有创作者的奇特成长，然而正是由于对客观原则的夸大，它更会暴露其主观特征；作品的必然性和形式当中不会包含其产生的主观基础，而只会呈现出依附于它的某些经验、事实，以及未摆脱的东西。但天才能知晓的比作品自身所能呈现的更为丰富，甚至他能有预感；仅仅凭借主观，作品是无法在对两种创造能力的预先平衡中实现这种先定和谐的，只有在客观上，这两种创作方式才能有效共存，并使作品实现超越于创作意愿本身的最终完成。这是属于天才的禀赋，是他超越自我的创作的真谛，是他艺术活动的真谛。正如我们所知，"纯粹"形式是技术的表现，并作为技术产生效果；而在"纯粹"形式之下，出现了物性逐渐消失的元素抽象关系，形式材料的支配超越了作品产生的"全能面团"，在此成为产生于物、物的关系、物的世界，并为其加冕的终极荣耀。但技术不能藏匿于此，它应当在这里被揭示出来：那些看似不断发展并自我生成的，在没有失去其植物性（Pflanzenhaftigkeit）的前提下，现在都获得了创作特征，在没有失去任何现实的情况下，成了一件"艺术"作品（"Kunst"-werk）；物的关系保持不变，只不过成了装饰品，"万全面团"变得轻盈，像舞蹈一样展翅飞翔，又不失其高贵的沉重感。最"纯粹"的形式，也就是作为乌托邦现实抽象写照的最本真却丝毫不涉现实的艺术形式，都是作品得以产生于先验形式的必要前提；借此，原本徒劳的对实体性和关系主义之间一致性的寻求，获得了实现的可能。〔作品作为被创造物的这种效果，在本质上必然会引导接受行为发生变化。而这里产生的问题却无法在接受行为的现象学中被提出：我们在此只能阐述依据创作者意图成为最终表面形象的技术如何被体验，对于接受者来说，技术是否并未消除作品的现实特征（Wirklichkeitscharakter），或者它在多大程度上修改了这种特性，并未得到论述。只有在作品中对这些形式层面之间的关系进行检验，也就是在接受者的后建构心理学中，我们才能回答这个问题。］因此，最艰难痛苦的悲剧上演成为戏剧，最凄凉的小说变成了童话，诗人最狂野的呐喊变成了歌曲、音乐；在这个意义上，真正完美的图画，尽管它描绘着自然和现实，也变成了地毯，而最有形的雕像，用温克尔曼的话来说，只有一个差不多的身体，它的质既是变得沉重而高贵的身体，又是作为纯净表面闪耀的轻盈高贵的物质。源于技术精神的与总体性的关系，还有"纯粹"形式中只能包裹着先验性而不能被完全剥夺的事实特征的表象，都源于一种抽象性，而这种抽象关系在这里必不可少：作品的具体样式（Format）与源于先验形式的伟大是一致的。虽然它是关于物的关系的真实缩影，是与事件内在一致的场景，但它再次在不失去任何真实性的情况下，转变为适合演出的舞台：在与内容相适应的基础上，技术不仅是可见的，更是装饰性的；当对体验到的命运产生无意识的知悉，当一切都回到它们曾经归属的地方，确定的、内在无伤的，甚至忘记了一切伤害的舞蹈，成为一种有意识的有效恩赐。

浪漫主义者，尤其是诺瓦利斯[①]和弗里德里希·施莱格尔[②]，

[①] 诺瓦利斯（Novalis，1772—1801），原名格奥尔格·菲利普·弗里德里希·弗莱赫尔·冯·哈登贝格（Georg Philipp Friedrich Freiherr von Hardenberg），德国浪漫主义诗人。他的抒情诗代表作有《夜之赞歌》（或《夜颂》）（1800）、《圣歌》（1799）等。他还写过长篇小说《海因里希·冯·奥弗特丁根》，书中以蓝花作为对浪漫主义的憧憬的象征，非常著名。他也因此被誉为"蓝花诗人"。——译者注

[②] 卡尔·威廉·弗里德里希·施莱格尔（Karl Wilhelm Friedrich Schlegel，1772—1829）是德国早期浪漫派的重要理论家、德国浪漫派美学的奠基人。主要著作有《雅典娜神殿断片集》（1797—1800）、《卢琴德》（1799）。——译者注

是最先看到并认出艺术作品雅努斯面孔（Janusantlitz）① 的人，只不过由于他们想仅艺术家本人的灵魂中包含作品统一性，他们要改变艺术家自身可能具有，但无法实质产生的那种愿望的充实，这种满足作为一种恩赐降临在艺术家身上，这一由天赋带来的结果成为艺术家创作过程的驱动力。浪漫主义讽刺的混乱概念由此产生，并且几乎可以作为浪漫主义艺术作品领域这种深刻混乱的证据，其中有意实现的"纯粹"形式并没有澄清作品世界的现实，只是为其打上毛躁和混乱的无实体性（Substanzlosigkeit）烙印。因为在主体中，这种平衡是可以实现的：天才，标准的艺术家，遵循平衡中波动的预定路径，天赋的完美由此降低，和谐带来的稳定呈现出来。浪漫主义艺术家想要实现其作为现象学主体的最后一个目标，他只能优先考虑一个原则，但这是一个不具备天赋的可能性的原则。与浪漫讽刺相对应的，是对作品技术工作的主观强调，是前面提到的艺术家以自由的整体认知与置之不理来反驳的，即视象的客体化与异化（Objektiv- und Fremdgewordensein）。但这只是技术和视象的一个方面，也是艺术家服从动机和材料的另一种方式，是他忠于在视象中赋予他并被他接受的整个世界的体现。由此，主体在同样规范且必要的两种行为模式之间徘徊，在技术要求和艺术家不以作品这一综合体为目标的浪漫主义追求之间犹豫不决。因此，将先验形

---

① 雅努斯（Janus）是罗马人的门神，也是罗马人的保护神。他具有前后两张面孔或四方四张面孔，象征开始。最古老的信息告诉人们，雅努斯是起源神，执掌着开始和入门，也执掌着出口和结束，因此他又被称为"门户总管"，他永远都象征着世界上矛盾的万事万物，所以，他的肖像被画成两张脸，有"双头雅努斯"的说法。——译者注

式与返回的"纯粹"形式联系起来的飞跃,在创作者的现象学中根本不会出现,尽管创作者与艺术家的心理特征并不一致,他却仍被视为主体;这种飞跃超越了创作者从视象到作品完成的路径,也超越了将作品最终完成与所获先验形式联系起来的飞跃。然而,这一概念并没有使现象学主体实现完全先验的飞跃:主体既不能在自身当中也不能在完善的平衡中实现完整的先定和谐,而每一个瞬间,每一次面向对立面的波动和转向,都被这种和谐引向规范的目标,视象由此变得无穷无尽却又可以实现,技术工作也不会由于无意识和无计划性而失去作用。的确,这是这一飞跃的起因在现象学中的唯一作用,这一作用也澄清了一个问题,我们此前将这一问题视为一个未解决的事实,而这一事实的意义(我们)却不予追究。我们之前已经说过,技术永远无法表达视象,作品的完成必须始终是艺术家的退场,虽然我们也可以补充说,正是通过放弃视象,作品才得以实现,我们讨论的也只是之前提到的飞跃的"地点",但我们仍然不可能从现象学的必要性中识别和确定这个"地点",即具有这种天赋力量的放弃时刻。对此只呈现出完整先定和谐的元主观有效性,第二次飞跃的动因则是:对作品的临近,或者更确切地说,在接近作为现实的视象的过程中,技术的努力只能是永无止境的过程,从中只能实现一种边界价值;换言之,由于对创作主体而言,作品的真实性是由视象的真实性来保证和决定的,技术似乎是达到这一目的必要但相对异质的手段,仅凭这种手段,视象永远无法实现,作品要达到和可以达到的现实永远比实际能实现的更为广袤。但是,如果作品的最终完成不仅仅在于它以一种客观现实性形态出现,还在于它使现实变成了装饰品,如果艺术家恰好触及了这一点,那么他的退场就是天赋性的。由此,第二次飞跃被揭示为创作者现象学的一个有效元素;但这一原则的元主观特征也是显而易见的:实现最高目标的主观表达是主体对较低目标的放弃。主体反思的现象学必然性在于,顶级的装饰只能是使现实成为装饰(Zum-Ornament-werden),因为真正的现实是现象学主体无法实现的。但是从艺术的本质来看,装饰需要依赖现实来实现,但这也是不可能的,因为成为装饰之后,就没有任何通往现实的路径了;甚至自然主义也只能被理解为对"纯粹"形式的放弃和反叛。因为在心理创作过程的时间顺序中,装饰品并不代表现实之"后(nach)",而是其概念的产物:装饰只有排除现实或在极致的现实中才有可能存在。但是现实只能由自身表现出先验而非"纯粹"的形式。因此,对于实际完成的作品而言,这两种飞跃都必不可少,我们从中识别出现象学一开始确定的两种类型的飞跃,虽然当时未能确定其性质——从技术到经验的飞跃(从先验的创作形式到作为现实的作品)和从经验到技术的飞跃(从先验的作品形式返回"纯粹"形式)。"纯粹"形式的原则将这种无意识的协调作用、这种对现象学创作过程的消极干预,归因于作品的本质,这源于天赋,即使其主体对技术与现实的完美偶遇毫无主观意识,这也依然会发生。对主体而言的恩赐之物,对作品而言则是必不可少的。

飞跃的问题就是创作者和作品之间的距离问题。综观创作的整个现象学阶段,并从总体维度对艺术行为进行理解,我们便能回归之前迫切需要得到解答的那个问题,那个能对这些关系作出分析的问题,即创作者如何能够将给定的间隔类型转化为规范距离。已然明确的是,创作者知道这两个距离的不同概念,即体验主体与给定现实的距离和创作主体与作品的距离。对于第二个问题，由于作品创作中规范特征的实现，主体与作品的距离转变为规范性的距离，而这一点我们之前已经作了充分的论述。我们现在可以简要概括一下论述结果，以此解决关于距离的第一个问题。关键在于视象与作品的关系，或者说视象与给定经验现实的关系，创作者和其视象的关系与这两个问题都密切相关。与接受者纯粹被动的接受准备相反，创作者现象学行为的本质是一种纯粹积极主动的行为，即使他的视象与其观点相对，这也是一种被动接受。然而当我们考虑到，创作者对他所照亮的视象的被动作用，以及有意识地为实现它所作出的积极努力，在过程和概念上既不像一开始看上去那样鲜明对立，也不像目前为了分析的清晰性而指出的那样，这种矛盾就能立即得到解决。创作者对赋予他的视象进行接受的被动性，在某种程度上只是其主动性的一个极限，只是一种最尖锐地指向这个方向的状态，而实现作品的整个本质上积极的、技术性的工作是不断重复的，这是主动创作过程的决定性特征。每一种美学都是一种偏见，它只基于经验，它不仅欣赏原始视象的意义，而且将其分离并冻结在第一直觉的状态中。当然，艺术家的视象和作品，被动和主动被严格而永恒地分开了，创作的技术过程几乎是视象纯粹性的消失，最终实现的作品也已经不是艺术家心醉神迷的呈现。然而，视象永远与创作同行；视象不仅纠正了艺术家始终以（它）衡量作品的想法，而且在实际创作工作中，它唤醒了真实的生活及其广度、丰富性和充实性。真正艺术体验的本质特征是，它与某种具体的艺术形式相关，视象便已经作为一种突然闪烁的直接主观体验，包含了它在这种先验关系中所代表的形式的表现力的所有可能性；而创作过程无非就是实现这些可能性。最终,主动与被动之间的关系在创作者与其视象的关系中发生了实质性的改变:视象仅在艺术家主动创作的作品中出现,而事实上,通过技术实现的视象的强化与繁荣,是区分真实视象和业余艺术家突发奇想的唯一真正标准;视象的深度和张力只有通过漫长的技术工作才能得到揭示,而这一过程不会在视象中损失任何细节,反而使之不断鲜明。故贺拉斯①的箴言,"作品九年而成(nonum prematur in annum)"就主要是在论述视象的本质,相关的例子还有《浮士德》、《威廉·迈斯特》、福楼拜的小说或达芬奇的画;"无创作者"的伟大作品(荷马史诗、尼伯龙根之歌、哥特式大教堂等)的内在一致性更强烈地指向了形成中的视象超越一切主观性的生命力。因此,艺术家的活动显得富有成效:包含在视象中的作品只有通过主动的创造活动才能显现。但是艺术家面前的成品,一方面是指逐渐形成作品的视象,一种尚未完成的以统一体为目标的复杂元素(材料、图案等),另一方面是指在这一过程之前便已显现,又通过这一过程得到充实甚至被超越的视象,它有其自身实现作品的辩证法,而这只能被逐步诱导出来,即便是雅各宾式的武力也不能使之产生,所以作品决定性的真正实现也必须经过创造性的努力;然而,当统治者猜到视象不言而喻的目标时,他们能够且必须以最大的暴力将它从创作者手中夺走。这种服从性的活动,这种透视性的暴政,决定了艺术家及其视象的关系:一方面,视象始终凌驾于艺术家之上,始终盘旋在他的脑海

---

① 贺拉斯(Quintus Horatius Flaccus,前65—前8)是罗马帝国奥古斯都统治时期著名的诗人、批评家、翻译家,代表作为《诗艺》(Ars poetica),上述箴言即出于此。——译者注

中，它高不可攀，创作的进行与停止都承载着创作者从一种徒劳的追求中退场的印记；另一方面，创作者对自己所掌握的有着明确的认识，并感觉到他掌握的是唯一有价值的真实现实，一切都通过他的作品表达出来，他放弃或忽视的东西则是不值得存在的。对技术有意识的放弃，以及重要艺术家对于他们的作品，总是必然有从头学习而作品永远不会真正完成的感觉，就像晚年塞尚①说的"我没有意识到（je ńai pas réalisé）"②，这表达了这种关系的一个方面，而另一方面则在艺术家作为艺术家而感到自豪的意识中得到了客观化，例如特奥菲尔·戈蒂埃③所言："无法表达的不存在（l'inexprimable ńexiste pas）"。严格地说，艺术家对视象的态度是这两种观点的统一，从前面的现象学分析中已经看到，即使是现象学主体也无法接受持续不断的两面性倾向，其最内在的统一性使创作过程成为可能，以保持生命力的平衡；从艺术家的主观性

---

① 保罗·塞尚（Paul Cézanne，1839—1906）是法国后印象主义画派画家。他的作品和理念影响了20世纪许多艺术家和艺术运动，尤其是立体派。在他生前的大多数时间里，他的艺术不为公众所理解和接受。通过他的坚持，最终对19世纪所有常规绘画价值提出了挑战。他认为形状和色彩是不可分离的，要用几何的笔触在平面上涂色，逐渐形成画的表面。他主张不要用线条、明暗来表现物体，而是用色彩对比。他采用色的团块表现物象的立体和深度，利用色彩的冷暖变化造型，用几何元素构造形象。塞尚的最大成就是对色彩与明暗具有前所未有的精辟分析，颠覆了以往的视觉透视点，空间的构造被从混色彩的印象里抽掉了，使绘画领域正式出现纯粹的艺术，这是以往任何绘画流派都无法做到的。19世纪末，保罗·塞尚被推崇为"新艺术旗手"，作为现代艺术的先驱，西方现代画家称他为"现代绘画之父"。——译者注
② Vgl. E. Bernard, „ Souvenirs sur Paul Cézanne ", *Mercure de France*, 1907, x. 16, No. 248, S. 614.
③ 皮埃尔·儒尔·特奥菲尔·戈蒂埃（Pierre Jules Théophile Gautier, 1811—1872）是19世纪法国重要的诗人、小说家、戏剧家和文艺批评家。——译者注

和作品实现之间的必然联系也可以看出,这种必然的片面性是无法克服的。克服片面性的尝试必然失败,这不仅催生出另一种可能不那么富有成效的片面性,也正是这种片面性(在这种情况下,两种片面性之间的这种来回波动)产生了节拍,它使规范创作过程产生悬浮—透视的确定性(schwebend-hellseherische Sicherheit),也正是在这种波动(Schwanken)与悬浮(Schweben)中,两种倾向的对立显现出来。(不言而喻,在艺术家情感、经验—心理的主体中,这种震动更为强烈,在一些具体情况下,它甚至是一种主导趋势,不过这不是当下我们关心的问题。)在这个创作过程中,艺术家实现飞跃;根据之前对飞跃的分析,艺术家总是先验地置其于他的作品之下,这一点应该不需要再解释了。

创作主体的行为在视象与经验现实的关系中,显示出极为相似的波动(Schwankung)。通过视象,创作者得以通过本质上遥远的经验现实,在习以为常的距离中得到解救,并与视象实现的乌托邦现实产生联系,尽管这一现实于他而言是一个假设。对于接受者来说,由于他对作品的预期,现实的客观内在距离和他自己与现实的主观距离,在他致力于作品的效果并已经达到了与作品的距离的时候,就已经不存在了,这使得于创作者而言,视象成了一个问题。主观距离自然而然地转化为创作的距离,艺术家将现实视为"主题(Thema)",将其作为可能的表达材料进行体验,这正是艺术家的乌托邦现实与日常现实之间的关系,无论他是否愿意,这些都被强加并出现在他的经验当中。内在冲突的核心则是现象学创作主体与他自己的经验心理总体人格(Gesamtpersönlichkeit)之间的关系。因为即使视象的本质是它产生于经验形式的先验和谐,以及作为先验经验的技术形式，这种先验性仍无法决定总体人格的一切经验，正如亚种形态的体验无法与经验的其他类型骤然分离一样。这种视象本身只是对无意识体验作出的有意识澄清，它只是某些体验中尚未在形式维度预感到指向性状态的物的聚集（Sich-Zusammenballen）。如果在先定和谐的概念中，已经决定经验形式和技术形式必须保持平衡，而由于这种平衡不能在主体自身当中实现，主体的经验要么必须对作品有一定的强调作用，要么在主体的意识中表现为日常经验，由此，关于主客观距离的一切问题都明确了。而最主观的，即先验的塑造形式不能在形式上过多地被主体有意识地体验；因此，形式塑造的可能性为现象学主体创造了必要境遇，它尽可能少地与自己的经验心理学总体人格分离，并敦促将对形式的无意识体验付诸视象的天赋时刻。这就是为什么创作者自始至终都无法像哲学家那样将日常的经验现实抛诸脑后，他的一生就是在与之不断对抗：逃脱与回归、强势与屈服、距离中最深刻的痛苦与视象中缺乏距离的迷醉。而在这里，这些对立是有可能共存的：乌托邦式形式世界的现实，也就是与日常现实相对的视象世界，可以被体验为一种先验的或自我内含的世界。这也是由于主体无法同时意识到先定和谐的两个组成部分。一方面，主体的经验会指向形式意义，这样一来，乌托邦现实的所有内容就似乎都是从纯粹形式中诞生的，日常世界便只是幻象式的可悲形象，那些源于"机缘巧合"的片段几乎难以获得形式的精神意义，它们就像是多余的、剩余的，是一种未经加工的原材料，若非如此，那这整个世界便在本质上都是卑鄙的了。另一方面，经验在视象中占据主导地位，这种经验性是隐形的，唯有面对成为观察者的艺术家时，它才彰显出自身无所不包的属于这个世界的本质,但这一本质只能通过有天赋的洞见和创作才能从魔法睡眠中被唤醒。这里所说的视象也不是与其他体验严格分离的东西;它更像是艺术家的一种恒定状态,它只在张力最强的时刻封闭自己,否则它就会陷入与剩余经验现实之不可调和的斗争中。对于第一类艺术家,福楼拜的那句"思想源于形式(de la forme naît l'idée)"① 最清楚地表达了他们的本质,而问题在于保持其形式世界免受任何常态的污染,其危险在于形式倾向变得太强,以至于失去其决定经验的力量。第二类艺术家的任务用康斯特布尔②的自白"我一生中从未见过丑陋的东西"③ 就能最好描述,这是将通常的经验现实本身不断地保持在幻想的自然主义水平上,现实如此强烈地指向乌托邦式的完美,在体验和被体验物中,这种完美没有任何缺憾;而危险在于,这种自然主义仅限于态度当中,它永远不会失去幻想的特征,它总是把物拉向自己(而不是将自身下降至物)以便在物的日常现实中找到乌托邦的等价物。这两种发展方向几乎不会具体化为同一倾向。它们也永远无法实现统一。对于艺术家,这涉及其规定性的、必要的波动(Schwanken),只有当他足够老练且具有顽强的洞察力,才能避免毫无结果的绝对片面性和非天才性的妥协所带来的危害。然而,在所有这些时刻,创作者的现象学人

---

① Vgl. E. et J. Goncourt, *Journal*, Vol. I, Paris: Charpentier, 1895, S. 164.
② 约翰·康斯特布尔(John Constable, 1776—1837)是英国皇家美术学院院士,19世纪英国最伟大的风景画家。他的作品真实生动地表现瞬息万变的大自然景色,其画风对后来法国风景画的革新和浪漫主义的绘画有着很大的启发作用。——译者注
③ Vgl. C. R. Leslie, *Memoirs of the Life of John Constable*, London: Dent, 1912, S. 212.

格表现为一个充满悲剧性躁动的主体：在他与经验现实的关系中，现实与乌托邦之间总是存在一种无法解决的张力，他对作品的态度总是令人振奋，但主体中的完整张力也是不可实现的。接受者通过简单的预期自然而然涌现的内容，正是创作者所不断努力创造的。创作者在世界的客观距离中承受着更深的痛苦，在永恒的斗争中徒劳地努力：他只能将一切愿望视为目标，将作品塑造为一种乌托邦现实，这是他永远无法最终实现的创作。"我们是被迫演说，而非拥有它。"福楼拜如是说。

第三章 艺术作品的历史性与非时代性

1

审美价值的悖论特征在作品的永恒（Ewigkeit）中表现得最为鲜明。永恒只能表达价值的非时代有效性（zeitlose Geltung），正如拉斯克在对真理价值（Wahrheitswert）的分析中所强调的那样，它在当下（zeitgebunden）经验中的出场（In-Erscheinungtreten）只会加剧时代性（Zeitlichen）和非时代性（Zeitlosen）之间的差异。虽然真理价值的永恒有效性相关于"纯粹经验载体时代性延展的完全独立和异质化（Fremdartigkeit）"①，但时代性与非时代性之间的关系在这里要复杂得多。使这一关系复杂化的审美价值的特殊性，在于价值与价值实现的完全统一。审美价值只有在实现时才存在，以之为

---

① Emil Lask, *Die Logik der Philosophie und die Kategorienlehre*, Tübingen: Mohr, 1911, S. 18.

目标的任何前进过程都不能实现任何价值,只有在已经完成的作品中,永恒的、非时代性的有效性才会存在。这里出现的悖论是,本质上产生于时间之物,其范畴建构中,时间同样是不可或缺的先验条件(既指历史进程中的真正时间,也指特殊形式中艺术性时间建构的理念时间),这不仅代表某种超越时代的有效之物,还指向超时代的价值本身。就其创作、存在和效果而言,作品是与时间密切相关的。如果这样的话,作品非时代性的有效性,即其永恒性,何以可能呢?作品是时代的产物,这不仅意味着它是由一个必然处于时间中,因而是生活在某一历史时期且与之处处相关的人格产生的,而且依据对时代性的理解,"新"与作品超越时代的本质一同产生。

每个作品都必定内在包含的"新",在概念上与唯一性(Einzigartigkeit)一致(这就是为什么它似乎应该首先与其人格—超人格的特征进行联系),但双方仍有很大不同。因为作品中的"新"并不仅仅以其与创作主体之间的联系为前提,它也依赖于其置身的唯一时代—历史进程。唯一性与一切对立面存在绝对的质性差异,它可以被视为一种非时代性的彰显,它在时间上显得非常随机(对其进行理解的随机),故它在时间中的显露(Hervortreten)才是它被揭示的真正必要条件,而它产生的时间点完全是无关紧要的:作品会在时间中出现,是因为它只能在时间中出现,而在它出现的那一刻,时间与作品之间的所有联系都结束了,作品在本质上不依附于时间,它进入世界(In-die-Welt-treten)的时间也并不重要,就像发现某一"永恒"规律那一刻与这一规律的有效性毫不相关一样。然而,"新"是一个彻头彻尾的时间—历史概念,它与相对应的对象之间的关系是相对具有时间性的。"新"实际意味着，每个时刻都能从前序时刻产生一些在质上具有差异的东西（或者更准确地说，在历史的时间连续中，由于新的时间元素的加入，这一连续相比于之前，具有质的不同）。在这个意义上，"新"就是一个时间关系概念，它表达出历史时间每一瞬间的进程总会带来可变的质，同时也强调了这种可变性的意义。由此产生的价值关系（Wertbeziehung）的必然结果是将时间的流逝视为某种唯一性的东西，根本不需要将一种发展、一种持续的进步视为日益受到重视的"新"的产物，而只是像在李凯尔特①与历史相关的第四个发展概念②中所指出的那样，这个"新"的具体唯一性、它的尚未出现（Noch-nie-dagewesen-sein）、它（相对而言）的不可比性，都与过去的一切和由过去产生的后果一同被带入一种价值关系当中。凡是其表现形式能够置于"新"与"非新"价值关系中的东西，都成为历史构成物（Gebilde），那么问题来了：如何消除作品审美价值在本质上既与时间—历史价值相关，又具有非时代性效应的矛盾？为了回答这个问题，我们必须分别分析作品的时代性因素，以及已完成作品的非时代性价值，这样，最终和唯一决定作品时代性和非

---

① 李凯尔特（Heinrich Rickert，1863—1936）是德国哲学家，新康德主义弗莱堡学派的主要代表。1888 年在斯特拉斯堡大学获博士学位，1896 年升任弗莱堡大学教授，1916 年起接替 W. 文德尔班在海德堡大学的讲席。李凯尔特试图把康德的先验哲学运用于社会历史领域，认为自然科学和历史科学的根本区别在于认识兴趣和方法的不同。他强调价值凌驾于一切存在之上，认为文化与自然的主要区别就在于文化是永远具有价值的，自然则与价值毫不相干。著有《文化科学和自然科学》等。——译者注

② Vgl. Heinrich Rickert, Die Grenzen der naturwissenschaftlichen Begriffsbildung, Zweite Aufl, Tübingen: Mohr, 1913, S. 422 – 423.

时代性之间的关系的问题，就会自动清楚地浮现出来。因此，我们首先必须仔细审视作品的创作过程与作品本身之间的关系。这里产生了以下问题：第一，预设的审美意义是每件作品都是"新"的；第二，创作主体能否克服，以及在何种程度上可以克服时间性（Zeitgebundenheit）（动机和材料的时代性问题）；第三，艺术表达手段、技法及其基质（Substrat）、质料（Stoff）的时间性；第四，作品效应的时代特征，它以已经得到澄清的现象学意义作为创作的矫正。只有在这些问题得到解决之后，我们才能从狭义上解决作品的问题：首先，作为一个时代—历史构成物的作品的存在，在多大程度上与其永恒性特征相连，艺术作品中的理想时间如何与其时代性存在及其价值的非时代有效性产生关联；其次，对作品的审美意义进行结构分析，探究美与其历史存在、历史哲学类型和周期有何关联。

"新"是作品的必要前提，它源于美学中价值及其实现的重合，也是因为这一重合，每一件艺术作品都是创作者个人的表达，都与创作者的人格密不可分，这就是为什么每一件艺术作品都在本质上区别于其他一切东西；而由于创作者是作为历史性的人格进行创作，他所生产的"不同"相比于其他产物而言，并不是抽象的不同，而是对历史时刻的具体而积极的表达，即所谓的"新"。这里讨论的所有问题都指向审美价值与其他永恒价值之间的一个非常重要的区别——价值与历史的关系，即作为一种永恒价值，它如何能包含历史。每当谈论逻辑史，这总是带有一种非本真（uneigentlich）的意味：要么通过它来理解价值认知的历史（在此，美学史作为审美价值的认知，是相应平行的），这就必然是时代性的，要么在某种文化史进程中，通过特定历史条件下的特定人格来实现这一历史

（其中美学就与其他互动一样获得价值实现）。这两种看待物的方式都无法触及逻辑价值的本质，这一价值存在于历史之外。而有一门艺术史，其本质（其方法与所有其他历史科学的方法截然不同）恰恰在于，它要呈现已实现价值自身的历史。诚然，就文化史而言，任何认知都可以被理解为某种新的、历史性的产物（geschichtlich Determiniertes），而将其视为一种真正的认知则显得不太恰当。在与西格沃特①的论战中，胡塞尔中肯且尖锐地强调，如果只把产生过程（entstehen）视为"一个可以为真的判断，而不考虑这一判断的任何智性因素"，就会产生一种有害的后果；他指出，有了这样的假设，"在牛顿之前，万有引力公式所表达的判断是不正确的。仔细一看就会发现，其实它是自相矛盾的，甚至完全是错误的"②。如果我们现在将牛顿定律的这种真理价值与索福克勒斯的悲剧，或者拉斐尔、伦勃朗的一幅画的美学价值进行比较，那么我们就可以立即直观地了解这种价值结构上的差异。对于这种差异，或许最好的表述是：逻辑价值的非时代性不仅指价值本身，还指向任何形式的实现；主体为了实现这一价值，必须摆脱任何时空和文化历史条件，以便能够与价值建立关系。相比之下，作品是创作者个体的主观视象；即使他的经验人格转变为规范现象学的人格，即便这个创作者未能完成作品，由作品产生的飞跃的可能性仍然与创作主体的经验形式密不可分，这些形式只能是时代—社会条件下的历史形式。

---

① 克里斯托弗·冯·西格沃特（Christoph von Sigwart）是德国逻辑学家。——译者注
② Husserl, *Logische Untersuchungen*, Bd. I, Zweite Aufl, Halle: Niemeyer, S. 127 - 128.

当意识到在此处理的是悖论关系，那么自然不妨大胆假设。首先，天才在本质上是非时代性的，他完全独立于其经验性定在的文化—社会复合体（Gesamtkomplex）。而就算完全不考虑其在经验—历时维度的不稳定性（Unhaltbarkeit），这个假设也与天才在概念上相矛盾。最明显的是对个人与时代之间的关系进行过度狭隘的理解：认为人单纯地被时代的潮流带动，他盲目屈从那一时期的所有习俗；而这种关系本质上意味着一种质性强调，它所针对的是人对给定的周围复杂的物的每一种态度，因此也包括对时代或其中孤立存在（Einsamsein）的反叛。正是因为我们在这里处理的是直接经验（尽管是一种附属形式的经验），在质中产生"新"的经验，无论是内容还是形式，它都由整个历史复合体确定。莱辛①对古典悲剧的拒绝和阿尔菲耶里②对高乃依③—拉

---

① 莱辛（Gotthold Ephraim Lessing，1729—1781）是德国启蒙运动时期最著名的剧作家、美学家、文艺批评家。他生于劳西茨地区的卡门茨（Kamenz），父亲是牧师。他的美学思想集中表现在《拉奥孔》中对画与诗的界限及两者和美的关系的论述上，表现在《汉堡剧评》中市民剧的创立上，体现着浓烈的启蒙气息。主要著作有《爱米丽娅·迦洛蒂》《汉堡剧评》《拉奥孔》等。——译者注
② 阿尔菲耶里（Vittorio Alfieri，1749—1803）是意大利剧作家。他青少年时期曾到意大利各地和欧洲大陆旅行六年，1772年定居都灵，潜心研究古典文化和启蒙主义文学，并开始用意大利文和法文写作。第一部悲剧《克莉奥佩特拉》于1775年在都灵公演获得好评。——译者注
③ 皮埃尔·高乃依（Pierre Corneille，1606—1684）是17世纪上半叶法国古典主义悲剧的代表作家，一向被称为法国古典戏剧的奠基人。1629年，他的第一部喜剧《梅丽特》问世；1635年，他完成了第一部悲剧《梅德》。1636年，他推出了轰动巴黎的悲剧《熙德》，创立了法兰西民族戏剧的光辉典范；但该剧在法国文坛掀起了一场轩然大波，遭到了一些贵族文人的诋毁攻击。1640年至1643年，他先后完成了《贺拉斯》《西拿》《波里厄克特》三部比较重要的悲剧。1647年，他被选为法兰西学院院士。1674年，他完成了最后一部悲剧《苏莱拿》，十年后他在贫困与孤寂中死去。他一生共写有各类剧作32部。——译者注

辛①传统的延续、马奈②的"印象派"和皮维·德·夏凡纳③的风格探索，都以"新"为导向，在同时性（Gleichzeitigkeit）方面存在质性的细微差别。［我还要指出经验性的但非常重要的事实，即确定一部作品的产生时间比确定其创作者更容易且准确，例如在14世纪（Trecento）④ 和 15世纪（Quattrocento）⑤ 的佛罗伦萨，或莎士比亚时代的戏剧。］ 但这仍然只是这种必要关系的一个简单事实，是一种由于创造性体验的即时性而不可避免地植根于历史时期的事实。而这种关系的必要性本身是否有意义，它是否能产生价值，仍然值得怀疑。但是，正如我们从现象学分析中得出的结论，通向真正的作品、通向已经实现的乌托邦现实的必要途径，在于这种直接性程度的极值，在于天才能在视象中拥有其（看似）纯粹主观直接经验的天赋能力，就好像这是世界意义的绝对和确定的启示一样。经验形式与技术形式之间的先定和谐越直接和质朴，创

---

① 让·拉辛（法语：Jean Racine，1639—1699）是法国剧作家，与高乃依和莫里哀并称"17世纪最伟大的三位法国剧作家"。代表作品有《昂朵马格》（1667）、《讼棍》（1668）、《布里塔尼居斯》（1669）、《蓓蕾尼丝》（1670）、《巴雅泽》（1672）、《米特里达特》（1673）、《伊菲莱涅亚》（1675）和《费德尔》（1677）等。——译者注
② 爱德华·马奈（Écouard Manet，1832—1883）是19世纪印象主义的奠基人之一，现代主义绘画之父。作为艺术史上最重要且最有影响力的画家之一，他具有强烈的革新意识，在创作中吸收古典技法和日本浮世绘元素。他的绘画题材广泛，静物画、风景画、人物画均有涉猎，为人们生动展现了一幅幅现代生活图景。——译者注
③ 皮埃尔·皮维·德·夏凡纳（Pierre Puvis de Chavannes，1824—1898）是法国19世纪后期的重要壁画家。他在很大程度上独立于当时的艺术主流之外，受到一群不同风格的艺术家和批判家的支持。——译者注
④ 薄伽丘的去世标志着文学上意大利文艺复兴第一个时期的结束，这个时期经常被称为"意大利艺术和文学中所表现的14世纪"。——译者注
⑤ 即文艺复兴时期。——译者注

作者的反思就越只是针对作为创作工作的技术，而非技术与视象之间的基本关系或者艺术的基本问题，创作者的天赋也因此越发显现出来。换言之，作品的生产者是在符合非时代性价值的永恒规范的意义上进行创作的。而作为整体（历史）世界的一切反对观点，如果没有指向另一个直接性问题，它的伪论战性质同样与时间相关，那么无论是在文化方面，还是在纯粹艺术方面，它都能轻易掩盖创作者的这种规范特征，以及作品的非时代性价值，并将其永远从应然存在（Sein-Sollend）中移除。通过这种方式，我们意识到这样一个历史事实，即最重要的创作者（莎士比亚、卡尔德隆①、乔托、但丁）几乎无条件地接受了他们的时代，甚至接受了传统的艺术表达方式，而他们与那些看起来传统的同时代人直接的区别，并非由于他们对非时代性的态度，而是由于经验和技术（两者都可能是传统的）之间直接且单纯关系的强度（Intensität）而产生差异，这是现象学关系的必然结果。因为只有通过现象学创作者的公正性（这也意味着他在历史维度对时间存在偏见），作品才能成为具体的乌托邦，这种乌托邦必定源自其自身的想法，并且只有在这种条件下，它的本质，也就是那种完全的内在无间隔性（Abstandslosigkeit）才能实现。已完成的作品中，这种预先

---

① 卡尔德隆·德·拉·巴尔卡（Calderon de la Barca，1600—1681）是西班牙剧作家、诗人。1600 年 1 月 17 日生于马德里一个小贵族家庭，1681 年 5 月 25 日卒于同地。1623 年写出第一部剧作《爱情、荣誉和权力》，从此开始剧作家生涯。1637 年从军，参加了卡塔卢尼亚战争。1642 年退役，1652 年做教堂主持，并写作宗教戏剧。他与维加齐名，是西班牙黄金世纪戏剧两大派之一的代表人物。他所开创的戏剧新风格，影响了从 17 世纪中叶至 18 世纪初的黄金时期后期的文学。——译者注

规定的具体性是时间性（Zeitgebundenheit）和非时代性之间的联系。只有抽象才能成为完全无限的非时代的，而对作品包含价值本质在内的具体性的要求，则指向其时间和空间维度的根基（Eingewurzeltsein）。

这一关系之于逻辑价值的意义在此不需要赘述。伦理价值问题似乎更复杂一些，这不仅是因为伦理价值在更高维度与现实生活中的个体相关（这会被价值在原则上的不可实现性抵消并扬弃），而且最重要的是，它是指向个人行为的规范，其中作为经验前提的空间和时间环境，必须被认为包含在正确行为的条件中。然而，生命伦理塑形的本质恰恰在于，在这些制约性（Bedingtheit）的充实与混乱中找到无限制的指向状态（Gerichtetsein）：典范（das Vorbildliche）、规范（das Kanonische）。即使由于必然的空间—时间—个体差异，所有伦理行为共有的规范元素不能被视为法则或反复出现的必然体系，伦理规范仍然意味着最终的形式的所有作为具有伦理价值的行为的抽象同一性，也只有通过这一同一性，按照永恒范式，这个抽象准则才能实现，即成为伦理的。因此，塑型是抽象的，具体只存在于材料中，它在塑型中被克服，最终被消除。这种困境是不可避免的：一旦宗教不被设想为抽象伦理假设的抽象实现（如康德的著作），它就在具体本质和启示中具有时代性；信仰的智力困难或奥秘［因为荒谬，所以信仰（credo quia absurdum est）］①。源于基督启示的时代性—非时代性特征，我们

---

① 此为德尔图良所说。德尔图良（Tertullian，约160—225）是迦太基基督教神学家，用拉丁语而非希腊语写作，使拉丁语成为教会语言及西方基督教的传播工具，著有《护教篇》《论基督的肉体复活》等。——译者注

当然不能在这里预示，我们只能指出相互配合协调的这一对对立——具体时间性与抽象超时代性的尖锐对立是无法弥合的。在作品被要求成为乌托邦现实、价值自身要求实现具体性的条件下，价值体系中审美价值的独特地位呈现出来：这种具体的时间性不仅是作品的规范前提，对于实现的价值自身，它也是源自其内在非时代性本质的必然具有决定性的存在。

形式作为乌托邦的实现以及对某种荒谬的肯定与扬弃，它只能是具体现实中具象痛苦和快乐延伸的终点。它是渴望的、内在无间隔的现实，而正因此，它不仅是疏离的具体现实，由于异质倾向相互交织，以及对这一间隔的废除，它变得更加具体：在此，物的定在和其应然存在（sollendes Sein）之间的飞跃是它的具体化，是它对世界的态度表达，而这个世界的存在正是为了帮助挣扎中的具体存在实现真正的生命繁荣。无论这一飞跃在多大程度上使创作和接受与物本身分离，产生于具体、历史现实及对其整体看法的作品，仍然是这些关系和趋势的概括、解答与拯救。要克服既定现实距离的趋势，自然有不同的侧重：对现实中苦难的承受和对乌托邦式实现的渴望，一方面可能源于这样一种感受，即现实被塑造它的形式削弱而变得僵化，作为艺术意愿和创作准备的渴望则从具体物中产生；另一方面，纯粹具体物的剧增，可能会使以自身为目的的异质之物间的对立和由此导致的混乱给创作带来痛苦，换言之，唯一的救赎必须是"普遍人性（Allgemein-Menschliches）"，这是一种永恒的准则。基于第一种立场的现象学形式，我们已经（在自然主义的分析中）详细讨论并得出由此产生的对具体性的要求，其时间—历史特征并未受到质疑，这一具体性只能通过与非时代性形式元素的结合才能实现。因此，对另一种倾向的分析在这里似乎更为重要，即艺术意愿是否没有也无法就其自身而言具有非时代性，是否作品非时代性内容已经在艺术家的视象中对现实作出了无意的延续和风格化，是否非时代性形式从一开始就获得了非时代性内容。许多艺术思潮都有这样的理想，但要实现这一理想只是自欺欺人；也就是说，虽然他们都意图创作永恒的艺术作品，但这些构想在本质上与其他创作意愿并无区别。因为作品内容具体且活生生的非时代性本质，无非是艺术家基于其所处时代对其表达对象的永恒内容以及艺术形式充分的理解。在索福克勒斯、高乃依或伊菲革涅亚—塔索时期①的歌德处理"普遍人性"冲突时，人类因在永恒的、不受时间制约的本质将被揭示。当西诺雷利、普桑②或马莱为了对于人类及其周围环境寻找可见性的类似永恒本质时，这种"非时代性"是由时间确定的，就像自然主义者［菲利波·里反（Filippo Lippi）、特尼尔斯（Teniers）、库尔贝］所追求的"自然"一样。这种"非时代性"是对具体时间的具体永恒渴望（Ewigkeitssehnsucht）的体验性实现，而由于艺术既不能放弃经验，也不能放弃具体内容，它永远无法摆脱时间的束缚。它也不应该放弃，因为这种渴望的实际实现会使它的目标进入思维范畴而变得抽象，即所谓的废除艺术的本质。的确，在艺术意愿这种自我误解且并非出于意愿的目标实现中，作品存在着巨大的危险。艺术家通过有意识地与周围现实保持

---

① 歌德创作中期的古典主义作品《陶里斯的伊菲革涅亚》（*Iphigenie auf Tauris*）、《埃格蒙特》（*Egmont*）和《塔索》（*Torquato Tasso*）。——译者注
② 尼古拉斯·普桑（Nicolas Poussin，1594—1665）是17世纪法国古典主义绘画的奠基人。——译者注

距离，尽可能远离现实并将其抛诸脑后，那么作品的内在亲密性就能实现，尽管可能是以一种微薄的形式。为此，艺术家努力摆脱一切时间—历史内容，并想要努力在作品创作的视象中保存乌托邦的具体性，他别无选择，只能将形式本身实体化为唯一生成内容的原则，让永恒形式的产生成为内容实现（作品的全部内容）的基础。但凭借这种方式，现实的间隔只是从内在于现实的乌托邦中一跃而过，这一间隔并未被克服，也未得到弥补。正如我们所知，这种对形式的追求带来了追求纯粹精湛技艺的危险，在作品中出现了一个以接受者的接受渴望与已完成作品的关系为代价的无间隔世界：以这种方式产生的只是一个形式世界，只有当对无关自身的关系之冷漠且理智的认识能够被称为审美现象学体验时，这个形式世界才能被体验到。

然而在这种情况下，考虑到艺术意愿（Kunstwollen），我们对"形式"就会产生不同的理解，具体实现的作品是对创作主体永恒渴望的满足：作为经验和被塑造的生活的规范，作为每一种存在的柏拉图式理念，永恒性只是在作品中被"描摹"。形式的概念固然有些极端，但这只是因为"形式"包含了潜在艺术意志的一切倾向并成为乌托邦现实的本质。但不和谐的未完成状态对于被定义的形式仍是一种长久的威胁。不和谐是关系概念，这种概念（在创作者以形式为目的的创作经验中）在经验现实与乌托邦现实之间建立了联系。就形式而言，不和谐是作品现实的前提，因为通过它，神义论般的（Theodicee-artig）、存在与价值等同的力量强度使作品中的一切成为可能。就内容而言，不和谐是艺术作品的具体基础，不仅因为它产生了特定的形式，还因为它以自身法则区别于外界，而且即使在个别的特定形式中，不和谐也是区分的原则：具体单个的作品中，体验性的单个不和谐所产生的深入的克服和限制产生了作品。不和谐的内容因而是一种具体体验，是历史性和时间性的；关键在于（由于天才的经验形式和技术形式之间存在先定和谐）其中的非时代性作品形式与时代性经验内容密不可分。作品由此遭遇风险（Gefährdung）：首先，不和谐无法发展为作品现实或对作品产生决定性作用；完成作品的不和谐并没有被发现、解决或作为一个组成部分融入作品并被克服，它从一开始寻求的就是一个超越不和谐的世界；这应当在视象中进行体验，但由于其本质并不能如此，所渴望的彼岸便成为一个虚弱、阴暗的世界。其次，如上文所言，植根于形式永恒结构的原因永远无法在创作过程或作品本身的结构中，基于时间—内容消除这种不和谐。如果试图忽视它，它就会违背创作者的意愿渗入作品，并且因为它不能作为一种不和谐走向成熟从而与形式缔结永恒的创造联盟，它会伪造形式，将其降至（未经克服的）时代的内容性地位，使其负担那些未被解决的抽象化元素：作品不仅没有从遥远的经验现实中脱颖而出，成为无间隔的乌托邦，其自身内部也出现了间隔，形式为时代所累而扭曲，内容则由于抽象和贫乏无法实现非时代性。如果这种艺术意愿不是创作者纯粹的心理意愿（即属于对经验对象的现象学意志的无数种虚假反映，与审美无关），而是真正的艺术意愿，是现象学创作者的意愿，那么在这种艺术意愿中，就出现了模仿的艺术作品，其中已经实现的（与预期的相反）是一切价值中与时代最相关的部分，这些价值发挥着艺术史的时代文献意义，而随着由此产生的感受的弱化，创作者及其时代从"永恒"中既具体又抽象地被削弱。不仅最伟大的艺术作品证明了它们的永恒性源于其创作者（在现象学意义上）所经验的生活内容的暂时性，而且在寻求"永恒"的艺术意愿中，那些创作者时间性理想的"永恒"的强度变得如此之大，以至于不和谐的过程可以以某种方式发生。即使这类作品也存在危险和问题，但"作品"仍可能在这里被创造出来：它们将不像其他种类作品那样永远繁荣且像天堂般完美，但它们拥有定格世界的美丽而严酷的精确性，这毕竟是渴望的某种乌托邦。所谓"古典主义"风格由此诞生，它相比于其他任何风格同时具备历史性和主观性的这一矛盾特征，现在对我们来说几乎不再显得矛盾。

因此从创作的角度而言，作品不仅责无旁贷地要包含"新"，而且也关乎其价值。创作者的危险不在于与某一时刻产生联系，而在于他找不到废除时间限制的悖论的方法，在他试图克服时代性的雅各宾式尝试中，时代性甚至走向衰落。所以，如果每件艺术品都必须被描述为"新"，这不仅意味着外部事实条件，也意味着价值本身，还意味着价值的特定品质：塑造的作品通过这种品质从以往所有价值实现中脱颖而出，历史时刻质的独特性在其中被客体化，这是在"旧"连续体中添加"新"物的结果；这不是抽象唯一性的问题，而是具体的质的问题，其本质与历史进程的方向、一次性和特性相关。

2

创作主体与其所遭遇的历史整体情结的关系，以及这种关系对作品结构的影响。只有在主体不仅被视为作品创作条件的抽象统一体，而且被具体化为为其规范主体性提供基础性创作与事件的组成部分时，才能得到理解。因此，首先需要考虑的是动机和材料，并且必须在每个动机中，分别研究时代性与非时代性之间的关系如何形成，以便能在作品的时代性存在与非时代性本质之间，使这种关系由单纯认知发展为决定性联系。一切不以作品具体普遍性为目标的考察方式，都顺理成章地在历史—心理学的连续性中理解了动机，这与元历史的方法是不同的，后者试图占用材料；在视象的萌芽与核心的某种意义上，动机似乎与创作者作为个体的个性和历史个体性密切相关，而材料作为永恒形式的基质，在概念上属于历史的时空差异的彼岸。然而，作品非时代的时代本质恰恰体现在作品产生过程中与其组成部分单向度的谬误当中。它们中的每一个，尽管以不同的方式定性，仍被证明既是历史性的又是非时代性的，因此与这些现象学时刻相对应的客观结构，在其与时间流逝的真实关系中具体化。在创作者的现象学维度，动机的永恒性由经验形式和技术形式之间的先定和谐来保证：动机恰恰是一出"生活"，其中，形式的优先性被证明是由经验形成的优先性。因为这种先验的具体本质并不在于每一种经验都只能被它改造（在这种情况下，它只是主体的心理—质性经验重心），而在于某些只能在已完成的作品中得到解释且包含于其中的明确意义的经验，通过这种聚集的经验，经验现实的主体转化为现象学主体。因此从现象学角度来看，作为这种经验的意义和内容的动机，是纯粹的经验亚种形式，但这并没有说明其本质：虽然动机确实是心理主体向现象学主体转变的契机，但这只是在现象学维度方才如此，否则它就在本质上超越了现象学意识；换言之，对于现象学主体而言，这种经验只是一种"观念（Idee）"（在康德的意义上），是视象的萌芽经验（Keimerlebnis）应该但尚未能实现的对象。因为视象作为作品现实的现象学形式，这一呈现与其自身的实现是异质的，它通向的是朝向超验的、可以创造现实的作品形式，而不是向纯粹形式复归的飞跃，纯粹的形式将作品视为人造的、由技术实现的构造物，同时将动机定义为超越现象学主体的作品之源头。因此，动机之可理解的方法论，在创作者的后建构心理学意义上，位于作品完成之后，视象与动机之间的关系由此产生：视象是现实，而动机是构成物，是人工制品；视象是在现象学过程中实现的东西，在本质上是动态的，而动机是不变的、静态的，视象是一种体验，尽管只是现象学的体验，但它必须与创作者其余大量经验建立某种有机关系，无论这种关系可能存在多大的矛盾或问题，只要动机能在现象学主体的意识中充分反映，意识的生成就绝对不是必需的，动机则成为一种"念头（Einfall）"，它相对于其他一切经验自成一体，并坚持其绝对异质性。对主体而言，这一切既意味着与动机相关的自由比与视象相关的自由更多，也意味着更大的不自由：动机相对于其他经验的绝对异质性而言，只能在作品的内在意义中显现，否则这种动机的体验就只能是对对象的体验，不是如视象意义一般自我独立且自我实现的生活现实，而这正是这种绝对异质性及其后果，即"念头"的特征。一方面，主体"支配"他的"念头"，根据"意志""使用"它，在自我创造的语境中改造和整合它，将它扩展到视象世界的现实中；另一方面，主体完全被内含于动机的作品意义限定，相对于动机来说，只有当主体的自由趋向隐含于动机中超越主体的作品意义时，现象学主体的自由才具有美学意义（或者说只有这时才存在一个这样的主体及其自由）。那么动机比视象更接近作品，因为它解决了作品最终的悖论，但它同时又更远离作品，因为它缺乏现实性。〔由此还可以得出，对于每一种没有先验现实形式的艺术形式，动机和视象是一致的。在现象学中，纯粹的形式只被视为一个阶段，而不是一个独立的客体化存在。这也是这一问题无法被提出的原因。只有对作品意义作出结构性的修改，由纯粹形式本身获得意义（这部分内容只能在以后详细分析），才能在后建构心理学的结果中获得解决问题的可能性。而当我们谈论作品和纯粹形式时，我们所指向的其实是作为现实的作品及其重新获得的纯粹形式。〕

这种关系的客观结构方面在于，动机表现为作品中非反审美的抽象的唯一规范的可分元素，该元素由一种形式构成，无论它与作品自身在形式上多么不同，二者都在某种意义上是同质的：动机被塑造为一种形式，而非如作品的其他元素（例如具象的元素）那样被塑造为"生活"或"现实"。这种塑造方式所形成的作品意义（Werksinn）在于：成为作品内在完成的尺度（Maß）和客体化。由于动机包含了一切会在作品中将自己包裹成一个自给自足的完美世界的东西，所以完成作品所需要的应然充实（seinsollende Fülle）的动机和界限，通过对其内在内容纯粹解释的假设、通过排除尺度与强度、通过穷尽构成作品的一切，发挥效用。呈现出作品与经验连续性（Erlebniscontinuität）的动机的双面抽象性在于，在动机中一个生活元素或一组生活元素与作品最终的客观意义相关。一方面，动机比作品更远离"生活"，因为围绕动机的形式将其全部构建为人造构成体，这一构成体只有在与作品相关时才获得意义〔比如本质上作为纯粹动机的彰显的大纲（Skizze），它最清晰地呈现出这种远离］，而它自身并不是对作品需求的满足；但另一方面，动机又比作品更接近"生活"，尽管它只能算是生活的"片段（Stück）"，但作为生活，它直接并也因此以抽象、超越现象学主体的方式，被作品形式团团围住（umklammern），只不过相比于作品的自给自足，它未能脱离其余经验。

一个生活"片断"与作品结晶点（Krystallisationspunkt）的抽象结合（Vereinigung）形成动机的本质，这为阐明历史之物与非时代之物如何在其中混合提供了可能性。这里的动机的主要的决定性特征，是它的内容被一个同时出现的双重塑型（Doppelformung）包围：作品的形式使内容成为动机，创作者的先验经验则使其成为他自己的经验，即一个"念头"。如前所述，由于规范—创造思想不能以将艺术形式及其永恒体验为与创作者的历史特性相反的东西为目标，所以便出现一种现象学倾向，将双重塑型的作品意义隐藏在经验形式的主体性当中。非时代性与历史—时代决定性由此在动机中不可分割地交织在一起：由于其经验特征，动机只能将历史时刻所提供的东西作为内容（事实上，在经验中以及对于经验而言，这一时刻之外的所有可能性，比如教育元素、价值观等，还受制于当下的选择，这可能不需要过多解释）；动机的形式与创作者的质性先验经验（Erlebnisapriori）及其对历史进程的归属（Zugehörigkeit）联系在一起。不仅如此，它作为动机而存在的唯一原因，是它暗含发展一件艺术作品的可能性，作品的完成无论是在完整性还是整体性方面，都受到美学非时代规范的约束与保证。因此，作品的产生，需要在向时间—历史延伸的差异可能性中包含单个艺术类型的永恒范式，这是作品产生的唯一规范条件，而经验的塑造模式产生于质性—先验的范式。这些模式能够符合确保作品世界存在的非时代性假设。然而，这两种形式的相互指向和同时发生在这里是相当抽象的：其存在是必须的，但它只能被理解为存在的"这（Das）"，而不是能在质上进行区分的"如何（Wie）"。作品和经验都不能呈现出动机的一种先验划分（Gliederung），它们只能显示出这种关系事实（Faktizität）自身的纯逻辑性（Logizität）：不存在可能动机的历史哲学类型学，若有，就能从其历史存在的先验条件中，使关系的体系学结晶为能自我复归的永恒规范，也不存在源自作品的可能动机的、与历史过程的实现一致的可建构体系。动机的一切历史都无法实现其审美意义，每一个元历史分组都只能得出一个概览，而非系统。

这种非理性的最根本原因是，动机不仅是某些经验在形式上的先验（formales Apriori），其本质亦包含了具体的，因此必然是独特的经验内容。因为动机在形式方面必须完全适应内容的这种唯一性，所以它本身必定带有由此产生的不可比性与体系化的不可行性的印记。这种材料指明时代性与非时代性之间既相关又对立的关系。我们将材料定义为作品形式的基质，更具体地说，这个定义意味着，材料使能提供某种塑型之感官效应可能性的总和（Summa）与体系得以被理解。仅此一个定义就动摇了以"艺术唯物主义"为基础的对作品超时代性（Außerzeitlichkeit）的信念，无论表象在多大程度上说明艺术与给定材料息息相关，且材料不在时间演进中发生改变（人们将雕塑作品与大理石之间的关系视为"极端非时代性"的艺术范例），艺术唯物主义的思想漏洞还是在此显现出来：

自然科学的，因而必然是"永恒的"非历史物质概念与材料的美学概念的混淆。任何自然科学概念都不能承认"大理石"一词在历史上的可变性，如果大理石的审美"本质"与其自然科学存在等同，那么我们实际面对的是一个与历史无关的作品元素。然而从美学的角度来看，大理石是一个纯粹光学关系体系的基质，在凸出和凹陷（取决于光影分布系统）的辅助之下，在立体与平面的表面印象之间形成动态平衡。通过形式的感性假设和材料的感性效果的相互关系，材料的本质被审美地决定和限制。然而，这里出现的问题却更加难以回答，因为作为工作形式基质的材料不仅是纯粹的基质，也是先验形式的基质，而效果的假设和可能性不仅针对形式纯粹化、同质的感性，还针对"包含一切可以包含之物"的象征性感性。纯粹形式与先验形式之间的这种联系一旦存在就不可消除；也就是说，材料感官上的效果可能性的概念，还包括其具有象征性的潜力和品质。然而，这种效果可能性本身是由每一个因素发生变化的可能性决定的，这些因素的平衡是形式的问题，它们在审美上从未发生过的、纯粹概念上的片面性当中决定了界限，其中，每一种塑型都能保证对其作品世界的创造力（我们以立方体和平面为例）。然而，平衡的可变性并非与先验塑造［"包含（Einbeziehung）"］的问题无关：在质量和数量之间，以及在可能的平衡类型之间，必定存在一定的相互关系，比如通常而言，"包含"有利于某一个因素，却不利于其他因素，或者一个因素是纯粹形式的原则，另一个则是先验形式的原则，又或者其中一个是材料本身的感官性（Sinnlichkeit），另一个则是其象征性的、形成性的、创造现实的感官性，它能对象征意义进行自我表达。前面假设的两种作品形式之间密切的联系基于平衡原则,这一原则要求两个因素具有定在和效用(Valenz),并且只实现通行的可变性。因此,每一个石块都展现出大理石的立体原理,由于其可操作性体现为,受到石块限制却尚未确定的象征性物质载体上相对凸出和凹陷的体系,这一体系的统一性恰恰在于将所有部分合并,由平衡且同质的外在基点,通向一种准平面性的关系["浮雕(Relief)"概念],其感官效果体现为量(Masse)。在每一个大理石雕塑中,材料潜力的两个原则必须实现平衡,在由此产生的形式复合体中,块代表感官性,浮雕代表材料的象征性(Sinnbildlichkeit),块代表纯粹形式,浮雕代表先验形式。但永远不应忘记的是,一个原则的设定需要以另一个原则的设定为条件,因此它们都只是倾向,只是实现的纯粹性中的思想可能性,而非审美现实。这就在物质内在效应的可能性方面,产生了可能出现的平衡关系的类型学:由于纯粹形式原则的普及,一种趋势是尽可能减少"包含"(埃及雕塑),另一种趋势是努力将其达到最大值(米开朗基罗);相反,通过先验形式载体,这种趋势既能发展为强烈却可能无法理解的第一原则(希腊雕塑)被加工过的修正性角色(Correctivrolle),也可能成为对这种("绘画"雕塑)效应的削弱。

  这种可能趋势的类型学在本质上既是历史的,也是超历史的。它独立于每一瞬间的流逝,因为它只在符合非时代性概念的材料的可能性中展开,与时间维度的一切呈现无关;而它的内在本质同时是历史性的,因为分之原理(principium differentiationis)产生于材料因素,根据其非时代概念,这是由历史决定的。这个因素就是"包含"概念,由此同时可以理解效果假设和效果可能性相互作用的关键。我们看到，塑造的感性效果假设本身是独立于材料的。更具体地说，在效果假设中，创作意志表达了一个非常确定的作品世界，其中源于意志的思想在内容和形式上决定了这个世界的内容和产生方式，以及类型和质量的构建。材料只能表明可能性的界限：只有当这些态度变得完全与美学相关，而其方向与基于材料的趋势一致，这些态度才在美学上是有意义的，才是符合美学意义的。然而，其他态度也可以被推断为思想的可能性，即作品世界创造意志的纯粹概念的结论，从内在逻辑上看，这些态度与其他态度完全没有区别，只是这些态度永远无法实现，而前者在材料上证明了自己的创造力。这不是一个必要的思想实验，这一事实体现为有问题的风格的产物，即使它们在美学上无关紧要并且只出现在文化历史中，这也证明了效果假设与效果可能性之间的先定和谐只能从已经完成的作品中推导出来，而不能从感官效果假设的单纯概念中得到；因此，先定和谐只是对由审美实现的东西（实现的条件）的解释，但审美概念在内容上是无穷无尽的，除了无数实现的对象之外，还包含无数由于不可能实现而具有差异的趋势。因此，效果的假设不成体系：它们纯粹是历史的，换言之，它们产生于这样一种观点，即在某个时间点，一个适合于这个时间点的乌托邦渴望得到了满足，即使这些假设的类型学只是对历史上已经实现的假设的经验性（aposteriorisch）排序和总结，而不是从实现的概念中先验地推导出实现的可能性；即使这只是一种经验历史类型学，而不是历史哲学类型学。通过纯粹物质效应可能性的类型学产生的限制，也不能对这种结构造成任何影响。我们从物质的性质中先验得出的四种倾向只是先验的，但就其本身而言，它们完全独立于历史进程和历史实现：它们只指出效应可能实现的范围限度；它们对假设的决定力纯粹是排他性和否定性的，它们仅能决定倾向的实现本身，而非实现的方式。因为这种类型学的优先性随着四种倾向的推导而消失，它无法从每个从属类型发展到单独个体，再实现独特的历史性；在每一种趋势中，历史独特性的非体系性占据着统治地位。因此，非时代性与历史的交织，也与我们在分析动机时发现的纯粹事实有关，即使这也必须在超历史先验类型的框架内进行。但原因恰恰相反，虽然我们发现那里有不可记录的经验内容，但我们在此解决的只是形式（有假设和效果的可能性）问题，它只存在于唯一具体的实现与潜在性的抽象关系中。即使是"现实"的概念，它在这里通过"包含"一切可以"包含"的东西，通过纯粹和超验形式的不可分割性而具有决定性意义，但它仍然完全是抽象的：这一概念也只是一个原则，只是"现实"倾向，所以也没有在任何关系中改变这种结构。

3

只有对具体形态的分析才能使我们超越事实本身，其中既有成为形式（Formgewordene）的历史独特性，也有内容充实（Inhaltserfüllte）的非时代性美学，这是形式之间的关系问题，而根本不是形式与可能内容的关系问题。在此产生关系的两种形式是技术与质料。通过对置（Gegenüberstellung），我们便不再是以探究各部分之间关系的方式来对包括作品世界及其生成条件的整个综合体进行考察。与此同时,一些曾经被视为同质性的东西,则必须溶解于一种二元性之中,其原因在于,通过塑造所达到的客观意义来考虑作品的整个起源,塑造过程必须与其最终产物相区分,既然正如我们已经看到的,每一个元素都是从两者的共同作用和相互关系中产生的,所以它在这里必须溶解成它自己的组成部分。一方面,这里定义为塑造结果的复合体,在它与世界的关系中表现为一种形式,根据这个概念,它存在于作品之前;另一方面,我们面临另一个观点,从这个观点来看,塑造原则也被形式包围在其中,这一事实并没有抵消作品世界中这种关系的绝对性,而是促进了对作品非时代性和历史意义的分析。但是,如果这里所塑造之物的质料、总数和统一意味着塑型原则以及技术体系的统一,那么这两个概念必须严格区别于由塑造到成型的所有其他可能的对置。这里产生的对比与创作过程的客观意义有关,也就与其现象学或后建构的结构之间没有任何共同之处。因此,在现象学中,技术的动态概念作为艺术活动的缩影,与视象的概念(也是动态的,在作品的创作中唤醒实际生活)形成对照,这便是客观因素与主观因素之间的对立关系;而我们会在作为技术基质,也就是艺术塑造原则的唯一对象化的后建构心理学(因为一些刚被澄清的理由)中,发现物质,即精神活动与感官潜力的对比;虽然在现象学和接受者的后建构心理学中,内容的充实形成了与形式概念的规范性对比,但在这里,对比的本质表现为最本真艺术(Eigentlichst-Künstlerischen)和非艺术生活(außerkünstlerisch-lebenhaft)的"包含"的并置(Einandergegenüberstenen)。因此,这似乎又只是纯粹形式和先验形式之间关系的问题,关于技术是否只是纯粹形式动态化中相应产生的主观反映，质料则只不过是先验形式的未完成的状态。然而，一方面，当我们区别对待这两个形式概念，我们还是遇到了技术—质料的对立（即在纯粹形式已被证明但仍待分析的塑造可能性与自然主义的现象学问题之间）；另一方面，重现的纯粹形式在两种形式相互作用产生的作品中，仅在技术的可视化方面发挥作用。这一技术独立于纯粹形式的塑造原则，只是对于自然生成（Naturhaft-Gewachsene）的似乎（als ob），也就是超验塑型的准则，这一技术会被克服而消失。如果我们将技术定义为在活动和实现状态下形成的艺术原则的缩影，那么就可以理解为什么在现象学中它面对的是视象，而在后建构心理学中面对的是物质，因为这两种基质都是潜在可能性（Potentialität）的原则；本质上，技术的概念不会改变，通过对比概念的多样性和技术概念本身而产生的变化，都仅以范围结构规定的多样性为条件。可以理解的是，先验形式必须使技术消失，因为它塑造的现实不能成为一种现实性原则，而其实现在过程二必须被认为是完整的。在反复出现的纯粹形式中变得明显的技术，无法包含整个技术概念：这种形式的技术的目的只是在不消除其真实性的情况下，使作品的结构特征可见；因此，技术在这里仅作为一般活动的原则出现，其定在并不是自动产生的，而是通过人类使作品本质显现的创作工作得以实现的。这里的技术概念只包括已经完成的技术工作感官上可见的部分；这里的技术只是活动的象征，而不是活动本身，只是实现的结果，而不是实现过程本身。因此，上述对技术的定义既不是指作品中的主观领域，也不是指作品的形成原则，而是关于整个作品的理念，从中可以得到更为明确具体的意义。技术意味着各种原则的统一体和体系，通过这些原则，作品的一切潜在基质都被完善为作品形式。所以，技术不是形式本身，因为它是结果；技术手段也不是寻求技术方法的过程，因为过程是主观路径，而技术是客观条件。技术与其基质的关系是实现与潜力的关系，因此必须根据可能实现的各个作品要素之间关系的不同的质，将其区分开。故技术与同纯粹形式相关的一切物的关系只是一种简单的实现，但这一塑造现实的实现过程呈现出了悖论性。在第一种情况下，技术和材料消失在它们已实现的统一体中，而潜在给定的部分与实现的部分密不可分；在第二种情况下，出现了两者之间的相对独立性，这在现象学中已经讨论过，即技术不仅将这种趋势沉入被塑造的对象（与上面提到的与材料的统一性不完全等同），还将这一趋势从源自和依赖于它的内容（材料、技术的情绪内容等）中释放出去。在这两种情况下，技术都与材料密不可分，事实上，技术的本质最清楚地表达在一切包含于材料的完整发展当中，尽管这种发展是悖论性的，通过这种联系，我们得出了结果，即在这个作品复合体（Werkkomplexe）的内部划分中，材料属于形式元素，并作为技术的一个组成部分包含在概念中，成为其可能性的条件。然而，材料的这种统筹存在（Umfasst-sein）并不意味着将自身和盘托出；就像技术的概念所包含的不仅仅是其中的物质性，材料的概念也不能完全融入形式元素的序列，也就是"包容"的可能性。材料的这种特性必须被视为形式元素，这一观点也与上述所言不矛盾；相反，这种两面性已经囊括在"包含"的概念中："包含"一方面意味着将每个给定的条件（即一种形式的效果假设）转换为形式的感性可能性，但另一方面材料的能力（作为效果的可能性）适应对其自身而言异质的依据的具体情况的客观性的效果要求。因此，材料在双重意义上都是潜在可能性的根据：它是技术和质料同时存在的可能性，是它们紧密联系的交汇点。

我们曾经把质料定义为所塑造之物的总数与统一体，现在我们可以更具体地将其表达为：只要在所寻求形式的物质性中，经验内容能够展开，我们就需要由质料来理解动机通过视象所触及的经验内容的总体复杂性。材料和质料之间的区别已被充分阐明，现在只需要理解质料与视象之间的关系，以及质料与动机之间的关系。质料与动机的不同之处在于，质料完全包含了所创作内容的全部广泛性，而这只是隐含地存在于动机中。当然，由此也可以看出，由于这种隐含的形式特性，动机基于这一二分法，归属主动性（Aktivität）领域，也就是作为选择的修订原则（Correktivprinzip）的技术；它决定了从经验内容的充实发展到动机并最终形成作品所需要的质料。质料与视象最本质的区别在于，视象是现实，它与整个作品有一定的平行性，而包含相同内容的质料只是通过技术加工来保持其真实性。因此，质料的本质恰恰不是现实，而只是要创造的现实的基础，是形成和包含经验，使它们能够参与技术的处理，从而参与作品的现实的复合体，而视觉内容的塑造则提供了一个类比，即一种技术塑造的对立形象（Gegenbild）。因此，如果视象世界的形式和技术形式同样处于现实化的可能性关系中，那么这两种可能性的区别在于，这种潜力关系在视象中发挥修正作用，在质料中发挥基质作用。

但目前我们还无法清楚地了解这种结构的时代性与非时代性。我们只分析技术和质料的广度，而不分析它们的统一性，因此始终停留在作品本身的范围当中，或者更确切地说，停留在作品创作的纯客观条件方面。尽管技术和质料的统一性本质可能不同，但它们有一个共同点，那就是它们建构起作品创作的规范主观领域，即统一性的原则，它构成了作品创作的核心。同时，统一性原则在某种程度上与其客体性密不可分，它具有某种体验性。这是技术的组织原则，它被定义为现实化形式（Aktualisierungsformen）的体系。对质料而言，我们已经将其本质描述为可表达性和可表达内容的复合体与总和，是对选择和聚集、广度和密度的指示；对技术而言，形式通过其对内容的包含和向内容的演化而逐渐具体化。可见，由于质料的本质是与技术相对的基质，它的构成物则源于以形式的方向和确定性为目的的塑造过程。技术的塑型经验是思想（Gesinnung）；由质料塑造的且对其具有确定经验的就是创作工作。两者其实都属于创作者后建构心理的范畴，所以只能在那个范畴内详述，但它们在其中占据了一个特殊的位置：它们不是后建构心理学创作者的范畴（如动机、材料和技术），而是这种心理学的前提；其定在通过提供建立这个领域的准则（和其缜密的方式），以及将其内容具体化的可能性，保证了后建构创作者的存在。但其实际效果产生于这个范畴之前：它与已实现的作品同时出现，而后建构心理学（概念上的）则出现在它之后。不过这些也不属于创作者现象学的范畴，因为它们不包含以作品为目标的努力，这是飞跃发生前这个领域最显著的特征，而它们（已经被认为是实现的）存在的先决条件则得以实现。因此，与其对应的现象学范畴（"立场"与不和谐）只是针对经验现实的内容作出的选择与转变，这只是同质化的实际过程，它带来创作的可能性，但其自身只是方向性因素，并且不参与

（现象学的）创作过程，这些范畴只是直接关系到与作品自身塑造相关的塑型。因而"立场"与思想、不和谐与创作工作作为两个主观领域的前提范畴并列出现，但领域的差异性必定产生决定性的区别，这一点我们暂时必须接受，以此阐明思想和创作工作的必要概念。

从现象学分析中我们了解到，"立场"的概念产生于无间隔性（Abstandslosigkeit）、间隔和距离之间的问题，而"立场"则是作为规范克服这一问题的起点与可能性的最简短表述。然而在现象学中，作品客观上无间隔性的本质无法具体显现，即使是在两种主观间隔中（创作者作为经验主体与给定现实客体的间隔，以及他作为创作主体与作品之间的间隔），也只有前一个概念不仅可以具体化，还可以被理解为规范间隔的积极转化。从第二个概念出发，我们只能得出飞跃的概念，它在其可被充分理解的具体性中，明确了主体与作品的关系，但它无法阐明这种关系对作品本身的意义，因此只能为作品的意义提供否定性解释。因为思想可理解性的方法论定位于作品完成之后，其本质恰恰决定于它解决作品中无法回答的问题的能力；通过思想的功能，作品客观的无间隔性可以具体化，作品与创作者之间的客观间隔也可以得到解释（不再与经验现实存在间隔）。作品意义上的主观间隔是指表达手段与表达方式之间的间隔，它必须转化为富有成效的虚构的规范距离。当可以根据其内容和质量，以及与构建乌托邦现实的对象的关系，来确定乌托邦式的距离感标准时，作品本身客观上的无间隔性就获得了具体内容。这种已经具体化的作品的最终统一性预设了生产要素的统一体（即使这超越了现象学主体），也就是思想。它是经验统一体，在这种统一体中，表达方式作为要表达的内容的本质启示（作为一种实现的体系），塑造的客体作为作品整体的有机内在组成部分，而这一整体本身则显现为无法形成问题的痛苦困惑的乌托邦式统一体、回应与满足。在这里，我们只关注作为经验统一体的思想体系，它通过统一体形成的力量提供定义中所需的技术体系，弥合了表达方式与要表达的内容之间的间隔。因为技术能够赋予生命的力量具备让间隔消失的能力，这归功于其体系性存在及其经验核心（Erlebniskern）。没有这种情感—体系的统一，技术相对于质料而言仍然是一种纯然的抽象性（表达方式与表达之间的间隔）：技术相对于实体的元素而言是抽象的，因为它强加给它们一种对陌生的统一性（技术的物质性），这种统一性对这些元素而言是抽象的，因为这些元素被同样异质的技术联系取代，并且质料作为一个整体，它根本不可能进行表达。我们在现象学中多次遇到这种纯粹技术的抽象性，这种抽象性作为技术的统一形式被思想扬弃，因为它是一个由技术定义和创造的对可能世界的表达；它与世界的这些关系类似于在同质化道路上变得纯粹的经验现实复合体的现象学"立场"。因此，一个技术体系是与其基础（即质料）相对立的，由于这个体系是以一种具体的表达的质而根本不是现实化原则（Aktualisierungsprinzipien）抽象的统一体为支撑，且由于质料与技术有关的本质恰恰在于其具体性，这一体系要么根本不能实现，要么是其最内在本质唯一可能的显现。

技术体系与质料的这种替代关系是由体系结构自身决定的：因为统一性原则在此是一个与情绪有关的重点问题，它不会是一个由一切可能的技术元素和谐组装而成的抽象体系，它是一个层次性建构,其中作为中心的表达原则及其层次关系,也会确定其他可能原则(mögliche Prinzipien)的质性,这在选择和结构上由统一经验和思想决定。所谓选择,其实只是二选一,换言之,技术本身作为可能实现的抽象体系,它的可能原则是有限的,这些原则中的每一个都能起主导作用,并且它们的整体可以与各自的中心点处于一切可变关系中,这些原则来自技术的概念。该概念由两个假设来界定:技术将表象的复合体具体化为一个自足世界的整体,这一过程的发生与特定的接受机体有关,该接受机体通过"立场"的同质化力量变得纯粹,并在这种关系中赋予已形成的世界完整的清晰度和直观性。从这两个假设的相互作用可以看出,在由技术实现的世界中,塑造的外观和本质必须重合,只是这种重合也是虚构的。作为技术的准则,它预设了这样一种看法,即技术的实现手段(例如,绘画中的线条和颜色)无论是在性质还是在外观方面,都是所塑造对象的属性。由于技术体系是等级性的,并且具有一个中心,要么本质的首要性在其中占主导地位,表象因素起着必要和充分偶然性的作用,要么表象的首要性将外观复合体后验统一性的意义归于本质,但是,这些可能的体系类型都必须建立在实现原则的首要地位及其与其他原则的等级关系之上。纯技术体系中的另一种选择是,这种塑造是否通过统筹(Umfassung)而实现了物性(轮廓的优先性:绘画中的线性态度),或者它是否从其界限的塑造聚集中生长出来(形式优先于界限:绘画思想)。这些选项与外观和本质不一致,尽管不可否认的是,本质与轮廓、外形与构型重点之间,彼此具有一定的相关性。仍以绘画为例,存在一种针对本质的绘画思想(如塞尚),也会有一种通过轮廓寻求外观的态度

[15世纪佛罗伦萨的线性印象派（linearer Impressionismus im Florentiner Quattrocento）]。

这三对备选项都不是由技术观念自身决定的，而是由其体系化产生的思想决定的，所以就纯粹的美学概念而言，它不仅包含历史性的单一事实，还包含这一事实产生的必然性和唯逻辑性。思想是一个历史概念，它指的是间隔和无间隔性的问题，指的是乌托邦现实的质和结构。思想是从现实的混乱和苦难中找到通往救赎之路的世界观。当然，它只是亚种形式（sub specie formae），因此是虚构的：它是适合作品世界接受机体（Aufnahmeorgane）的形式范式，而非给定现实的任何客观存在都可以采取的形式。显而易见，思想的概念因此在另一个方向上被限定：它不指艺术本身，而只指个别的艺术形式。费德勒所说的"没有单数的艺术，只有复数的艺术"①，在这里是正确的，即：尽管可以从艺术的抽象概念中推导出纯粹形式的元素，及其在个别艺术形式中的实现条件，但即使在最抽象的形式中，这些也只是表明其实现的实际阶段，以及作为其可被理解的自然舞台的单个艺术。然而，单个艺术作品是艺术观赏的原始元素这一事实也意味着，通过艺术分析获得的形式原则在每种艺术形式中彼此不同：如果艺术必须被定义为自由浮动和自身静止的形式构造，如果单个艺术形式表达审美的具体本质，它们的差异只能表现在单个形式元素相互之间的关系的质上。这种质在每种艺术形式中都必定存在差异，在这些形式中可以

---

① Konrad Fiedler, *Über den Ursprung der künstlerischen Tatigkeit. Schriften über Kunst*, Bd. I, Hrsg. von H. Konnerth, München: Piper, 1913, S. 185.

找到相同的元素和基本的可能关系，尽管只是抽象的，这一事实保证了审美的统一，确定了艺术的概念。因此，如果我们在历史性维度上仔细观察由思想句体系发展的技术结构，我们必须强调，这只能是对抽象可能性的分析。这种分析作用的实际领域是艺术体系，这种分析是对每种单独艺术形式及其独特的特定品质的考察，并对塑造原则彼此之间的关系进行接受。这种品质以及在内容方面变得更加具体的态度概念，决定了每种艺术形式的历史性类型，毋庸置疑，每种形式的历史性类型都是不同的。我们在此只能谈及原则与抽象的可能性，以及这种关系的界限。

这种包含实际历史类型学的抽象体系为技术体系层次结构带来了选择的可变性。无论这些概念（外观和本质等）的实现在每种艺术形式中有何不同，无论这些形式在最终统一的技术体系中，思想取向是优先（戏剧）还是后置（绘画）于纯粹的技术态度，无论它们相互之间存在何种差异，无论单个艺术形式之间相对于主导元素分层的质在多大程度上相互区分，两个选项不可分割的相互作用，只能促成可能存在的可变性范式的四向类型学（viergliedrige Typik）：以外形技术优先性为备选的本质的优先性，或者以进一步分化为备选的、由内而外的、建构和显现的优先性。这种类型学在其最内在的本质上是历史性的。在物质类型学中，思想的抽象概念仅作为区分原则与纯粹审美的原则产生联系，结果类型学成为超历史抽象类型学，其实际的实现则变得历史非理性，由此，思想不仅成为这个体系的形成要素，它本身也成为一个充满内容的具体形式，这就是为什么思想所产生的类型同时具有不可分割的历史性和非时代性。然而，其非时代性不再像在物质类型学中那样是一个关于现实化的抽象框架，因此这样的抽象框架对实际现实化中的"新"表现得漠不关心；它的非时代性是保证塑造得以完成的视点，这样的视点包含了为具体性提供基础的历史视角。艺术作品在一个非常特定的时刻成为永恒：这种审美价值的质在这里是可以理解的。艺术作品的概念（现在被理解为个体艺术形式的概念）在其非时代性的本质中，包含了它在历史过程中出现的每一种可能性。可以说，从所有可能的经验形式中，它选择了那些在历史进程中总是以无限可变性作为"新"出现的经验形式，这些形式只与它相关，并且满足这种类型的要求。这些形式绝不会失去其历史上的"新"、独特性和无与伦比的特征，并且从永恒开始就注定要以适合它们的艺术形式来实现非时代性。由于我们在这里处理的是形式之间的关系，所以这个问题可能是双向的。一个时代的经验形式（独立于艺术进行思考）可以被分析和典型化，以便随后追问：艺术形式所规定的哪些思想与这些经验形式相对应，以及它们在多大程度上指代特定的艺术形式，它们属于哪种可能的类型，它们在这种类型学中引起了什么样的质变？因此，可以从历史和社会学的角度，询问实现各种艺术形式及其类型的可能性，并且可以找到"条件法则"，即在特定条件下，某些艺术形式（或内在于艺术形式中的某些思维类型）是可能的。然而，我们可以从这种思想类型学中得出现实化的条件。从艺术形式的概念出发，可以调查能够体系化的态度的可能性，从而检验其技术的具体性，以便从那里得出这些态度所依赖的社会学—历史形式。艺术的社会学，即一种关于艺术形式现实化可能性的学说，在美学价值的历史实现中发现合法性（Gesetzmäßigkeit），它至少作为一种思维方式不应被排斥，它也的确在事实上已经成为对复合体进行真实和具体认知的条件：艺术成为一个无可辩驳的假设。不过，这种社会学的前提是，一个艺术的完善体系，以及其中每种艺术形式被认可的结构。

当然，这种社会学的"法则（Gesetze）"是否定性的条件法则（Bedingungsgesetze）；它们只能指出一些关于现实化的可能性，不能表达现实化本身。它们只能决定哪些思想作为经验的形式必须存在，以便某些艺术形式能够实现。但即使存在这些思想，艺术形式是否真的会实现，这当然不能在这些法则中表达出来，也永远无法从中推断出来。这些法则的特性结构是，它们同时包含规范和功能性的联系，但不包含因果关系。作为作品要素的思想与作为历史社会学经验形式的思想的关系是规范性的：这是从作为审美规范的艺术形式来看与艺术形式相符合的应然和思维的关系，这也符合上述关系的规范性特征，无论思维中是否包含此应然实现的可能性。但是，艺术形式是不可侵犯的被其他概念体系逻辑化的"事实"，如果从思维的历史社会本质角度考察思维与艺术形式的关系，那么就会呈现出一种功能性的关联：相互之间同质的形式组群出现了，在一个组群中，一个形式不仅是另一个形式不可或缺的条件，其中某些可观察到的质变已对应于另一个在法则上相关的质变。但这丝毫没有说明这一现象产生的原因；这样一来作品似乎就必须作为条件的产物出现，而事实显然不是这样，也不应该是这样，如果存在因果关系，那么作品每次都必须出现，如果条件被给出并且没有限制，那么也可以发现反对现实的类型，而与社会学形式建立功能性关联的作品要素，本身只是实现作品及其确定原则的条件，但这并不意味着只要具备这些条件，作品就能完成。两组形式彼此同质的功能性关联的可能性恰恰源于这样一个事实,即两者都是实现的条件,而不是这些条件本身或其原因。使技术体系化的思想以飞跃为前提,因此需要完成飞跃,这一事实使这种关系具有独特性:尽管存在这种同质性,但与飞跃的关系在本质上将两个群体彼此分开。这种差异是一种与规范的关系,是对价值实现的包含,它受到规范的限制,导致可变性的典型类型出现,但对于另一个仅由历史决定的群体来说,这里的规范并不存在,否则这两组形式是完全同质的。首先,这种功能性关联的性质是片面的,也就是说,纯粹的审美是社会学的功能,但反之则不然;其次,功能性关联内在划分上意味着平行且可理解的质变,而非量变;最后,并非历史社会学复合体形式的每一次变化都必定与作品思想的变化相对应。这种关系的法则特征在此被最明确地揭示出来:在给定的条件下,哪些历史社会学公认的经验形式〔以及与之相关的:历史社会学星丛(konstellation)〕可以实现某种艺术形式,将其技术体系化,哪些不行。所以也可能存在关于个别艺术形式起源条件的否定性法则,但它们无论如何都不能被理解为艺术形式的生产法则,也不能被理解为一般的艺术条件法则。所以存在艺术的社会学(Soziologie der Künste)①,但它既不是艺术的社会学发展史,也不是单个艺术的社会学(Soziologie der Kunst)。

这些否定性的条件法则实际上只是以不同的方式表达了我们所强调的第一个备选,它源自技术的质性本质,即它能够将质料塑造成一个体系,或者它根本不塑造质料,这导致在此要研究的第二个

---

① 这里指复数的艺术。——译者注

形式关系，即质料和创作工作的关系。正如我们所知，质料的结构特性取决于这样一个事实，即它作为技术基质获得意义，但只有通过形式特征才能成为统一体：质料作为要表达与可表达内容的总和与复合体所具有的统一性，是它从被理解为形式的经验物质，即创作工作中获得的。因此，这项工作意味着经验内容成为质料的内在集中程度与它被塑造的趋势，以及它作为通过艺术形式处理的经验的适用性（Eignung）；它是一种经验形式。这种关系在现象学中已经多次被指出：它不仅作为作品可能性的假设隐含在经验形式和技术形式的先验和谐中，而且具体化在不和谐的现象学概念中。但是，由于创作工作是后建构心理学的一个预设范畴，这便预设了飞跃已经发生，在现象学的平行关系方面，它的本质与不和谐的本质不同，就像思想与"立场"的本质不同一样。这里的差异就像其与作品之间的关系日益密切一样自然：正如"立场"，不和谐本质上也是经验要素的先验排序，只有实现这一点（概念上）才能开始实际的艺术活动，而这种创作工作的概念自身，在一定程度上已经包含了这些成就。事实上，由于结构差异，这种关系在内容上与先前的关系有所不同，而这里的论述只在一定程度上包括了成就，因为完成艺术品的创作工作的客观性，还有质料的塑造，只是这一创作工作实现的基质，所以只是一种可能性。不和谐是从对荒谬性的肯定出发的对现实的总结，形式也是建立在这个荒谬性之上的，由此，不和谐在本质上并不指向一般的艺术，而关乎艺术的个别类型，因为荒谬的概念决定了艺术内容的具体性，它只能被认为是某种荒谬，因此是某种艺术形式的可能性。故不和谐是艺术的归类原则（principium specificationis）。它仅在这一方面指出了艺术活动的起点，但若没有普遍的艺术概念，这一起点是无法推导出来的；它以意义和存在的双重不可分割性渗透到经验要素当中，只有源自"立场"的经验的同质性才能对作品产生实际有效的影响，只不过这不包含作品本身的具体进展。这种具体的方向性存在是创作工作的本质，它是作品所要实现的体验性的实质，是意义和荒谬的统一体表达的内容，是对乌托邦式作品世界内容的体验预期。由此，创作工作的概念似乎既接近视象概念，又接近经验现实维度承受苦难（Leiden）这一概念（接受现象学方面）。首先，它与前者的区别在于，它不像视象那样是一种主观现实，而是关于现实的客观假设；其次，它指向具体的满足，而非仅仅停留于痛苦或渴望。（然而，创作工作和接受渴望之间的关联只能在以后才能得到分析；在此必须指出的是，创作工作中有一种现象学影响下后建构的、相应更具体的平行关系，这种关系为创作者提供了理想接受者的概念。）

将创作工作确定为现实的客观假设意味着首先要确定"包含（Einbeziehung）"的问题。目前这个问题只能从回答的可能性（与材料的表现力有关）入手，即艺术在创作工作开展之前便被设定，然后作为现实显现，其原因在于，艺术虽不可否认地呈现于现象学中，而这并不必然意味着艺术作品具有意义。但这项创作工作仍能被描述为艺术与非艺术的相遇之处，是作为赋予作品现实特征的"包含"产生生命元素之处，它作为生活的假设在此显现出来。这个假设的内容是非艺术的：一种由感性充实的构成物成为必要，这一构成物中的现实已经适应了不和谐产生的同质性；它要求回答生活提出的问题，回答那些本身与艺术毫无关系，甚至提问方向也与艺术不同的那些问题；正如悲剧在精神思想领域首先是一种假设，它如何以澄清命运的关系、澄清一种伦理行为方式和与世界进程之间的关系为目标，是人们想知道的。然而，这一假设的客观性纯粹是艺术性的：回答这里提出的问题的能力与艺术风格化的可能性相关联，因此艺术形式成为生活问题在内容上确定的因素；无论悲剧所面临的"创作工作"在何种程度上具有伦理或形而上学性质，它能否在伦理或形而上学维度得到解决，取决于它们基于内在美学原则能够实现的客观化的形式。（比如建筑和宗教之间的关系。）即便是在不和谐中，审美与审美之外的原则同样具有相似关系。虽然只有形式的最终原则，也就是个体形式相互区分的地方，但它却表现为两者的统一体，因为一种审美之外的、生动的、类世界观的看待物的方式，成了艺术创作的最深层基础；而在美学中，被塑造之物的整体内在地趋向于塑型的形式，趋向于技术，它们来自艺术之外，但在艺术中找到了解救，获得解救的方式并不是通过艺术的渴望，也不是在作为艺术的艺术中尝试寻找。这就是为什么不和谐一方面只涉及经验的元素，另一方面只涉及各种艺术形式最后的形而上学原则（悲剧中的死亡），并且只是抽象地将两者结合在一起，因为在具体的结合之前，两个假定的统一体之间存在着它们已然实现的统一：作品。创作工作与作品的联系更加紧密，正是因为它与艺术之外的东西更加紧密地联系在一起：它预设了已经实现的飞跃，并将经验元素作为艺术塑造的基质，将艺术形式作为表达生活内容的可能方式（悲剧中的冲突）。正是通过这种双重性，创作工作的本质得到了最明确的表征。它一方面通过对比作品中所有非纯粹艺术性内容与现实需求，来表明作品的实质，另一方面则指向作品中最内在和最细节的艺术内容：关于建构、内部划分等，这同样从非艺术角度出发,其中的艺术性内容只是作为一种隐含规则。这样的一个中心与其他经验中心完全同质,相对于其他经验中心,它具有集中和排序的功能,其中所有被"包含"的东西都与有效但不可察觉的形式相遇并成为一体;它可以表达出对质料的意图,但不会因此剥夺其直接性和可体验特征。可见,这里出现的既不是一个体系,也不是根据任何外来原则的经验要素的塑造,而是一种内在的、有机有序的经验复合体,它确实将自己与其他大量经验区分开来,因为它假设了对一些问题的解决方式,提供了一些选择、筛选和倾向,不过这些只能通过集中的质量和强度实现,换言之,它只是相对地脱颖而出,其边界也并非绝对固定。因而在此,现象学经验的附属形式,也就是经验形式和技术形式的先定和谐,从经验方面来看,似乎被客观化并被带到了作品意义的逻辑中。对相对有效形式的隐藏意图在此被揭示,质料由此产生。

由此完成的经验的塑形包含在另一种基本的艺术形式中,由此,非艺术的需要与艺术形式的要求统一起来,达到绝对的平衡:对于创作工作而言,非艺术是首要的,与艺术形式的关系只是隐含的,而对于最本质的艺术形成原则而言,非艺术只是内在艺术塑造的借口,只是一种丰富化和复杂化,它是一个基质,但并没有等价物,同时,质料恰恰是审美复合体的一个组成部分,在此复合体中,这两个元素完全平等且相互平衡。由此,质料与创作工作之间这种我们从形式上将其认作封闭体系的关系,进一步得到确定:由于这种平衡,质料失去了创作中所具有的尖锐和鲜明的独立性。这种关系在非艺术的普及中,具有一种期待作品实质的强烈的本己生命(Eigenleben),它几乎可以与作品的本己生命相提并论,因为它似乎本身就是先于作品和现实而存在的对二者的假设。同时，这两个原则的平衡使质料没有外形、被动，也没有本己生活：它的本质变为基质；质料所要实现的是，在没有技术工作援助的情况下，使所塑造之物成为聚合状态，从中只去除作品的现实，而保留一切创造，但完成作品尚且存在分歧，唯一缺少的是乌托邦现实的有序层次结构，以及艺术作品与非艺术作品的关系。可以说，质料对于作品而言意味着一切，因为在技术中只有本质能够得以凸显，作品的实现并不是增加任何新的东西，只是凸显这一本质；但也可以说，质料在作品中什么都不是，因为这是建立在创造形式的一意孤行之上的，所以一切都只是借口，只是机会，用以阐明一个自给自足的合法体系，之所以质料是必要的，只是因为以内在完善为基础的表现需要一个机会或一个借口。质料的悖论性作用与其悖论性结构已经变得清晰，即它通过塑造功能成为基质，而作为形式的质料的方向性不取决于质料本身，而取决于它在创作工作中塑造的结果，其原因在于它要与"生活"保持距离，这也是对生命的进一步充实，而这些只能产生并保证这种双重形态。从创作者的角度来看，经验亚种形式的主体被转化为纯粹的艺术家（Artifex）以及经验形式和作品形式的先定和谐，转化为质料和形式之间的和谐，艺术家与生活的一切亲密关系都停止了，他以此成为作品美学法则的纯粹执行者；客观而言，作品的内在性唤醒了有效性，这种有效性切断了与作品生活的联系。质料是作品和生活最明显的交汇之处；正是因为质料在内容上只能从最广泛的意义上包含从生命中获取的东西，所以它在本质上，在其基质结构上，其实与生命没有任何共同之处：这一创作工作仍然将生活视为一种假设（仿佛思想是从中产生的），正是因为质料的被动性和无表象性（Physiognomielosigkeit），它只能触及所创造的艺术形式（也就是与生活异质的技术）。先定和谐概念产生的天才的悖论，在此再次被揭示出来，对天才来说，质料既是一切，也一文不值，但这两种属性无法截然分开；对于业余爱好者来说，质料就是一切，他所创作的成品毫无意义地又回到了生活中，他也并未从中获得其自身的内在性；对于专业艺术家而言，质料什么都不是，他认为他所要完成之物，在本质上具有空虚性，是一种无（Nichts）。创作工作在其最内在的本质上是历史的，现在也许不需要证明，正如它的客观性与具体的个体艺术形式相关一样，它与生活相关的假定性也与生活的具体性相关——与直接的历史现实相关。在创作工作中，具体时刻的塑造渴望被客体化——艺术作品的"新"；由于创作工作与质料的结构关系，这种"新"会在不失去或减损任何本质的情况下，成为质料的一部分。技术—思想这组形式正如我们所见，其结构既是规范历史哲学的，也是社会学的（也就是李凯尔特说的：相对的历史性），而与此相反，在这一问题上我们进入了纯历史领域。艺术的历史变换在这里是如此强烈，以至于个别艺术形式的特殊性似乎也被它动摇了。因为创作工作源于记录和愿望，源于一个时代的希望和失望，为了成为现实，它必须指向作为唯一具体载体的单个艺术类型，但它却产生于比任何单个艺术类型更广泛且全面的生活复合体，指向可表达内容的整体，指向艺术本身；创作工作将这种复合体的印记带入这种关系，在质料上留下烙印。即使这种共同的生命基础已然被实现的可能性改变，由于创作只是与单个艺术类型相关的工作，它仍保留着一个具体实质：在一个时代必定具备的"新"中，总会保留一些共同性，即一些在艺术中超越差异却又并不完全脱离艺术的东西。艺术兴起的这种共同生命基础，是知识的基础，也是艺术的每一个文化历史考察的知识对象，它被证明与艺术的本质在规范上是联系在一起的，因此这种思考方式的问题和由此产生的方法，也就是艺术应该被纳入完全异质的概念，似乎消失了。如果不仅能够理解这种超越个别艺术形式差异的生命基础本身，而且能够认识到它与各种艺术类型的关系逻辑（这些联系不一定具有法律结构），那么对艺术进行文化历史思考就是可能的，而且不存在内在问题。

然而，这种可能性受到两个方面的质疑。首先，对生活的感受、对一般意义上"新"的感受的差异不能从这个复合体中产生，而只能从个体形式的内在自主性中产生，所以在这里出现的历史性的概念建构，当它超越最一般的，并且想要把握本质上历史的个体显现的时候，它将被迫借用陌生的（超历史或条件性历史的）概念结构，所以同质的历史世界观在此无法建构。其次，生命基础（Lebensgrund）是无法直接获得的。即使它可以在有条不紊的演绎中被展示为最直接的现实，并在这种必然性中得到理解，它也只能在具体的个体现象、在艺术作品中，作为普遍的共同核心或产物，由直觉领悟。但这种理解的可能性以对艺术形式特性的忽视为前提，将艺术理解为对生活感觉的充分表达，以消除误解。任何从质料或其与创作工作的关系开始的历史思考，都必须成为这个问题的代价，这源于质料与作品结构的矛盾的重要性，即它对作品来说既意味着一切，但又没有任何意义。这里提出的第二个悖论不仅对于艺术的一般文化历史思考而言不可克服，对于个别艺术类型的历史也是如此，因为它在其概念形成中赋予质料决定性意义。任何对艺术的纯粹历史思考，在方法论上都被迫如此，正如我们所见，这恰恰是根本上的历史产物与艺术的本质规范地接触之处。这表明，许多艺术史学家倾向于选择艺术的质料作为方法论起点，或将其置于历史过程塑造的中心位置，这是由于卓越的历史学家与艺术的事实具备必然的联系，而非由于他们缺乏审美意识，比如这些内容很容易被解释，并且早已被反复解释。任何纯粹的美学艺术观都会倾向于非历史主义，毕竟作品的形式元素（技术等）不能与实际历史联系起来，对这些作品的分析要么努力以非历史思考为方式（如费德勒—希尔德布兰德一脉），要么致力于进行社会学—历史哲学、相对历史的类型学的分析（如李格尔①、维克霍夫②、沃林格③等）。

因此，每一部艺术史的方法论悖论都集中在这样一个问题上，即一些完全不可知的东西被指定为认识对象。只有当形式的塑造工作已经完成，当它们与规范相比，在效果上成为一种不适宜的，却是被需要且应当产生的误解时，质料和以之为基础的创造工作才能

---

① 阿洛伊斯·李格尔（Alois Riegel，1858—1905）是奥地利艺术史家，维也纳艺术史学派代表人物。——译者注
② 弗兰茨·维克霍夫（Franz Wickhoff，1853—1909）是奥地利艺术史家，维也纳艺术史学派成员。——译者注
③ 沃林格（Wilhelm Worringer，1881—1965）是德国艺术史家、美学家。1908年因博士论文《抽象与移情》的出版成名，并开始其教学研究生涯。1911年在《狂飙》杂志所发文章中首次提出"表现主义"一词。他是表现主义的代表人物，对于早期英国现代主义艺术，特别是旋涡主义画派产生影响。其著述以《抽象与移情》《哥特形式论》影响最大，在当时德国表现主义艺术团体中反响强烈，波及整个欧洲，首次阐述了艺术中的抽象原则，充分肯定抽象主义的地位和价值，将其与现实主义艺术相提并论。这一艺术批评标准影响到第一次世界大战前的欧洲艺术，为20世纪艺术中的抽象运动奠定了基础。著作还有《希腊文化与哥特艺术》（1928年）。——译者注

与美学（也是与艺术史）相关。这种关系在美学上的普遍性在结构上是可识别的，因此质料的概念与对质料的加工无关；由于直接性和明确性在分析中经常出现的困境，由于其中的一致性、误解，对这一关系的具体知识，它于单个艺术作品的无关性，只能作为一个假设被提出，这在先验上就是不能实现的。质料并不足以被认知。艺术家认识到他自身是创作活动的基础，这种认识是创造性的，但不是认知的；接受者进入了被创造的质料，也就是内容，而至于他究竟是在哪个具体的位置被感动，这对他来说甚至无须多想。历史学家必须为既不存在也不可能存在的质料，找到充分而敏锐的观点，要做到这一点，他必须克服误解，但这种误解其实是无法克服的。对于艺术家来说，误解在其类型学中获得了规范的位置，质料既是一切又是虚无；误解与质料的关系是矛盾的扬弃，是对立统一，是悖论而不是困境。对于历史学家的认知行为来说，这是悖论，也是妥协。要么质料就是一切，其塑造将倾向于文化历史或文化历史的历史哲学（伯克哈特[①]），要么质料什么都不是，那么它必须超越美学（沃尔夫林[②]）。在大多数情况下这两种趋势都能形成一种统一，尽管最多只能实现个体的、准艺术的综合，无法形成概念的统一体。（至于另一种解决方法，即基于艺术家个性和知识的综合所形成的专题历史理解，我们之后再说。）

[①] 雅各布·伯克哈特（Jacob Burckhardt，1818—1897）是瑞士艺术史学家、艺术评论家。——译者注
[②] 海因里希·沃尔夫林（Heinrich Wölfflin，1964—1945）是瑞士美学家、美术史家，艺术科学的创始人之一。——译者注

这些个体的综合致力于成为艺术内容，只有艺术家才能与质料建立规范关系，他们在这种感觉中产生了一种愿望，即在艺术的认知过程中走自己的路，从创造类似的先决条件，发展到对作品的充分了解。但悖论在此也不能被消除：以这种方式取得的成就，尽管与艺术很接近，但仍然完全是认知的，这样一来，之前提出的困境依然存在；如果已完成的作品离开了认知范围，并创造性地重构了作品及其成为作品所采取的路径，那么它就是一种艺术形式，它最终产生的是规范的误解，而不是合适的认知。不言而喻，这种对待作品的立场是可行的，但它无法提供任何解决方法。稍后将讨论的散文家的塑造经验则涉及作品不同于历史学家认知的一个方面；所以不仅他们的方法不同，他们设定的对象也不同。艺术家式的观点同样可以对技术进行分析，但它必定以非历史主义告终。因而，需要尝试通过分析作品的纯技术性质，将其理解为艺术家及其时代的表达，同时对作品进行艺术和历史定位。特别是在确定艺术作品（以及文学作品）的归属方面存在的许多悬而未决的问题，推动了这种方法的产生，它的实际结构只能在人格问题的个案中更详细地讨论。必须说明的是，这里触及的只能是艺术史的一门辅助科学，绝非艺术史本身。对某些作品的创作者和来源的确定，凡是知识或语言学的敏锐力所能做的，都只是对艺术史对象的澄清，而不是对艺术史本身的澄清；艺术史在很大程度上受益于此类作品，但作为一门真正的科学，它只能从对这些作品的研究结束的地方开始。因此，作为这些专家研究特征的质料环境对解决这一困境没有任何帮助；它的方法本身，正如勒莫利夫（Lermolieff）一直强调的那样，也正如沃斯勒（Vossler）最近非常清晰和坚定地为语言学强调的那样,"可能……不能历史化,而必须严格依照自然科学进行"①。它们在多大程度上是相对的历史结构,它们与实际历史又具有何种关系,这些在这里不便详述。我们在此只是证明作品的历史性问题,进一步的论述将是艺术史方法论的任务,现阶段这是无法昭示的。

4

质料和创作工作的问题必然导致对准备(Bereitschaft)② 的分析,但我们无法在此深入其类型进行讨论;在这些方案中,接受者总是只代表最简单的接受者,其他类型的接受者(鉴赏家、评论家等)和他们对作品的看法,只能在后建构心理学中详细研究。对接受者"质料志趣(stoffliches Interesse)"的普遍观察,不仅正确地描述了他对艺术作品的实际普遍行为,而且指出了他与艺术作品的规范关系,尽管不甚清晰且存在矛盾。一方面,如前所述,在创造工作的概念(以及质料的概念)中,相对于接受者的现象学修正作用,存在一个后建构的平行;另一方面,从将作品与接受者分开或将其与接受者联系起来的飞跃中,从作为接受过程的规范形式的误解中,艺术的创造性形式在效应中并未被视作形式,其决定性的有效性在于,在接受者中产生纯粹与内容相关的效果。诚然,这

---

① Karl Vossler,„Das System der Grammatik", *Logos*, Bd. IV, 1913, S. 220-221.
② 指接受者对作品进行接受的准备。——译者注

种"质料性之物（Stoffliches）"与我们分析的质料绝不相同：因为它的本质恰恰在于，它是形式形成的基质，而在依赖并期待质料的塑造中，还有一个问题尚未被意识到，即接受效果的"质料"是艺术塑造过程的产物。因此，这种"质料性之物"是一种接受性主观反映，其对象是作品的客观内容，是处理形式过程中被形式吸收的质料，或者用席勒的话说，是被摧毁的质料。质料的两个概念不仅结构完全不同，内容也完全不同。从现象学分析中我们已经知道，每一种创作形式自身都具备一种表达内容（Ausdrucksgehalt）（例如,技术的物质性、材料的情绪价值等），这些内容的完成与加工过的质料之间有着千丝万缕的联系，并且在直接体验中潜在地联系在一起；因此对于接受者来说，成为"质料性之物"的，是在作品形式的引导下，接受者自身经验的实质性表达，就范围和强度而言，这种表达必须在范围上大于质料所包含的内容，即使它由于误解，不具备艺术质料有机且有序的聚集。这最后一个差异对于接受体验的结构而言非常重要；因为虽然在质料中存在形成形式的先定和谐（即对应于创作者的经验形式和技术形式的主观和谐），但接受者面对的是呈现在他们面前"被误解"的作品世界，以及与现实适当性要求之间的先定和谐。只不过这些要求只能作为内容被意识到，如果它们的本质恰恰是形式上的适当性，而这些内容与作品的内容并不相同，那么接受者的态度就会从作品中获得一定的独立性，其恰好表现为与作品之间规范关系的"质料志趣"，就变得可以与作品分离，甚至与艺术的观念分离。从某种意义上说，这里出现的问题是对"包含"进行接受的平行表现。我们说过，在质料中，一切非艺术之物都结合在一起，以便成为艺术家创作原则的基质，因此对艺术家来说，质料既是一切，又一无所是。接受者"质料志趣"的内涵对于生活的渴望而言是无用的，但这内涵使得艺术对于接受者来说变得必要；由此，形式与结构类型完全相反，它既是一切，又是虚无。之所以说它是一切，是因为它并不创造适合接受者体验需求形式的新内容；而它又什么都不是，是因为这种适当性只能是与这些假设一致的内容表现。上述行为与作品的可分性，即现象学中呈现的接受者与作品的关系，在与创作者更松散的关系中被具体化为作品，这意味着，不仅这种形式适当性的内在实质在作品效果中的反映是独立于作品的，因为接受者试图将这种"内容"与"形式"分开，而且这种实质明显独立于一般的艺术，它需要被体验为对生活的需求，甚至是由生活完成的东西。由于对作品的客观结构和创作者形式塑造的完全误解，接受者将内容与形式区分开，对此无须赘述。重要的是，被误解所遮蔽的本质性形式，在这种二分法中属于内容，而形式作为从内容口分离而出的部分，它其实已与内容无关。

此外，接受者有可能在满足其对工作和现实的渴望方面主动提出实质性要求，也只有那些作品才能在其中找到实现效果所必需的准备，从而满足这些实质性假设。这里所提到的作品在本质上是个体性的，并且由于它们恰恰源于只有在实现的准备中才成为审美主体具体的、直接的个体性，它们也必然是历史性的，是时间性的。它们准确地表达了历史个体性无可比拟的、独特的、永不重复的特性。其中，某个时代在内容上对完美和完善的追求、某个时代最受喜爱的对象、最"符合（时代）鉴赏（Geschmack）"的东西，通过最纯粹的方式呈现出来。在这一点上，接受者与艺术形式之间的距离达到最大，其姿态结构（Haltungsstruktur）与"创作工作"的关系也显现出来：这里也有现实的需求，而作品的产生需要以一种在质量、强度和丰富性上都占据优势的方式实现。只要针对直接经验，就不可能从任何乌托邦式的现实构造中完全消除与艺术形式的关系，因为每一个这样的乌托邦，无论多么初级或零碎，只有当它在形式上适合经验形式和现实的同质化，并处于这种充分性的方向上时，才有可能实现其构造形式，所以艺术形式的最低限度，或者更确切地说，这种形式最大程度上的压缩和消失，在有意识的经验因素中实现了。最终，紧随这一结构，一种完全个体化的非理性出现了，康德也明确表示"鉴赏是不会有客观原则的"①，鉴赏应被理解为经验主体对作品效果进行接收的直接动因，它自发地、有机地从外在可能和真实经验内容中挑选出那些符合现实要求的部分，并同样自发和有机地拒绝一切其他要求。所以鉴赏是纯粹个人的，既不可被概括记录，也不能体系化，随着鉴赏被理解，主体又退回经验现实的唯我论当中：不仅单个个体之间不可能有共同的鉴赏，即使是经验过同样的内容的主体也无法实现鉴赏共通，因为喜欢某物或拒绝其他物的原因和动机并不能解释这种行为的本质，而持续保持理智（intellektuell）并反对真实经验只是一种不恰当的、暗示性的表征。

尽管，或者说正是在这种情况下，非理性在接受者的体验可能性中，呈现出其与历史的关系：在"质料志趣"中，在"鉴赏"

---

① Kant, *Kritik der Urteilskraft*. §34. *Werke*, Hrsg. von E. Cassirer, Bd. V, S. 359.

中,"新"的概念从接受者的立场被客观化。对许多这种接受经验的总结只不过是一种经验性的历史总结,而非体系化。它只表达出,直接经验主体就其经验和经验对象而言完全是历史的,并且只要主体保持这种直接性,他就不会跃出历史定在在时间—空间维度的决定性。这也意味着每个时间节点和每个地点,也就是每个个体的终点,都是无与伦比、独一无二且奇特的,每一个使这种内容复合体被称为"新"的概念综合,恰恰是抽象(Abstraktion)的产物,而这是一个纯粹的历史方法论问题:一方面,抽象与个体之间存在多大的距离;另一方面,它在时间和空间之间设置了怎样的跨度(Spanne)作为能在时空之间持续转化的最终因素。这种"新的"接受概念在这种非理性和不可比性中,同样作为鉴赏的价值概念,与"旧的"和"熟知的"概念对立(自然,鉴赏的两极似乎既一致又对立,而这种鉴赏评价也没有客观原则)。"旧"与"新"具有相同的结构,它是一个不断变化的独特性的个体—历史构成物,它是"新"得以产生并进入世界的基础,二者相互依存,缺一不可。由这种对比包含建构的世界,是对日常现实和艺术的体验。如果我们目前只是单纯地考虑艺术最遥远的距离,这并不意味着在这个艺术世界中存在一个处于从属地位,甚至只是与自然处于同等地位的角色。"旧的""熟知的"很大程度上是从艺术的历史经验连续体的沉淀中产生的,如果说"新"从中脱颖而出,那就像艺术家分析这种对比时,认为"新"作品从"旧"作品中脱颖而出一样。但相似终归只是相似。对于"新"来说,这旦不是新创造的东西,而是作为对鉴赏渴望的满足之可以体验到的"新",这与其塑造是"新的"还是"旧的"并不相关。由于某物的无价值的持存和持续效果一经存在，便会在很大程度上撼动"新"的概念，它们由此成为存在（Existenz）在纯粹历史维度的重要范畴。因为在艺术效应史（Wirkungsgeschichte）中，只有少部分被体验为"新"的东西还持续存在，在其他历史领域，已然实现的与接受性无关的历史本己生活则要强大得多（制度）。在艺术效应史中，特别是在涉及制度类条件和效应手段（剧院、教堂等）的情况下，类似的关系在多大程度上同样能得到证明，它们的持存在多大程度上对塑造产生影响，从而对效果产生影响，只能由对特定领域的个案研究得出。但可体验性在这里永远是边界值，而"新"的最小值，尽管按照常规是模糊且衰弱的，则被证明为美学复合体中持存的经验前提。创作者的相应领域与历史实际进程基本相同，也因此每件作品只能以"新的"出现一次，但这里的这一顺序，或者更确切地说，"旧的"不断变化的分组成为"新的"之陪衬，这是一种完全独立于创作的继承，并且每件作品都作为"新"一再重现。正是在"旧的"和"新的"概念上，产生了关系的历史可识别性。通过将这些概念在内容方面的转变投射到作品上，我们得出了艺术效应史的概念，这一概念指向研究本身，即哪些艺术作品在某个时代被认为"新"且能产生效应，它们又能被怎样的内容充实，也就是说，它们为什么被认为"新"。上述这些问题也促使人们的思考延伸至效应的社会学，反思艺术的时间倾向、社会结构和求"新"之间的社会共性，正如在创作过程中，可能效应的功能条件规律设置是可以想象的。这表明，每一种历史学和社会学方法的问题都表现在这样一个事实中：只有艺术作品的实际效应或无效性才是问题的起点，至于是作品本身未能实现效果，还是接受者未实现接受准备的问题，则不能从前提和概念构成中得到解答。此外，在接受准备的实现中，"新的"概念在已有基础上又多了另一个重点：它成为对接受者渴望的充分、直接、令人惊讶且具有压倒性的满足，它被从日常生活中撕裂出来并凌驾于日常生活；这是接受者一系列经验的飞跃，在顺序上是"新"。而相关的对立概念只是与瞬间中断经验流的"新的"概念的鲜明对比；它只会强化这样的印象，仿佛作品中所实现的，不过是接受者一直期望从现实本身中获得的东西，这种东西的缺席，便是主体曾经感到失望和痛苦的原因。所以"新的"在这里仍然是关键且积极的。

5

这一事实让我们再次反对纯粹美学与作品思想（Werksinn）。对接受者的分析表明，每件作品都可以无限次地作为"新"出现，但如果从作品的实际状况进行思考，并对作品与应然之间关系的效应进行研究，我们就会认识到作品普遍的效应假设（Wirkungspostulat），其中审美价值有效性类型的特性昭然若揭——每件作品在每一次接受中都能被视为"新"的。或者更通俗地说，作品的永恒性意味着它可以在被接受的审美主体已完成的准备中，随时产生规范的规定效果，即无论时间如何流逝，它都应该具有这种效果。因此，"新"作为审美价值的有效性品质出现在作品效应中，其非时代性本质与其在历史现实中的根基在规范上联系在一起。审美价值效应的悖论出现在一个问题当中，即作品效应作为非时代性范式已经实现的效用，如何能够在不同作品中，以及在同一作品的不同效应中都完全不同，而且这种不可比性恰好就是价值自身的后果。这个问题的答案只能从我们已经反复分析过的、作为作品的规范规定效果的误解概念中找到。正如我们所知，误解意味着在作品的经验中审美接受者所接受的不是作品的"真实"内容，他也不会去洞察作品的内部结构，而是通过他自己的经验，通过那些原则上无法交流且不可比较的质性元素，产生一个自给自足的世界，这个世界就是被接受者体验为作品的独立存在。由于这一作品以一种接受者没有意识到的方式，只包含接受者自己的经验内容和经验质量，作品对接受者来说就意味着与他相适应并满足他的渴望的乌托邦现实。审美价值的普遍性就像任何其他价值一样，审美价值的普遍性也并非由此组成：主体与规范的普遍性相关，即要么由于主体的主体性被废除（逻辑），或者主体在其主体存在（Subjekt-sein）的持存中服从于规范（伦理学），要么作品和已实现审美价值的这种性质确定了主体与价值之间的这种关系适用于一切主体。这种普遍性必须能通过制造误解的能力来提供艺术形式：作品的普遍性是形式上的，这是所有可能误解的范式。这说明对于美学，单个艺术形式及其领域内的单个艺术作品才是真正的具体之物（Konkrete），艺术一般则并不是。每一种艺术都意味着一种与世界之间同质设定的必然性；作为一种塑造形式，在一个世界的建构可能性方面，对这种态度的预设和接受意味着内在的完善；而作为接受性的误解，作为产生效应的形式，范式的合法性调节了可能的误解的类型，也就是必须从某一特定视角产生的内在秩序的象征。对于对世界的态度的可能性，对作品的必要投射造成了误解，然而即使这是非理性且无法体系化的，也并未完全堕落为无政府状态（Anarchie）。不仅因为从经验现实的自发唯我论无法过渡到理论和实践的明确建设性领域，这一领域的存在本身就已经证明，绝对唯我论只与作为传达形式和经验形式的自发性有关，与人类存在的理念根本无关，还因为接受者对现实的直接态度不是无限的，并且受一定类型的约束。这首先取决于接受机体的数量限制，而且在有限的类型中，如果要获得一个内在封闭和有意义的世界，态度的可能性也有数量限制，且不可任意变化。（复数艺术的体系由此产生，这一点我们之后再谈。）

然而，与我们现在所谈论的接受者的直接经验相反，个体艺术类型（Kunstgattung）也是一种抽象：它立于单个艺术作品之前，关注的是如何考虑普遍（Allgemeines）与唯一自发（Einmalig-Spontanes）的关系。作品中普遍性的原则当然是形式，在此它不再抽象，而是一种具体唯一质料的组织体系，由于质料和形式之间的先定和谐，它们共享唯一性和具体性，甚至思想上的共通性，它们也不再被置于质料的抽象性和普遍性区域。形式在这个过程中的作用，同样是成为一切可能误解的范式，但这种范式不再仅仅以为生活设定的组织可能性为导向，而是针对与（被加工的质料、内容的）某一经验复合体的传达相关的内容充实的可能性。即使是对经验现实的误解性传达，也预先假定了两个"被误解"内容之间的共同点，事实上，这些生命领域的唯我论最终基于这样一个事实，即在经验中，适宜和不适宜的感知是无法被区分的，也无法在对象的绝对距离中得出明确合法性。误解只能是对某物的误解，而这里所说的某物及其被误解的经验反映（Erlebnisspiegelung）指向某种共存之物，其自是源于纯粹经验现实的结构，但其既不能被体验，也不能被认识：这是某种范式，它就像经验激发者与经验之间的中介装置，其中堆积着经验激发者的全部诱发性（Suggerabilität），产生效应和被效应影响的则在其中作为经验的可能性和现实统一起来。我们认真且谨慎地将作品形式定义为这一范式的实体化（Substanzwerden），这一定义极大地依赖于诱发力（Suggestionskraft），它也由此失去了经验现实的弹性，变得漂浮且封闭。而极大地依赖诱发力意味着，如果这种诱发力一方面指向某种特定的、独特的质料，另一方面又要求效果的非时代普遍性，那么质料的风格化则首先为其所有聚集的可能性（动机、创作工作等）指明方向。一种逐渐进入意识的、在隐秘组织的表层的作为（Auf-die-Oberfläche-treiben），在内在张力达到最大值的时候，塑造原则似乎只起到显化与澄清（Explizit-machen）的作用。换言之，被加工的质料、内容，变得比其在原初可能性、在每个给定事实的可能性中更加具体。而同时，同样的质料在纯技术程式方向上的抽象化，在通过集中、组织来实现的表达力度的极致导向上，可以通过"质料性之物"的消除实现，最终获得两种倾向的绝对统一。这种统一的可能性源于"立场"的普遍概念，以及由此产生的同质性：故对于接受者，其经验渗透进接受机体同质性接受的方向当中，并且在这个方向上通过有目的地适应经验需求和容纳经验刺激而发展到极致。如果这个组织机构同时是某种质料的组织者，即如果其性能恰恰在于从这一质料中获得最大效应，那么当组织机构完成，它的内容性误解在任何情况下都必须设定在已经实现的接受准备中，并且由此产生最大的经验强度，接受者自身内容的体验则被投射到按形式组织的质料中，作品被体验为相应的乌托邦现实，它对接受者来说已经变得"新"了。但是，只有当艺术家通过技艺成功地从质料中提取出其特定的效果强度时，当形式成为最可能实现这种效果的范式，并且技术体系（就其自身而言）同时成为这种质料集中的象征时，上述情况才会发生。这种塑造的可能性提供了一种思想，这种思想同时带来了技术体系，且本质上表达了一种世界观（因为在这些条件下，一个自给自足且内在充实的世界是可能的），因为这种思想将变动的传达范式转变为封闭和同质的形式，转变为由此产生并有可能转变为误解的范式，这种范式通过形式的第二种质，获得了情绪价值和激发情绪的独特能力，在接受效应内容反映的持续转变中，误解持续存在。

一件艺术作品越是有意义、越是能永世长存，在接受经验中对它的解释就越是误解的表达，它也就越受制于时代的变化；所以，只有当一件作品的无限变化具有可误解性，它才能在不同时代发挥出不同效应。由于每一个直接效应都取决于对要传达内容的诱发力，范式的浮动和不确定性阻碍了纯粹经验领域的无限制交流。如果传达的内在意图（即不是它有意识的心理动机，而是其被视为一种行为的客观意义）是某种内容性的东西，那么范式就只是一种载体，一种模糊的媒介，一种必要的恶；交流的发展完全取决于社会学—历史维度或多或少传统的形式中的共同点。传达越是以内容性为导向，它就越适合内容，即使这只是相对和近似的适合，同时它也就越具有历史意义，其实现的可能性也就越依赖于接受中这种传统形式的持存。为了使效应不受这样的限制，这些范式必须由增强的形式代替，这种形式取决于所加工质料的同质性；传统的形式必须被新的经验形式忽视或完全吸收。所以这和塑造本身排除了传达与接受之间基本合适的内容等同性,而这始终由同时代的社会学—历史惯例来保障,与塑造并无关联:内容上恰好不合适的反应(Reaktion)就与其他反应一样,其不合适的程度无关紧要,因为在创作意图上,只有效应强度才是重要的。索福克勒斯的《俄狄浦斯王》就是最能说明问题的例子。很可能在它被创作出来的时候,它表达的是创作者当时实际感受到的可以在内容上进行定义的问题和经验。然而它的真正效应在于质料独特而完美的组织,其技术建构通常成为命运关系的装饰。尽管这种关系在当时可能是有效的,但今天我们很难科学地重建这些内容,当然也没有人能够重温它们;悲剧仍然以分毫不减的强度发挥作用,这要归功于这种形态,与命运纠缠在一起的主人公的永恒象征就出现在其中;而这个范式每一次都通过主人公和命运来实现,其中每一个误解都符合建构,在戏剧中都以同样的体验强度走向终点。

哈姆雷特的"深刻"在于无与伦比的天才(Genialität),情节则建构于此:仿佛故意将内容的所有动机留在黑暗中,而用更为丰富多彩的塑造来解决命运时刻——不能决定自身行为的人,只能最终在偶然性中臣服于命运。正因为内容的模糊在这里与形式的清晰相结合,深刻性产生:接受者的震惊使他体验到他或同一时期其他人无所作为的最根本动机,并将其视为哈姆雷特所表达的意义。哈姆雷特总是被体验为"深刻的";但这个深度的含义却总是不同。这种效应可能性只能得到相应的形式;每一件艺术作品,无论其影响力多么深刻或真实热烈,它都源于某种日常的内容传达模式,一旦这些方式随着其存在的历史条件的消逝而消失,作品必然变得难以理解;我们只能根据它的内容、意图、方向和范围来对其进行解读，但它不再能被直接体验：它已经过时了。纯粹时代性的、以内容为导向的传达模式与可能产生的效应模式之间逐渐清晰的关系，使我们能够从接受者的角度再次审视"创作工作"，即接受者发挥着纠正创作者的作用。对于接受者来说，完全由历史条件决定的传达模式，在内容方面所发挥的效应是最显著的。这种结构要求艺术在接受者关于历史内容的需求中，找到产生非时代性影响的可能性；满足接受者作为在某一特定时期具有特殊见解的在场者对艺术的接受准备，而以这样一种方式在他身上实现的规范审美效果，只是作品能够实现的无限可能效应中的一个。因此，接受者在双重意义上成为对创作者的纠正：一般接受者的理念是，这种被同时代人忽视的形式，为寻找和发现永恒形式之人提供了超越仅仅满足渴望之物；对于得到充实的形式，直接给定的接受者就不会在对立的模式中、在无效的内容和必要性中，直接追求永恒。

作品这种不随时间流逝而改变的非时代性，具备双重历史性作为前提：效应在其所体验到的内容性方面必须是历史的，这样它就在任何时候都能实现，因为体验作品的人不能直接脱离历史连续性，所构造之物在任何时候都不应该失去其起源及其组成部分具体—直接、历史—根源的性质，效应的非时代性正是基于这样一个事实，即作品的封闭性是一个具体历史的经验复合体的象征化（Symbolisch-werden）（在某种效应强度方面）。每一件作品都是特定历史时刻的永恒化（Ewigwerden），它从历史场合中撕下一个瞬间，赋予其时间的持久性，将其提升至一个超越时间的区域而不带走其气味和标志、魔力和转瞬即逝的假象，也正是这些实现了瞬间性。这就是为什么谢林比其他所有遵循观念论寻求对作品进行解释的唯美主义者更深刻、更艺术的地方，他认为作品与神话有着密不可分的联系，并以这种方式把握作品的本质。无论一个人如何努力完善观念与艺术作品之间的关系并力求摆脱一切抽象的东西，只要他想使作品成为一种写照或相反的表现的理念，这都将高高凌驾于时间的碎片之上；为了找到存在方式，作品不仅要摆脱地球上的每一个残余物，还要让人们忘记它产生于时间，而这实际上是努力回到时间；它必须变得抽象，并将其形式上的深度和普遍性转换为一种内容：它不是这里所有可能经验的范式，而是必须根据内容来表达经验的普遍性，所以它更狭隘也更琐碎，并必须在内容上成为"普遍人类的"而非个体性的具体实现。当形式为质料服务时，当形式以完全等同的方式依附在质料之上时，才能驾驭质料，这似乎只是把质料的本质由混乱带向清晰，从沉默变成响亮，美学的柏拉图主义者都致力于实现的、代表着完美且非尘世纯洁性的形式；一旦形式强行凌驾于质料之上，赋予其一种与它自身本质不同的非时代性，形式将永远无法"消灭"质料；相反，形式不得不让质料保持一种原初的不可分解状态。当谢林要求将神话作为艺术的先验材料时，他比以往任何时候都更清楚地把握了它的具体本质："那种美……无处不在，那是光与物质、理想与真实触碰的地方。美既不是一般的、理想的……也不是真实的……而是两者完美的相互渗透或结合。美被设定之处，特殊性（真实）与其概念如此相称，以至于它本身作为无限，进入有限，并被具体地看待。"[1] 只有在神话

---

[1] Friedrich Wilhelm Joseph von Schelling, *Philosophie der Kunst*. §16. *Sämmtliche Werke*, Abt. I, Bd. V, Hrsg. von K. F. A. Schelling, Stuttgart: Cotta, 1858, S. 382.

意义中实现之物才具有历史的永恒，其内容才能产生并走向覆灭，尽管这一内容被认为存在于日常时间流的彼岸。

唯一的问题是，这种神话倘若可以被认为是一种审美经验，并且既不成为宗教经验又不成为形而上学思辨的对象，那么它是一种质料还是一种形式呢？谢林自然不会反对将其视作形式。他说："神话是……诗歌本身，又是诗歌的质料和元素。"① 这何以可能呢？每一个不想被柏拉图化，而是寻求艺术纯粹审美本质的艺术哲学，在这里面临的困境是，要么神话只以艺术的形式出现，要么艺术形式的功能只是宗教—形而上学真理的模糊。谢林和所有理念论（Ideenlehre）的浪漫主义创新者都反对并尝试摆脱这一悖论，他们将接受性和生产性的艺术活动等同于真理知识，等同于对理念世界的观察。叔本华说："每一件艺术作品实际上都在努力向我们展示生活和物的真实面目，但是由于客观性与主观性巧合的迷雾，每个人都无法直接掌握它。艺术则揭开了这一迷雾。""目的是促进对理念世界的澄清与认识，"② 谢林也曾表示，"美和真理本身就是一回事，或者依据理念……不是美的真理不是绝对的真理，反之亦然。"③ 但这一表述否认了形式一切可圈可点的内在成就：有一个自身美丽且真实的世界，它超越了人们必须进入的任何空间和时间的禁锢，艺术作品可以帮助人们找到回归这些隐藏原型的方式〔叔

---

① Friedrich Wilhelm Joseph von Schelling, *Philosophie der Kunst*. §38, S. 406.
② Schopenhauer, *Die Welt als Wille und Vorstellung. Sämtliche Werke*, Hrsg. von E. Griesebach, Leipzig: Reclam, 2. Abdruck, Bd. II, S. 476-677, 479.
③ Friedrich Wilhelm Joseph von Schelling, *Philosophie der Kunst*. §20, S. 384-385.

本华谈到过"类的思想（Idee seiner Gattung）"，这是物在审美主体之"认识的纯粹主体（reines Subjekt des Erkennens）"观点中所实现的]，不过这绝不是这种实现的唯一可能途径。一方面，这个世界无论如何都不可能是历史的，无论多么矛盾，因为它应该是神话，就像普罗提诺在流出说阶段（Emanationssrufen）① 的逻辑形而上学分歧可能与历史继承无关，而令人费解的是，形式的这种功能并没有像柏拉图那样产生对艺术的全盘非难。因为艺术形式总是只从其可能性和效果的先决条件角度塑造世界，这在观念论的形而上学中，只能表现为模糊和虚假。如果对于叔本华而言，审美体验者"将自然吸引到他自己身上，以便他只将其视为他存在的一种偶然性"，那么拜伦的这些诗句便提供了证明：

　　山，海浪与天空，难道不是一个部分？
　　属于我和我的灵魂，就像我也属于它们一样？

可见他必定忽略了一个事实，即这里所体验到的并非自然的"本质"，而是诗人的表达可能性（Ausdrucksmöglichkeit），他将每件事转化为情绪，将每个物体转化为纯粹主观的经验反射，这些通过形式的现象学得以表达，并被视为经验。比如山对塞尚而言呈现为结构的沉重；对德克·布茨②而言，它是与神圣的三位国王带给救

---

① 流出说在古代由诺斯底士派、摩尼派的二元论所推介，近代则以泛神论为代表。流出说主张个人的灵魂是从天主的本性中流出的。这个理论与天主的绝对单纯性不相容。第一次梵蒂冈大公会议斥之为异说，泛神论也受到同样的谴责。——译者注
② 德克·布茨（德里克·布茨，D. Dirck Bouts，约 1400—1475）尼德兰荷兰画家。——译者注

世主的黄金和宝石同等珍贵的宝藏；对于佩鲁吉诺①，它是建立广阔而自由空间的工具，以纯粹的建筑元素的形式出现；对亨利·卢梭②而言，它是一个咆哮的玩具；对乔托则是情节的伴侣；洛伦佐·摩纳科③视之为骷髅的形式本性的象征，面纱从山的理念中被揭开。对于每一种形式、每一件作品，都存在一个新的世界，它与其他任何世界毫无共同之处，但它必须能够被体验，仿佛接受者直到现在才获得一切物被遮蔽和隐藏的原型的记忆，仿佛直到现在，他们才知道创世奇迹的传说。完美的形式使以之创造的世界成为童话传说。"童话可以说是诗歌的典范。"④ 诺瓦利斯说。所以神话就不是艺术的先验质料，实际上是真正实现的每一种形式都创造了一个与神话相关的世界，它直接产生效应且具有美的本质：这是一个完美的世界，在其感官性的直接现实中，一切痛苦和苦难都沉默了，这个世界在真正意义上消除了它们，也就是说，逃离苦难的快乐无限而持久地存在于这个世界，而这些快乐正是源于这种苦难和

---

① 彼得罗·佩鲁吉诺（Pietro Perugino），原名彼得罗·范努奇（Pietro Vannucci），后来因为故乡佩鲁贾而被称为佩鲁吉诺。意大利画家，擅长画柔软的彩色风景、人物和脸以及宗教题材。佩鲁吉诺的艺术在意大利中部影响较大，与达芬奇、波提切利同是安德烈·德尔·韦罗基奥的学生。由于他还是拉斐尔·圣齐奥（意大利语：Raffaello Sanzio）的老师，因而被认为对盛期文艺复兴美术有相当的贡献。——译者注
② 亨利·朱利安·费利克斯·卢梭（Henri Julien Félix Rousseau，1844—1910）是法国成就卓越的伟大画家，也是法国后期印象派画家。他被称为"原始派画家"或"天真画家"。主要作品有《梦》《墨西哥人》等。——译者注
③ 洛伦佐·莫纳科（唐·洛伦佐，Lorenzo Monaco，1370？—1425）是意大利画家，是最早的国际歌德风格（international Gothic style）的佛罗伦萨画家之一。——译者注
④ Novalis, *Fragmente (aus der Nachlese von Bülov). Nr. 6. Schriften*, Hrsg. von J. Minor Diederichs, Ed. 3, Jena, 1923, S. 4.

痛苦；这个完美的世界具有无可辩驳的当下性存在，但它似乎来自另一个已经摆脱了"现在"的过去；这也是一个在乌托邦意义上成为永恒的现实，但它的起源和衰败已经成为与它的生成所密不可分的传说。就像神话中阿佛洛狄忒的海上诞生、武装的帕拉斯从宙斯分裂的头颅中分离、狄奥尼索斯的撕裂、阿多尼斯于其不死之身的终结，这些都包含在其神性和永恒性观念中，所以一切希腊雕像、吟游诗人的全部情歌、文艺复兴时期所有的圣母像、托尔斯泰或陀思妥耶夫斯基的小说，都带有这一世界诞生的印记，还有其产生的地点和时间，以及永恒性之下其存在的荣光与悲剧。只是这种出现也成了传说，每一次新的接受经验都要以这种特定的直接性进行新的阐释。我们不能被这样一个事实所迷惑，即这种对第二效力（zweiter Potenz）的重新诠释不再体现在艺术自身当中，不再像古代和基督教神话那样总是在不断变化的内容和情绪中重生，那些神话充斥着阿特里德（Atriden）的命运①或天使报喜（Verkündigung）的神秘。在伟大的散文家和历史学家的作品中，希腊和中世纪、东方和文艺复兴已经成为传说和神话，内容上的偏差，加上对永恒作品持续不断的新的误解，这不仅是一种"科学的进步"，也是对这种由艺术形式创造的神话的阐述。但这种可供重新解释的特性本身源于一切神话的本质：它之所以是有生命的，是因为它为世界意义提供了象征性的反映，只有对世界意义的每一种新解释都意味着神话事实的新动机，只有这些意义处于不可动摇的、由经验提供证据的事实当中，而使人们受到感动的内容转化只触及动机而非存在，它

---

① 指希腊神话中神祇对阿特柔斯家族（Atreus）的世代诅咒。——译者注

才有生命力。散文家对完整形式（vollendete Form）的神话内容的解释变化与真正神话的不同之处仅在于，他们致力于实现最内在的意义，并且只以规范设定的对其存在的永恒误解为方向。（散文与作品的这种关系在我的论文集《心灵与形式》的前言中有更详细的分析。）故作品本身的"新"是由历史性的对立，即创造性和接受性建立起来的，若不以作品假设的规范为前提，这两种"新"之间的关系在主观现象学概念上就完全不同：二者之间是不存在对立的。这种新，既不是对对立原则的克服，也不是超越，而是同一性。一部作品之所以是"新的"，是因为它作为一种价值的有效性之质，依赖接受者对"新"的体验，因为它作为一切通向永恒生命力的可能经验范式，具有并能保持内在繁荣性，作品的新由此产生。但尽管创造性和接受性的经验都与它们产生的一些先前的连续经验形成对比，但作品作为价值有效性的质，具备一种回忆的"似乎"。因此，柏拉图化的唯美主义者比任何寻求经验心理真实性的描述都更深刻、更恰当地描述了作品的规范效果，因为他们在作品中看到了观念世界的一个瞬间：每一个表象都变成了作为表象的实体，因为它的感性效果价值只不过是其可能本质在这里的呈现；一切物都与其观念相适应，因为塑型创造了一个世界，在这个世界中，只有与观念一致的物才具有存在的意义。在这个世界中，意义和完美意味着同一件事。这不是一种知识，而是一种经验，体验到的完美只是完美的附属形式，是单个形式的具体实现的产物；但这不是虚构的结果，而被体验为对世界意义的脱离，这是由绝对的内在性、由这些形式的纯粹虚构特征产生的。王因为作品中没有对物的原型进行真实回忆的痕迹，与作品理念相对应的每一个创作，都必须赋予其重现与生俱来的观念世界的塑造力。作品总是"新"的，因为它在创作时是"旧"的，它已经超越了历史进程，因为它从历史中走出来，又坚定地回去了。

然而作品与其诞生的时间点和时间进程一同实现永恒，作品的空间则成为舞台。逻辑的非时代性必定在时间的先后顺序上指明每一个记忆，伦理学则由此识别出空间和时间，因为它们造成的限制在人与规范之间创造出间隔，美学塑形则撤回了作品，其规范体验随着时间的流逝而变化，并与实践空间隔离开来，而这只是为了让感性的先天性从直接性和抽象可能性的扭曲交织中净化出来，在纯粹感性的意义上复活。在此只考虑所谓时间和空间艺术，并且对其作出严格区分，是肤浅的。作为可以直接和感性体验的完美现实，每一种艺术形式都必须具备自身的空间和时间。正如所经历的神秘狂喜的永恒不是时间流逝的抽象对立，对他来说仅是完全异质的时间，正如被上帝附身的穆罕默德经历了游走于诸天的神话时间，而他打翻的水罐还不能清空作品中的内容，在作品中，开始和结束、过程和持续从时间中逐步呈现，并且在时间结构中将自己与经验区分开来，成为永恒。空间作为塑造的舞台和领域，也因其结构的异质性与日常生活隔离开来，但作为一个空间，就像神圣的领域，比如奥林匹斯山，比如基督教天堂，就像得到救赎和受到诅咒的地方，像最终的宗教现实的舞台，它对于每一个真实和体验的宗教性来说，都是空间的。这是单个艺术形式的表现的问题，即空间和时间如何出现在每一种形式中，当人们局限于一幅绘画时，他能在多大程度上从中找到节奏、韵律以及相似性和多样性的时间概念，人们又是如何区分悲剧的空间安排与史诗或童话故事的空间塑造。然而，作为一个感官的宇宙，每种形式都既是空间的，也是时间的，一个更精微且具有艺术性的"拉奥孔"的任务，不是根据空间性或时间性来区分艺术，而是赋予每种艺术特定的空间和时间的塑造原则。

6

每种艺术形式都是一种神义论（Theodizee），它通过将所有可能发生在其同质世界中的物，引向一种绝对适合其理念的存在当中，同时将其置于一个似乎注定走向成熟并得以实现的宇宙中，从而设定了救赎的一个方面。这就是作品的客观无间隔性理念，是内在完善的原则，这一原则赋予它作为一种已实现的审美价值的永恒有效性。但若仔细分析这种尚且只能抽象概括地进行谈论的客观无间隔性，就会发现其中多组分类型（mehrgliedrige Typik）的原则再次将作品锚定在历史现实中：这便是风格原则，是艺术的历史哲学原则。我们一直认为，必须在作品中创造一个内部无间隔的世界，整体为个体而定，塑造原则为塑造对象而定。由此似乎可以得出的结论是，万物的统一性必须以简单的有机自明性从其自身生长出来，甚至它们中的张力和秩序带来的抑制效果，也只是促进有机生长和统一所必需的，所以无论这些多么关键，对其进行克服和废除要像在游戏中一样成功，一刻也不能真正危及物的内在统一性。思想的这种可能性似乎很大程度上源于作品自身的本质，以至于对于许多人来说，它必然表现为作品乌托邦现实唯一可想象的典范：

艺术理念的唯一真正实现,也就是实现了完美的客观无间隔性。然而,这种无间隔性的理念更为普遍和形式化,它仅意味着每个单独的物都在整体作品中,在其先验的家园中,它们以一种变得感性和明显的方式找到了自己的家园,消除了表象与理念、部分与整体、本己生活与相互联系之间的所有间隔;但作品的这种确定(Bestimmung)仍然不能说明这一切是否以有机或抽象的方式发生,以及实现了的无间隔性理念是否不包括已经克服或弥合的间隔理念等问题。将形式上的作品思想与有机同属性(Zusammengehörigkeit)等同,或者对效应过于强大的机体的偏离,相比于会被忽视的艺术特征,在艺术形式超越性概念的辅助下,这将是对作品内容正当的夸大。星丛的悖论是必须找到作品终极划分的超越时代的类型学,然而这一类型学却将自身客体化为艺术的历史哲学原则,以此使单向尝试无法成功,但问题却清楚地显现出来,即这一类型学要么由于对纯粹的历史或纯粹的美学体系的热爱而被隐藏,要么处于由概念上的模糊产生的综合体的转变当中。

众所周知,艺术的历史哲学问题源于一种需要,即现代艺术能成为与古代艺术相对而言至少等同的显现:席勒对素朴艺术和感伤艺术的区分,还有让·保罗对古代艺术和浪漫主义艺术的区分,以及弗里德里希·施莱格尔试图将趣味性(das Interessante)确立为一个单独的美学范畴,都基于这种感觉,并且这些观点保留了黑格尔时期对象征主义、古典主义和浪漫主义艺术形式最深刻且最深思熟虑的表述。所有这些尝试的共同点是,尽管它们在细节上存在差异(例如,莎士比亚在席勒那里是素朴的诗人,而在施莱格尔的分类中属于现代浪漫主义艺术形式),但无论如何,古希腊罗马时期的艺术仍然是典范。是否像席勒认为的那样，另一种世界观似乎仍然有可能找到一种合适的形式；或者是否如施莱格尔所言，现代是恢复古代"客观性"的一种必要过渡；还是如黑格尔的艺术理念，在古典主义中，作为"内容和形式的完全适当的统一"实现了，而在象征主义中"……这个观念仍在寻找其真正的艺术表达"以"超越"① 浪漫主义中的艺术领域：一切相似的尝试中都有这样的关系。故为了确定这个问题，一方面，必须遵循对各种塑造可能性的评价行为，其方法论后果不能因为对一个方向的审美谴责，就意味着它的历史哲学、道德或形而上学评估将会发生实质性改变；另一方面，无论是有意还是无意，这个典范必须以一个独特的历史时代（古希腊、文艺复兴时期），或者甚至可以是特定的艺术形式（黑格尔所述的雕塑艺术）为基础。如果现代历史主义对这些建构都要求一种历史相对主义，即每一个时间点，以及由此产生的每一种感知方式，都能根据其历史渊源找到其充分的或独特的、无与伦比的客体化对象，那么这个问题只是被回避了，而没有得到解决。因为，作品中历史星丛的独特性所决定的，一部分是已经分析过的质料、技术等的时代性，一部分是这里所指的作品最终结构划分的内容反映和实现；然而如果这些内容的类型完全由与美学具有同等价值的部分组成（历史主义也被敦促这样做），那么它只能是一种从作品的非时代性理念中衍生出来的存在。因为这个问题的本质悖论恰恰在于这样一个事实，即：一方面，风格的概念意味着对先验典型化

---

① Hegel，*Vorlesungen über die Ästhetik. Zweiter Teil. Werke*，Bd. 10，Abt. I，Hrsg. von H. G. Hotho. Berlin，1835. S. 388-390. （Aufbau-Ausgabe，Berlin，1955. S. 310-311）.

创作工作基本和具有示范意义的解答；另一方面，这项工作是由独特的历史星丛在与其内容相关的具体性中设定的，其结果也对形式结构产生影响。因此，风格的概念结合了回归的可能性和必要性（尽管这在实际历史进程中是否真正实现无关紧要），以及各种历史实现的绝对独特性。这个概念不仅是可能实现的塑造形态的先验典型，而且同时是其周期性：一种风格的概念同时设置了它相对于其他风格的时间设定。这显示了这种类型学与我们在技术和私下分析中发现的历史社会学类型学之间的决定性区别：前者仅涉及作品的结构可能性，因此应与实现它的历史条件建立功能性关联；如果类型的整体和每个单独的类型也都受到历史条件的限制，那么作为类型学自身结构中的典型，就不能包含进程和继承的概念——它不是周期性的。只有当提到已实现作品本身的结构特性时，这种类型才有可能实现。

如果现在反思作品的最终统一性与具有相对独立性的单个成品之间关系的可能性，我们会发现，由包含到被包含的过程正处于事前（ante rem）、事后（post rem）和事件本身（in re）的关联当中。事件本身的关系是唯一可能的真正艺术解答这一点，似乎也很容易理解。不仅风格（如 4—5 世纪的希腊文化，文艺复兴盛期）在历史教育中具有决定作用，而且只有在风格中才能找到这种有机关系。因此，其他风格的可能性问题集中于，一种内在完整在非有机的情况下，是否仍然能够成为关系和建构的典范。而所谓的"有机（Organik）"具有一定的误导性：一方面，在一般的艺术教育和普遍的生活感受中，它很容易为其他可能性强加价值；另一方面，人们不得不将与其不同的对象理解为片面的（抽象的），从而与沃林格一样,认为东方和哥特式等异类塑造都基于同一个原则;此外,诸如"有机"和"抽象"等表述过于关注这些结构差异的内容、体验性充实,而与其自身的相关性太低,这就意味着这里所达到的类别必然局限于特定历史情结,风格问题则被视为种族、环境、文化等范畴的问题。因此,如果我们在这里不说有机,而是说事件本身的关系,这就不仅仅是术语上的差异。对事件本身的概括意味着以这样一种方式来克服间隔,即作为物的物,在获得其最强烈的物性的过程中进入某种关联,其中,间隔的可能性被设定为一种可能性,但不战而胜只是在秩序上受到对物的内在归乡渴望(Heimatssehnsucht)的引导。间隔包含于无间隔的世界中,就像死亡包含在有机生命中一样,间隔的理念与其内在密切相关,就像影子与光相连一样;正是这种间隔的存在,为所达到的无间隔世界提供了广度和繁荣。无论这种风格被描述为有机建构、天真,还是客观,这总是意味着:秩序并不将物视为相对外来物,距离的观念存在于两者中,并在两者中同样强烈,但也在其中被同样强烈的自明性克服。只不过如果我们称这种塑造为古典主义风格,就会马上发现它永远无法与任何民族的艺术相提并论。似乎不言而喻,这种自然平衡是基于一种非常罕见且危险的独特思想和可能性之间的巧合,它可以在任何艺术发展中实现,但最微小的作品前提中的最轻微的变化都会危及已经处于刀口上的平衡,并将需求转向另一种类型。正是由于这种构造的特性本身,它只能在相对等同的条件下出现一次;正如古典时期荷马的史诗、索福克勒斯的戏剧、菲狄亚斯的雕塑,以及乔托的中世纪绘画、莫扎特的现代音乐,但每一个这样的成就都是对早期秩序的背离和发展,其后果绝不等同于衰退。每个经典要么意味着自然主义的思想自行成为一种风格，要么意味着纯粹的形式探索和感受能从这些形式的纯粹力量中产生简单有效的增长效果。换言之，作品的超验形式以如此自然的力量支配着塑造，以至于它吸收了自己的装饰性，只是纯粹形式的回归，并使它变得面目全非。物作为装饰性的物，其封闭性仅仅成为其物性的属性。秩序的范畴和物性的范畴在一种难以理解的间隔维度是重合的。

这种和谐预设了一种存在和内在的克服性间隔，但无间隔性在此也是可能的。其中，间隔甚至不能呈现为一种思维方式，统一的效应的量和强度体现为，它从自身释放出一种特定的、先验被束缚的物性，这种物性永远不会脱离这一统一，而物性和装饰性统一的极限并不是二者的重合，它们本来就是一体：它是一种事前的秩序和统一，是一种原始的艺术风格。也就是说，每一种形成性的、超越的形式完全沉浸在表面的纯粹形式中，因此在这里，与其说是在纯粹形式普遍回归的情况下，外形（Gestalt）似乎成为一种构成体（Gebilde），不如说只有被驱动至表层之物才能成为外形；这只有在它变成一个没有张力的纯粹表面的情况下才能发生。由此可以得出这种风格的两个最本质的特征，当然这里只能简单暗示一下。首先，这种风格的内容是超越性的而不是可超越的，它的表达是寓言性的而不是象征性的。这意味着决定技术、质料和接受准备（思想和创作工作）的类别比任何其他风格的类别都更清晰、更精确，因此对作品的误解，比其他塑造更不受限制，同时暴露在无限的抑制之下。只要这些作品在其创作的信条准备范围内运作，效果的内容就是被预先规定的，只有它们的质量和强度可以根据作品和接受度而变化。一旦这种准备消失，对内容的误解就会比在其他风格中更强,因为超越性的内容必定从寓言性的塑造中消失,而质料中的接受性误解既没有内容上的具体说明,也找不到任何具体指示。其次,这种结构导致了与物质的特殊关系。由于内容的超越性阻止了质料的具体化,感性的承载者只能是质料本身。因此,一方面每一种原始思想将物质的纯粹相似效果强度增加到最大(古典时期有将材料精神化的倾向);另一方面,在这种纯粹物质性的可能性中,以"包含"在最小程度上继续强调个人特征。在对原始自然主义的探索中揭示出的特征,同样决定于最鲜明的特征化倾向与纯粹装饰倾向的统一:它是完美的装饰和谐中有机组成的无拘无束。(由于大多数现代人对古典时期的片面了解,这种风格的产物有时被描述为埃及雕塑那样抽象的,有时被描述为非洲黑人雕塑那样古怪的。)然而,在此对每一种审美体系起决定性作用的艺术结构再次变得明显,即只有个人才能成为认识的实际对象:材料与原始性(Primitivität)的关系依据它与自身材料的具体关系,预先假定原始性的概念对每种艺术形式都意味着不同的东西。简而言之(因为更详细的解释需要以艺术体系为前提),只有那些艺术才具有原始风格,它们的物质性虽然被证实为属于其自身且容易被体验的感官效果,但它不能仅凭借纯粹形式实现独立。因此,由石雕与石块的关系、木雕与木桩的关系、浮雕与表面及其装饰塑造与文字和符号的关系、诗歌与歌曲的关系,可以产生一种作为具有同等价值的历史哲学范畴的原始艺术风格。一方面,童话与其他史诗形式、地毯和马赛克与绘画形式、舞蹈与戏剧艺术一起,成为其自身先验原始的形式;另一方面,像悲剧这样的艺术形式根本不能有任何原始风格。不过这种原始风格与材料的关系并不意味着它可以与那里呈现的第一种材料典型相提并论；这种类型学是抽象的、元历史的，而不是历史哲学的，而这种样式似乎与原始塑造混为一体，它既包括原始的，也包括所谓的古代的，它作为一种风格，既古典又浪漫，但绝不是原始的。然而，这种情况的必然结果是，艺术显示出纯粹形式绝对主权（Alleinherrschaft）的形式结构，这样的艺术只能具有原始风格，或者被移除历史哲学的周期性。如果这些艺术类型在其他思想起决定性作用的时代也被采用，那么它们要么保持原始状态，从而证明其超越时间的意义（舞蹈；塞尔玛·拉格洛夫①的童话），要么它们仅保留其类型的外部特征，在本质上归属其他艺术类型（例如歌德的童话都是浪漫主义中篇小说，拉斐尔的地毯都是古典油画）。如果一种艺术的原始性太强，以至于这种转变无法成功，或者创造性的、非原始的思想不足以创造另一种只在外部相关的形式，那么任何作品都无法完成：蒂克②的童话是童话母题与浪漫主义中篇小说创作元素的无机混合，每一个"全神贯注"的舞蹈都必定退化为毫无意义的哑剧。这种关系预设了物与观念之间，无论是作为一种创造性思想，还是作为一种当下的接受准备，都完全缺乏感性间隔，但这一前提却恰好成为两者在宗教上不可比而只能在作品中寓言式表达的本质。虽然在古典思想中，缺乏间隔源于对间隔的克

---

① 塞尔玛·拉格洛夫（Selma Lagerlöf，1858—1940），又名塞尔玛·拉格洛芙，瑞典女作家。1858 年 11 月 20 日，出生在瑞典莫尔巴卡庄园一个世袭贵族地主家庭。1885 年，毕业于斯德哥尔摩罗威尔女子师范学院。1891 年，出版首部长篇小说《古斯泰·贝林的故事》。1899 年，出版小说《假基督的奇迹》。1902 年，出版小说《耶路撒冷》。1907 年，出版长篇小说《尼尔斯骑鹅旅行记》。1909 年，获得诺贝尔文学奖。——译者注
② 路德维希·蒂克（Ludwig Tieck，1773—1853）是德国早期浪漫派作家中创作思路最宽泛、技艺最精湛的作家、批评家。——译者注

服，但我们必须将物和思想相对理解，以便在纯粹体验的无间隔性中，找到二者的统一和有机平衡，在原始塑造中，这两者的本质是不受阻碍的，因而也是生硬的。不仅在减轻强度以支持统一的意义上，甚至在与这种统一相协调的意义上，任何风格化都与这种思想格格不入；最狂野的、最奢侈的、最短暂的，抑或是最抽象的风格化，由于其寓言性特征，都与统一体完全相同。这种统一的经验可能性作为一种由经验产生的思想和体验寓言的接受性，将这种风格的出现置于宗教上完全受约束的时代，置于任何必定导致这种束缚消解的发展之前。

然而，事前形成的也可以表达其他含义，甚至是完全相反的含义，即一种对于统一的思想，这种思想包含无法触及规范前提的知识和经验。目前所讨论的两种风格并不迫切需要一种风格化：通过内在无间隔性或克服间隔的能力，乌托邦成为一种只需要由艺术塑造的感官上的直接现实；在现实和乌托邦的创造性现象学等同（Identifikation）的意义上，古典时期和原始艺术家都可以是"自然主义者"。然而，无间隔作品的创作也可以这样设想，即不是现实以乌托邦的形式出现，而是乌托邦以现实的形式出现；每种塑型所表达的与现实相关的应然，并非以现象学方式投射到其中，以便从中识别，而是作为一个独立于现实的应然存在，并以有意识地对它们之间间隔的强调，在作品中实现客体化。统一和秩序的作品理念在此也表现为与构造之物相对的结构性先验（Prius），二者的本质关系也是事前的。因此它不允许在作品世界中出现任何对立，包容和被包容的对象都承载着对立关系不可磨灭的痕迹。为了使所构造之物配得上这种包容的可能性，它必须从自身剥离一切纯粹尘世的、纯粹瞬间和自发的、热情的、个体的东西，它必须将自己与一切物截然区分，在自己与生活的经验主义可以用来衡量它的东西之间，建立一个引以为豪的、不可逾越的间隔。在此，并非奇迹神秘地闯入生活，将生活本身转化为奇迹，而是物的自我实现在遥远的孤立中盘旋于生活之上；生活并没有成为塑型的最终庆典，但这种创造的完成作为已经实现的应然，必然与生活对立。相对于古典主义，这种风格也实现了客观上的距离感，因为在一种产生于永恒的形式中，已经成为理念的、被证明为表象的物找到了家园，间隔则只是作品世界的规范组成部分，仅仅是实现无距离性的先决条件，它同时成为整体建构元素，以及单个个体物的内在组成。艺术中每一物的附属形式的体验决定了其内容，作品的永恒性、抽象的作品理念作为活生生的推动者，进入作品本身的世界。这就是为什么这种风格与古典时期截然不同而以艺术的历史存在为前提的原因：只有当艺术与生活之间的间隔被意识到，当古典时期自发实现和单纯体验的乌托邦已经实现并成为过去，也就是当作品的永恒观念、这种无所不包且具有普遍优先权的风格，不仅可以被体验为贯穿始终的理想，而且必须与以前和现在失去的古典时期成就联系起来体验的时候，这一切才能成为可能。在概念上，每一个古典主义都必须在周期性上遵循一个古典时期。

然而，艺术的理念作为无间隔性的实现，它在其他方面对于间隔的塑造也很重要。作品完成（Werkvollendung）不仅像我们在此讲到的一样，成为一件典范作品，成为永恒成就的模范，它也可以是纯粹的存在、是内容、是乌托邦的事实。这首先意味着，不是在统一和秩序中，而是在秩序内个体的繁荣和自我实现中才能看到理想,这种统一只有在其实质性的反思中,作为万物的家园而非纽带得到承认和渴望。因此,我们在这里所说的间隔,不是指像古典主义那样,是生活中未经整理的混乱之中的间隔,或者艺术的有序聚集之中的间隔,而是由经验得来的抽象认识(Empirie)的无拘无束(Hemmungslosigkeit)中,繁华落尽与枯萎之间的间隔,是作品中自然地致力于秩序的一意孤行中的间隔。在古典主义中,以应然为目标的塑造原则与生活对立,而在这里,这一原则所关注的是所塑造之物效应的质。因此,对客观间隔的克服和风格化,主要是为了创造"美"的,即内在完善且与其自身相适应的客体化对象,以及范围、其统一和秩序,都应当源于彼此间的自然关系,而非只是源于周围氛围的共性与等同性:这是一个事后的统一。所以现象学与自然的关系是这样的:这种风格的艺术家、浪漫主义者,也可以是某种意义上的"自然主义者";他也可以把自己对乌托邦现实假定存在的看法投射到自然中,并从中解读出其真正含义,但这种真正的本质对他来说,不再像对于古典时期或原始的艺术家一样,是某种存在的东西,而是过去的东西,是某种脱离、沉沦和迷失,它要么将自己分离成一个独自美丽的童话世界,要么在经验自身当中表现为一种揭示出虚无的内在指向性理想。在现象学意义上,浪漫主义者的写照是一种他自己并不认为存在的蓝本(Vorbild),尽管他自认是"自然主义者",但这一自然主义从来都不像古典或原始艺术家那样,是表象和观念的合一(In-Ein-Setzen),而是一种有意识的对比,它从来不是一个被误解的目标,而是另一种东西的表达手段,它从来不是对"自然"的美化,而是它的退化,它从来不是对间隔的消除,而是将间隔的定在塑造出来。因此,浪漫主塑造带有这种间隔的印记：要么是从神奇的沉醉中苏醒的迷人世界的魅力和忧郁，要么是经验主义沉沦的苦涩悲伤和深刻反讽，还有埋藏在其中无法闪耀的乌托邦。但是，作品已经内在克服了一切间隔，因为使作品得以完成的邪恶或痛苦的当下，只是一种现象学前提；在作品本身中，它要么完全被实现的令人沉醉的乌托邦所掩盖，要么通过暴露自己的虚无性来强调实质性。因此，内在完美在这里也是可能的，但这一切都点缀着起源和家园的忧郁。在狭义的浪漫主义中，存在一种独特编织的物的实体（Substanz），它使完美的存在（das vollkommende Sein）难以实现非现实性和假设特征，在浪漫主义的自然主义中，最平凡的物扩展为惊悚或怪诞的崇高，因为与之内在相反的理想得到了充实，即平凡之物的应然实现了完满。其中已经被意识到是技术，它明显地使外表活跃起来，并赋予其一切塑造所需的轻盈：它带走了现实，从而带走了哀悼的沉重和严肃，而这些仅在这一技术俏皮的精美结构中发出暗淡的光芒。浪漫主义有意识地成为艺术的艺术，由于艺术的形式内容（Formgehalt）已经完全成为现象学艺术家的体验，上述这一意识便成长为一种世界观：在渴望与存在之间、忧郁与讽刺之间轻轻摇摆的平衡。一个不可逾越的、本身绝对的在技术上完美的体系使一切都成为内在的，但生活和艺术在这个体系中相互照亮、相互映照；它们通过相互对比，彼此变得轻盈又沉重，悲伤又欢快。浪漫主义是卓越的主观风格，但技术上的完美使一切个性退却。技术的内在自主性似乎只在这里盛行，相对于对象性的逻辑，其一意孤行掩盖了创造性个性的任意性并与之重合，而在统一性和差异性这样不可分割的混合中，平衡再次出现：忧郁和玩乐，悲伤和舞蹈。这就是为什么浪漫主义在其观念中是一门晚近艺术；它预设了一种已实现的、已失去的、遥远的艺术的完美。但在其规范的观点中，古典时期和原始性（Primitivität）融合在一起：感情倾向在此沉降为具有方向性的准则（Kanon），它既是对间隔的克服，也可以是间隔的缺乏。的确，这是在本质上将浪漫主义、古典时期和原始主义等同起来，其中古典时期与原始主义更为接近，因为古典时期从内容而非结构的角度来把握古典作品，并通过无距离性对特定原始细微差别进行阐释。仅凭这一点，浪漫主义就与古典时期相距更远，即使它对古典时期有着时代性的直接继承，这种距离仍持续增大，因为浪漫主义就其内部结构而言，甚至不是由与古典时期相同的元素和大致相似的条件建立起来的，因此在关系上，它与古典时期的关系与其同古典主义或巴洛克的关系截然不同。故浪漫主义在历史哲学周期中的地位，与其说与特定的古典时期（例如古典主义时期）联系在一起，不如说与曾经实现的完美的观念联系在一起。

我们将古典时期的产物定义为向心力和离心力强度的自然平衡，而这几乎难以实现。当我们考虑古典时期（Klassik）在历史哲学周期中的位置（Stellung），我们可以将古典主义（Klassismus）描述为，为了使一种不再天然自明的思想实现平衡而对古典时期强度的弱化与精神化（Spiritualisierung），这便再次为古典主义赋予了古典时期之后在历史哲学周期中的地位。同时，这一规定让我们有机会简要考虑两种风格的性质，这两种风格也是事后统一的。如果强度等同的思想尚未或不再具备对于古典时期的自明性，那么和谐就可以通过增加强度，以及通过由此产生的离心和向心元素之间的斗争和张力、冒险与英雄的新平衡来产生。古典主义通过削弱强度实现事前统一,而当古典时期事前的有机思想已经熄灭,巴洛克风格的本质便在于通过增加强度实现事后和谐。这种风格必须是离心的(centrifugal),这一点似乎是不言而喻的:只有获得平衡并完成作品,强度才能开始增加,因为向心(centripetal)强度的增加最终意味着实现和谐时强度的降低,比如古典主义。因此,可以说离心倾向、强度增加和事后统一意味着同一件事,也可以说向心倾向、强度减弱和事前统一意味着同样的事情。在产生经典作品的艺术和生活元素中,会有两种可能性:巴洛克和古典主义,比如后期米开朗基罗和吉安博洛尼亚的学生、莫扎特之后的贝多芬和门德尔松、菲狄亚斯①之后的斯科帕斯②和普拉克西特列斯③等。但由于这种发展的本质只能具体分析,它意味着"自然主义"和风格化的怪异统一:在表达力度最强之处,正是显现的可表达性被视为内在固有的趋势,对象在自然中从未使之完全实现,而这种可表达性却在其自身虚构的发展路线中超越了自然。但是因为这种超越自然的

---

① 菲狄亚斯(古希腊文:Φειδίας,英语:Pheidias),雅典人,被公认为最伟大的古典雕刻家。其著名作品为世界七大奇迹之一的宙斯巨像和巴特农神殿的雅典娜巨像,两者虽然都早已被毁,不过有许多古代复制品传世,其中的雅典娜巨像甚至在 20 世纪末,在美国有人做出 1∶1 尺寸的翻版品。——译者注
② 斯科帕斯(Σκόπας,约前 395—前 350)是古希腊著名雕刻家、建筑师。斯科帕斯生于基克拉泽斯群岛中的帕罗斯岛,曾计划建筑泰耶阿的雅典娜·阿列亚神庙,雕刻的作品包括以弗所的阿耳忒弥斯神庙和哈利卡纳苏斯的摩索拉斯陵墓。斯科帕斯的一个独立雕像《渴望》的复制品,被展示于罗马音乐学院大厅。——译者注
③ 普拉克西特列斯(Praxiteles),生平不详,古希腊古典后期杰出的雕塑家。雅典人,流传下来的生平事迹很少,主要创作年代为公元前 370—公元前 330 年。他善于把神话传说中的人物纳入平凡的日常生活中加以描写,风格柔和细腻,充满抒情感,确立了公元前 4 世纪希腊雕塑的艺术特征。代表作品有《牧羊神》《赫耳墨斯和小酒神》《尼多斯的阿芙洛蒂忒》等。——译者注

外向性（Hinaustreiben）是有意识的，造型的有机性由此被撕裂，简易和应然存在之间的张力转移至造型本身；因为这种强度增加的方向与作为物的个体现象形成的假设不一致：这些要求每个作品元素都具有内在统一性，其客观性可以相对独立，但应将强度的增加作为目标，将一切物转变为这种强度表达的纯粹载体，并且这只有在它与物的具体和内在有机本质相比成为抽象强度的象征和装饰的情况下才可以。这也决定了部分与整体的关系。客体越是自足，包含与被包含的关系就越趋于同质化，因为有机的客观性一旦实现，就不能被废除，也绝不能变除；但在可悲的碎片主义（Fragmentarismus）中，就像在巴洛克风格中一样，这种统一必须是其他类型的统一，而非其自身的统一：它必须完成本身不完整的部分，协调本身不和谐的部分，因而它正好以对强度进行风格化时有意且蓄意留下的空白之处作为起点。但是为了能够抵抗离心能量，异质的向心力必须与离心力强度等同：它必须包含所有孤立之物，并将它们完全置入异质的关系体系中，这些物的强度和对有机体的破坏程度与个体形式所形成的物相同。因此，这两种创作原则都有冲突和张力，也有相互依赖且交织的不和谐，而从其相互作用中可以产生英雄般的和谐。"……表面越疏松"，李格尔这样描述米开朗基罗的巴洛克风格，"对称性越严格……这给人一种旋转的印象，这种运转的特征在于，所有部件都在不断运动，而整体不会回归原点：整体的平静，部分的活动，还有由此产生的对立增强……因而在创作中，有三组对立：可见深度与策略对称的对立；可见阴影与策略路线的对立；部分活动与整体静止的对立。"①

---

① Alois Riegel, *Die Entstehung der Barockkunst in Rom*, Wien: Schroll, 1908, S. 35–36.

只有过于片面地看待古典时期（或古典主义）才会忽视古典和巴洛克之间的这种密切关系：它们在相对平等的基础上变动，只有必要的质变才能使两者之间出现不可逾越的鸿沟，并要求经典作品的有机平衡部分的元素在打破这种联系之后，在巴洛克风格中以不同的顺序相互对抗。因此，在丁托列托①和鲁本斯②的巴洛克风格中，轻盈的构图出现了，就像在伊丽莎白—雅各宾的戏剧中一样，在莎士比亚之后的巴洛克戏剧中，出现了更奢侈、更抒情但更严格地尽可能避免喜剧和悲剧的混合［博蒙特—弗莱彻（Beaumont-Fletcher）、韦伯斯特（Webster）、马辛格（Massinger）等］约束的情况。事实上，正是这种与古典时期的关系，最本质地将巴洛克风格与其他风格区分开来，而这些风格都在不同程度上与巴洛克有关。超越纽带并努力走向一种新风格的趋势，在强度的增加和添加全新的表达元素方面，总是显现出消除已有秩序的特征。在这种情况下，一方面，与熟悉秩序的关系比与巴洛克时期的关系要松散得多，的确，实际上被抛弃的风格并不一定是古典风格，除了一些特

---

① 丁托列托（Tintoretto，1518—1594）是 16 世纪意大利威尼斯画派著名画家，生于威尼斯，1594 年 5 月 31 日卒于同地。原名雅各布·罗布斯蒂（Jacopo Robusti）。受业于提香门下，是提香最杰出的学生与继承者。在长达 40 余年的创作生涯中，主要活动在威尼斯。作品继承提香传统又有创新，在叙事传情方面效仿米开朗基罗，突出强烈的运动，色彩富丽奇幻，在威尼斯画派中独树一帜。——译者注
② 彼得·保罗·鲁本斯（Peter Paul Rubens，1577—1640）是 17 世纪佛兰德斯画家，西班牙哈布斯堡王朝外交使节，巴洛克画派早期的代表人物。——译者注

殊情况（例如马萨乔①与文艺复兴的关系）；另一方面，掌握新出现的塑造元素的愿望比构造关联本身更能决定对这种风格的思想。最终，这种风格在某种意义上与浪漫主义接近：它同样主要取决于对象的塑造，而非其中的联系（只是在这里它处理的是一种表达强度，而"美"则是塑造的目标），体验的乌托邦现实的感觉没有下降为结构的原型，而显现为克服间隔的一种方式。但这里体验到的完美并不像在浪漫主义中那样沉没和令人迷失，这是最字面意义上的乌托邦：尚未找到但可以找寻且即将到来的现实意义。在此需要克服的间隔，是单个显现和关联之间的间隔。艺术家的现象学意志是自然主义的，他的目标是个体形式高度增强的有机强度，他认为这种形式存在于自然界中，而他只是找到并将其提炼出来，故他也只能通过这种方式找到尚未存在却先验确定的家园。在这种艺术意志中，秩序、最终的统一只是假设性的：这是对新经典的需求。因此，这种风格似乎本质上已经成为问题的牺牲品，因为假设的统一与艺术作品的本质相矛盾，这是一种自我矛盾。然而在这里，这种风格受到被遗弃的和熟悉的秩序的拯救：这种秩序包含从中挣脱又以某种方式重新与之关联之物，在这种秩序中，风格对新的找寻变成了一种渴望；它成为寻找的永恒姿态，成为即将摆脱束缚外壳的生命萌芽的象征。因此，这种风格（人们或许可以根据其最著名

---

① 马萨乔（Masaccio，1401—1428）是意大利文艺复兴绘画的奠基人、先驱者，被称为"现实主义开荒者"。他的壁画是人文主义的里程碑，他是第一位使用透视法的画家，在他的画中首次引入了灭点。马萨乔是其绰号，原名托马索·迪乔瓦尼·迪西莫内·圭迪（Tommaso di ser Giovanni di Mone Cassai），他作风懒散，除了艺术，对什么都漠不关心，性格放荡不羁，但在艺术上很受同行们尊重。——译者注

的历史客观化称其为文艺复兴时期）的基调是寻找的严谨性和成果的丰富性，是外观的轻巧显现和整体的严谨概括。它位于两个成就之间，其中对其发展方向更重要的，是其身后对生活进行修正并使其具有成功的可能性的那一个。因此，古希腊雕塑的发展以米隆①为顶峰立于东方和菲狄亚斯之间，意大利文艺复兴初期位于马萨乔或皮耶罗·德拉·弗朗切斯卡②的早期作品与罗马文艺复兴之间，歌德和席勒的青年时代位于莱辛古典主义和他们自己的魏玛时期成就之间，而莎士比亚的前辈们几乎无一例外地由于缺乏这种纠正而注定失败。尽管这种风格的强度可能与巴洛克风格非常接近（也正是由于人们将这两个风格分别作为对方的尺度进行对比，它才变得不合理），对有机体的认识和现象学异质缺乏所带来的束缚使二者进一步疏远；只要将米隆与斯科帕斯、西诺雷利与丁托列托、马洛与博蒙特—弗莱彻等进行比较，这一根本差异便昭然若揭。

所有这一切都难以勾勒出艺术的历史—哲学类型学和周期性，然而，这里还是应当指出几项原则。真正具体的艺术的历史—哲学是以艺术体系为前提的；只有在准确地解释了单个艺术类型的形式结构之后，才能真正理解这里仅以抽象形式勾画的类型学是如何在各种艺术中形成并具体化的；这里所分析的一个例子足以说明，单

---

① 米隆（Myron）是古希腊雕刻家，活动于约公元前480—公元前440年。他生于伊柳塞拉，长期在雅典活动，是希腊古典时期名家之一。他擅长制作青铜像，作品突破了古风时期雕刻的拘谨形式，把希腊雕刻艺术推向新的高峰。他善于把握人体的准确结构及其在运动中的变化关系，并达到精神和肉体的平衡和谐。被认为是希腊艺术黄金时期——古典时期的开创者。——译者注

② 皮耶罗·德拉·弗朗切斯卡（Piero della Francesca, 1416—1492）是文艺复兴初期意大利著名画家。代表作《真正的十字架的传说》（*The Legend of the True Cross*）现保存于佛罗伦萨的博纳科西·孔蒂蒂画廊。——译者注

个艺术类型中的每一种风格，根据其特定的结构，必然具有特定的形式，而一种重新普遍化的艺术的历史—哲学，只能成为一种分析的结果，而不能作出任何预测。但是，如果历史—哲学进行这种综合，它将不得不再次处理历史过程的独特性。可以看到，将一种风格定位于一种艺术类型的做法会导致歧义，因为尽管具体方式不同，风格与每一种艺术类型都是内在相关的，所以通过对其浸润着历史的内容的美学典范化，将某种独特的历史现象提升为艺术的历史—哲学的对象，这是不可接受的，因为这样一来，每个这样的统一体（希腊、哥特、文艺复兴）就都必须被分解为不同类型的历史—哲学体系。

然而，这些统一体既不是虚构的，也并非与美学无关。即使它们最初只能被理解为塑造内容的统一，但它们的重要性不止于此。对单个历史哲学类型的分析呈现出，艺术在其周期性内的运动并不是其置身于历史—哲学概念的内在自我运动，这种类型只能表明一种形式上的可能性，即由外来因果关系驱动的运动如何能够在美学上实现自身的客体化。因此，历史—哲学类型学和周期性存在双重非理性。首先，实际的继承将在历史—哲学框架内以无限的可变性发挥出来（古典时期之后是古典主义还是巴洛克式，或者可能是浪漫主义，上述两者或三者并存等等，但这些都无法从类型学中自然而然地推导出来，也不能被理解为后来补上的独特性）。其次，每个历史阶段的独特实现之间，彼此严格区分，正如我们所见，塑造内容中的差异取决于历史特定的思想和任务，这也显示出它们独特、纯粹的审美形式结构。单个艺术类型在这样一个阶段中，其自身与不同历史—哲学类型彼此严格分离，而这些阶段仍然具有审美上精确的、根本上是非理性的、统一的意义。形式结构可以在希腊雕塑、悲剧或建筑中得到证明，它们以构成统一性的方式与例如文艺复兴时期的雕塑、悲剧和建筑区分开来：这是由塑型的普遍"如何（Wie）"中抽象出来塑造（Gestaltend）的普遍"何物（Was）"。在不消除艺术或历史—哲学类型之间区别的情况下，这里出现了艺术作品终极元素（运动、激情等）的独特概念，这些概念要求它们之间具有唯一的关系概念（例如平衡）。艺术的历史哲学除了体现非时代的周期性之外，其任务还在于解释这些独特且不再重复进行的研究的美学意义。

这种思考必须与纯粹历史的或散文性的塑造方式严格区分。尽管这篇文章涉及艺术的历史—哲学性质，但它仅与这种历史—哲学存在被体验到的证据有关；因此，它包含了艺术的永恒性和时间性，但在认识到其永恒的结构之后，它并没有渗透到其唯一性的最后一个事实，而是塑造了其体验的永恒的直接反映，故这种知识的悖论包含在其塑造形式的悖论中而没有被解开，所以这篇文章无法澄清并最终解决问题。同时，最终极的事实性必须被视为艺术的历史—哲学问题，上文阐述的内容为这一观点奠定了基础，但对于纯粹的历史观点而言，上述所言只是在陈述实际情况。正如历史只能把所有相对历史性的概括作为辅助一样，作为美学体系一部分的艺术的历史—哲学所建立的风格类型，其实也只是一种马克斯·韦伯所说的"理想类型（Idealtypen）"，所以这只是手段，而非认识对象。因此，对于纯粹的历史学家来说，希腊性与中世纪相比的独特性，同希腊古典时期与复古主义（Archaismus）相比的独特性之间，没有质的区别，或者甚至一位艺术家的塑造与另一位艺术家的塑造的独特性之间，也没有质的区别。所以纯粹的历史学家无法清楚地区分这里所寻求的终极独特性和一般的历史独特性；对他来说，这一独特性纯粹结构的、客观审美的本质与其他等价物一样，只是历史性的标志而已。所以，历史哲学家和艺术史家在谈到特定时期的独特性和整个历史进程中的独特性时，甚至不具有共同的所指。对于历史学家来说，整个复合体在内容上是独一无二的，而美学和社会学为他的认识提供了理解上的帮助；他的认识对象就是可以被称为艺术之物的总和。（这个概念对历史学家来说并未盖棺定论，他自己无法决定某物是否属于艺术，这与个别的艺术显象有关，甚至与艺术的整个类型密不可分，例如园艺。而要决断某一对象是否属于艺术，那么自然需要将一种作为"事实"的对象从那一时期的美学或生活感受中独立出来，仅将其视为重要对象多样性的决定因素。）相反，艺术的历史—哲学家的考察对象将只是成为范畴的单个显象。通过风格和艺术形式，他认识到真正经典作品的历史—元历史本质。因此，如果在这些分歧的非时代历史体系背后可以看到一个以唯一生为本质的统一体，那么已经实现的规范就不能再还原为经验上的唯一之物（Empirisch-Einmaliges），而只会使其永恒有效性进一步深化：艺术在历史维度的终极基础甚至比任何历史—元历史类型学都更远离经验的历史连续性；通俗地说，它是审美价值最纯粹的实现。在观念与现实的关系中，这种唯一性是纯粹历史的：历史哲学的意义表达了一个阶段、一个时代，以及这些时代实际产生的一切（其整体性是历史学家的考察对象），需要考察的只是观念会在何处实现，以及以何种程度实现。艺术的历史—哲学的对象是成为有意义的唯一性范畴的个体。对艺术的历史哲学家来说，当大多数本身有价值的艺术作品都没有被考虑在内时，当他将整个艺术时代视为不存在，只因它没有成为典范时，他会作出一个从真正的历史角度来看显得武断的选择。但作为历史学家，如果他不超越美学，他与质料的关系，以及由此而来的所有非理性，就仍然无法被克服，若艺术的历史哲学家想超越独特和唯一的历史哲学感官实现这一可揭示的事实，甚至实现整个艺术典范的终极统一，他就必须超越内在的美学，成为艺术的形而上学者。历史学家能够在文化史的总结中找到的统一性被他自己否定了，他必须将一切在美学上具有典范意义的记录抛在脑后，直接面对终极唯一性的纯粹认知。只有在历史进程中找到统一的意义，才能根据其原因来理解这一意义在艺术作品结构中的客体化。因此，艺术的历史—哲学要么满足于唯一历史进程的终极非理性，即承认事实，要么它必须具有形而上学意义：它将在艺术发展阶段的这些概念中，看到世界进程最终形而上学意义的痕迹和迹象，这是任何单纯的美学体系都无法包含的，它还将以一种内含艺术却又不止步于某一种理解的方式，阅读这些痕迹与迹象的象形文字（Hieroglyphen）。

译后记

区别于同一时期的其他著作,《海德堡艺术哲学手稿》是卢卡奇海德堡时期美学与艺术研究手稿中的一部分,因此它在内容上不具有专著的逻辑严谨性与体系完整性。卢卡奇曾在研究过程中不断对这些手稿进行修改、增删与调整,但随着其早年美学研究计划的中断,手稿并未最终完成。他离开海德堡的时候也未将手稿带走,而是将部分篇章寄于友人处,部分存于银行保险箱。由于他本人的放任态度,这些手稿不仅长期散落,甚至直至他逝世,手稿的整理工作仍未完成,编辑工作亦刚刚开始,也因此,手稿一度未得到国内外研究者的充分重视,遑论系统研究。

《海德堡艺术哲学手稿》内含三章,分别为"作为'表达'的艺术和经验现实的传达形式""创作与接受行为的现象学提纲""艺术作品的历史性与非时代性"。依据编者乔治·马尔库什的表述,这三章内容的直接来源如下:

"艺术哲学1:手稿"作为'表达'的艺术以及体验现

实的传达方式"+一份装订好的打字稿,封面书写"艺术哲学 I"(非卢卡奇手写)。

艺术哲学 2:有明显后期加注的铅笔标题的手稿"创造性及接受性行为的现象学概略 2"+两份打字稿,一份与第一章装订方式相同,标题为"2";另一份为散页,第一页上有卢卡奇手写标题"美学第二章"。

艺术哲学 3:手稿,以"第五页"为起始页码,纸张起始有被划掉的断句(缺少句子开头),以及用铅笔书写的标题"艺术作品的历史性与永恒性"+两份未装订的打字稿,两份稿件开头内容相同;一份有铅笔标题"III",另一份没有。"①

卢卡奇本人并未对其做出章节序号的明确标注,这三章的排序是布达佩斯学派成员依据文章结构、内容与观点的逻辑关系商议决定的。彼时卢卡奇已经离世,《海德堡艺术哲学手稿》的框架最终未能得到他本人的认证。但即便他仍在世,也许也不太记得写作时的具体细节。1923 年之后,卢卡奇更是几乎没有提起过海德堡手稿,这不仅由于他此时的意识形态体系与立场发生了转变,手稿当中思想与观点的自相矛盾之处,以及他的宏大构想与研究的未完成事实,也使他将其视作不成熟的研究笔记,因而并未对其抱有积极的态度。

然而未成熟的手稿反而忠实地彰显了卢卡奇早年思考的路

---

① Georg Lukács, *Heidelberger Ästhetik. Werke 17*, Darmstadt & Neuwied: Luchterhand, 1974, S. 257.

径和方法。相对于完整的专著，手稿是理论的蒙太奇式表达，它不仅浪漫地勾勒出卢卡奇的美学计划，而且将这一计划中的问题意识推至聚光灯下；同时，手稿亦是星丛般的图像，是散落在漆黑宇宙中的实际思想的"象征"①。这些思想内含于卢卡奇一生的理论之中，闪耀于不同理论形态与具体观点中，最终在他晚年马克思主义美学体系的成功建构中获得回应。

《海德堡艺术哲学手稿》是"手稿集"，是卢卡奇早年思想的原初形态。这意味着卢卡奇在写作之时，思想的徜徉与逻辑的蔓延发挥着决定性作用，也因此，当时的他并未对每一个观点及其表述依据上下文的逻辑做出精准判断，未对每一句话的语法进行仔细斟酌，亦未在词汇的选择与语言的凝练上多作考量，因而最终呈现于世的文本中，许多句子含混而没有标点，许多段落冗长而未作划分，这使得翻译工作需以详尽的文献考证与扎实的理论研究为前提。译者在翻译的过程中，以保全卢卡奇早年思想的原初形态为首要目标，对句意不清、指代不明之处，基于反复的揣摩与谨慎的判断稍作润色，尽力为读者理解提供便利。

秦佳阳

2023 年 7 月 9 日于成都

---

① Georg Lukács, *Heidelberger Philosophie der Kunst. Werke 16*, Darmstadt & Neuwied: Luchterhand, 1974, S. 86.